이
　　별에서
현명해지기

이 별에서 현명해지기

초판 1쇄 발행 | 2025년 6월 19일

지은이 | 김진혁
펴낸이 | 박영욱
펴낸곳 | 북오션

주 소 | 서울시 마포구 월드컵로 14길 62 북오션빌딩
이메일 | bookocean@naver.com
네이버포스트 | post.naver.com/bookocean
페이스북 | facebook.com/bookocean.book
인스타그램1 | instagram.com/bookocean777
인스타그램2 | instagram.com/supr_lady_2008
X | x.com/b00k_0cean
틱톡 | www.tiktok.com/@book_ocean17
유튜브 | 쏠쏠TV·쏠쏠라이프TV
전 화 | 편집문의: 02-325-9172 영업문의: 02-322-6709
팩 스 | 02-3143-3964

출판신고번호 | 제 2007-000197호

ISBN 978-89-6799-885-1 (03810)

*이 책은 (주)북오션이 저작권자와의 계약에 따라 발행한 것이므로 내용의 일부 또는 전부를 이용하려면 반드시 북오션의 서면 동의를 받아야 합니다.
*책값은 뒤표지에 있습니다.
*잘못 만들어진 책은 구입하신 서점에서 교환해 드립니다.

이
별에서
현명해지기

김진혁 지음

북오션

'너 자신이 되자' 울림에 쏟아진 찬사

어떤 사람을 모델로 하여 인생의 스승으로 삼아 스스로 변해가는 것을 모델링이라고 합니다. 모델링 대상으로 삼는 사람이 누구냐에 따라 한 사람의 인생이 달라질 수도 있습니다. 어릴 때 읽은 위인전이 평생의 삶을 모델링하기도 합니다. 훌륭한 리더에게는 삶의 모든 순간마다 멘토가 있습니다. 김진혁 교수의 《이 별에서 현명해지기》는 방대한 위인전을 간추린 인류의 스승 이야기입니다. 위대한 스승들의 이야기가 우리 시대의 모델을 찾는 길잡이가 되기를 기대하며 기쁜 마음으로 추천합니다.

이성희 | 연동교회 원로목사, 대한예수교장로회(통합) 증경총회장

보이지 않는 힘이 있다.
세상을 살아가면서 언제 어디서 누구를 만나느냐가 인생의 행로를 결정해주는 경우를 많이 보았다. 《이 별에서 현명해지기》는 우리가 다양한 지혜를 터득하고 깨우치는 지식의 보고이다. 인간다운 삶의 요체는 넉넉한 인품, 부단한 자기 계발, 따뜻한 사회 공헌이 아닐까? 우리 모두가 연찬의 기회 되기를 소망한다.

김승남 | 조은시스템, 세이프원, 조은 INS, 잡코리아 창업자

이 책은 평소 저자의 지혜로운 글들을 한 권으로 묶은 책으로, 위인들을 바라보는 통찰력과 혜안을 더욱 돋보이게 한다. 삶, 사랑, 욕망에 지쳐 비틀거리는 현대인에게 인생 책이자 성찰과 위로의 오아시스를 제공할 것이다. 젊은이들에게 변화와 혁신을 통한 성장의 발판 역할이 되었으면 한다. '철학자처럼 사색하고 농부처럼 일하기'를 꿈꾸는 분들께 일독을 권한다.

김영철 | 바인그룹 회장

열정과 지혜를 품은 칠순 기념 책 발간을 축하드립니다. 건강은 몸과 마음과 영혼의 조화에서 비롯됩니다. 인간의 행복은 내면의 진리와 소명을 발견하고 하나님을 사랑함으로써 귀결됩니다. 이 책이 시대의 삶을 진단하고 치유함으로써 미래의 나침판 역할을 했으면 합니다. 과거는 너무 멀고, 현재는 낯설지만, 미래는 희망입니다.

왕희정 | 인제대 해운대백병원 간이식센터 교수, 《성화와 함께 읽는 365일 성경》 저자

인공지능이 몰고 오는 인류 혁명, 문명 대변혁 앞에서 우리는 더 깊은 통찰과 성찰의 힘이 필요합니다. 《이 별에서 현명해지기》는 시대를 초월한 위인들의 지혜를 통해 혼란한 미래 속에서도 중심을 잡을 수 있는 내면의 나침반을 제시합니다. 빠르게 변하는 세상 속에서 방향을 잃기 쉬운 우리에게, 한 사람 한 사람의 이야기가 등불처럼 다가옵니다. 사람을 향한 따뜻한 시선과 인문학적 감성이 절실한 지금, 이 책은 미래를 준비하는 모든 이들에게 꼭 필요한 동반자가 될 것입니다.

안종배 | 국제미래학회 회장, 인공지능 글로벌교육원 이사장

김진혁 작가는 나의 전 직장 선배이자 내가 가장 힘든 순간에 나를 책 쓰기의 세계로 안내한 귀인이기도 하다. 나는 저자를 뵐 때마다 두 가지 의문점을 갖는다. 첫째, 상상을 초월하는 독서력이다. 둘째, 사유의 깊이와 폭이다. 나는 이 책 역시 저자의 이러한 특징이 유감없이 표현된 역작일 것임을 믿어 의심치 않는다. 나는 이 책의 초고를 읽는 행운을 가졌다. 그래서 감히 장담하건대 이 책의 감동은 첫 페이지부터 시작된다.

임재택 | 한양증권 대표이사, 《성공, 꿈꾸지 말고 훔쳐라!》 저자

오늘 현재 우리 사회에 가장 시급하고 절실한 것은 젊은이들에게 꿈과 희망을 품을 수 있게 하는 것이다. 삶의 폭풍 속에서도 흔들리지 않고 나만의 길을 가는 자신감과 역동성이다. 아는 것보다 더 중요한 것은 따뜻한 마음으로 실천하여 내일의 주인공이 되어야 한다. 빛나는 별, 청춘의 피가 끓기 위해서는 오랜 세월 검증된 인문학 심장의 고동 소리를 접해야 한다. 바로 이 책이 생명을 불어넣고 따뜻한 봄바람, 꽃 피고 새 우는 자연의 호흡으로 이끄니, 그 얼마나 아름다운가?

김문현 | 고성경찰서 무궁화장학회 이사장

저는 '학생은 교복 입은 시민이며, 학교는 시민 사회이다'라는 교육관으로 교육의 본질과 정체성을 확립하려는 교육 혁신 운동을 하고 있습니다. 제대로 된 교육을 위해서는 인문학을 알고, 성찰하며 몸소 실천해야 합니다. 101명 위인들의 스토리를 쉽고 이해하기 좋게 설명한 이 책을 누구나 꼭 한 번 읽을 것을 강추합니다.

임종근 | 한양대 교육대학원 대우교수, 전 서울시 성동광진교육지원청 교육장

《이 별에서 현명해지기》는 지난 2022년 11월부터 시사브리핑 신문에 '얇지만 넓은 리더 이야기'로 연재되면서 많은 독자로부터 사랑을 받았습니다. 인공지능 시대를 살아가는 우리에게 가장 인간적인 질문을 던지는 책입니다. "나는 누구인가?" "어떻게 살아야 하는가?" 이 물음에 답하기 위해 저자는 역사와 문학, 철학, 과학, 예술의 위대한 리더 101인의 삶을 성찰의 거울로 제시합니다. 이백, 단테, 셰익스피어, 세종대왕, 스티브 잡스, 아인슈타인, 니체… 우리 삶을 흔들었던 거장들의 사유와 실천은 지금을 사는 우리에게 놀라운 통찰과 용기를 선물합니다. 이 책은 단순한 전기 모음이 아닙니다. 한 사람 한 사람의 이야기를 통해, 독자가 자신의 내면을 돌아보고, '나다움'을 회복하며, 리더로 살아가는 힘을 기르게 하는 따뜻한 인문학적 안내서입니다. 복잡한 세상 속에서 중심을 잡고 싶은 이들, 고요한 울림이 있는 삶을 원하는 이들, 새로운 시대에 흔들림 없는 나만의 길을 찾고자 하는 이들에게 이 책을 진심으로 추천합니다.

전수용 | 시사브리핑 편집국장, 파이낸셜리뷰 발행인

※ 프롤로그

인공지능 시대, 리더의 어깨 위로 올라타라

"성찰하지 않는 삶은 살아갈 가치가 없다." - 소크라테스

   소박한 꿈일지라도 자신감을 잃지 않은 당신이 자랑스럽다. 마음속 깊이 빛나는 별을 품고 사는 당신이 사랑스럽다. 범사에 감사하는 넉넉한 당신이 멋지다. 남들이 가지 않은 좁은 길을 개척하는 당신이 존경스럽다.
   경험과 성찰은 훌륭한 스승이다. 경험은 미래의 짐을 덜어주며 앞으로 나아가게 하는 힘이 있다. 그리고 성찰(省察, Introspection)은 자기 자신을 되돌아보고 반성하는 행위로, 내면의 여행이다.
   인간은 자신이 경험하고 성찰한 것을 토대로 이해의 범위를 확장한다. 예수 그리스도의 "원수를 사랑하라.", 소크라테스의 "너 자신을 알라."라는 말을 관통하는 중요한 원리이다. 역사는 주춤하기도 하지만, 뒷걸음치지 않는다. 역사가 아놀드 토인비가 말하는 "문명은 도전에 대한 응전의 산물"이란 통찰처럼 '창조적 소수'가 되어 시련을 이겨내야 한다. 곧 상황을 바꿀 수 없다면 관점을 바꿔 도전하는 것이다.

전 세계는 인공지능(AI)과 로봇 등의 기술 발전으로 전례 없는 변화와 도전에 직면했다. 관련 업계가 전 세계 자본과 인재를 블랙홀처럼 빨아들이고 있다. 생성형 인공지능 챗GPT의 운영사 오픈AI의 CEO인 샘 알트만(Sam Altman)조차 "현재 AI는 흑백 TV 수준의 단계"라고 말할 정도이다.

AI가 인간보다 월등하고 효율적으로 주어진 과업을 처리한다고 하지만, 영혼은 복제할 수 없다. 새로운 문명의 패러다임 전환에서 살아남고, 융합문명사회를 선도하는 것은 여전히 인간의 몫이다.

"생각대로 살지 않으면 사는 대로 생각하게 된다."라는 시대에 우리는 어떤 대응책과 준비가 필요할까? 당신 스스로를 소중히 여기고, 꿈 너머 꿈을 품고, 품격과 인성을 갖춘 세상의 소금과 빛의 역할을 했으면 한다. 공감하고 성찰하면서 정신에 혁명을 일으키고 최고의 가치에 온 힘을 다하자. 문명의 양극단을 조율하는 진실한 삶, 진리의 눈을 뜨고 창조적인 삶을 실천하는 용기가 필요하다. 바로 1톤의 생각보다 1그램의 실천이 필요한 이유다.

문명이 발달할수록 더욱 중요시해야 하는 것이 인문학적 성찰과 리더의 역량이다. 인문학은 인공지능의 뿌리이자 열매이다. 인공지능의 아버지 앨런 튜링은 수학자이자 논리학자로, 비트겐슈타인에게 토론식 철학 교육을 받았다. 스티브 잡스가 아이폰으로 세상을 바꾼 "Simple"과 "Think Different"의 저변에는 분류나 분리보다는 융합과 통합이 있었다. 많이 채우는 것보다 비움의 콘셉트(Concept), 살아가기보다는 살아 있음을 즐기고, 인문학과 과학기술의 교차점에서 위기를 피하지 않아야 한다.

우리는 종종 세상에 관한 질문을 던진다. '나는 누구인가?(인식론)' '나는 무엇을 해야 하는가?(윤리와 도덕)' '나는 어떻게 살 것인가?(목적론)'이다. 질문이 정확해야 정확한 답이 있겠지만, 사실 정답은 없다. 단지 도전해보는 것이 유일한 기쁨이 아닐까?

카를 힐티가 주장하길, 인간에게 있어서 최대의 불행은 자신의 존재를 모르는 것이다. 그만큼 자신의 존재를 아는 것처럼 중요하고 어려운 일은 없다. 성공보다 성장을, 지식보다 지혜를, 두려움을 사랑으로 바꿀 용기를 갖자. 명문대 졸업장, 출세, 재물 등이 행복을 보장하진 못한다. 삶의 동반자인 나 자신을 먼저 챙기고 사랑하고 신뢰하자. 지금의 행복을 찾지 않으면 후회의 청구서가 날아온다.

"나를 구하는 유일한 길은 남을 구하려고 애쓰는 것이다." - 〈그리스인 조르바〉

행복해지고 싶다면 리더의 어깨 위로 올라가라!
이 책을 쓴 목적은 첫째, 하루하루 고군분투하는 현대인을 위로하고 리더들의 태도와 소양을 갖추게 하기 위해서다. 인류 역사의 위인 101인의 궤적을 성찰과 공감으로 재조명하여 세상의 파도를 딛고 일어설 혜안을 얻고자 한다. 둘째, 더 높은 곳에서 더 넓게 바라보고 어떤 변화에도 중심을 잡는 자신감과 용기를 북돋워주고 싶었다. 셋째, 조금은 허무하게 느껴지는 인생 시기를 살아가는 분들에게 나다움을 찾아가는 방법을 알려주고 싶었다. 이성은 차갑고 감성은 따듯했던 위대한 인물들의 경험과 태도를 조화롭게 전하고 싶었다.

"삶의 목적은 행복이고 그 행복을 주는 것은 배움이다." - 아리스토텔레스

이 책은 교양인으로서 최소한 알아야 할 리더 101인의 삶과 혜안을 성찰했다. 고리타분한 히스토리나 계몽적 교훈에서 벗어나고자 했다. 삶의 깨달음과 용기의 변치 않는 원리를 제공하고 싶다. 타인보다 자신을 돌아보고, 일등보다 일류를 지향하며, 불안에서 희망의 빛을 비추는 성찰의 삶을 응원

한다. 인문학의 향기가 삶의 가치와 어우러져 내적 가능성과 잠재력의 꽃이 활짝 피었으면 한다. 미래의 주인공으로서 책장을 넘기면서 리더들에 대한 경외심과 강한 감동을 느끼고, 훔쳤으면 한다. 천부인권인 행복을 인문학의 우물에서 길어 마시자.

1장에서는 문학을 다룬다. 문학은 사상이나 감정을 언어로 표현하는 예술 작품으로 자기 영혼을 돌보는 마음의 비상약이다. 인간은 문학 작품을 통하여 마음속 소리와 현상의 본질을 깨닫게 된다. 셰익스피어의 "사랑을 눈으로 보지 않고 마음으로 보는 것.", 단테의 "꿈이 있는 자는 절망 속에서도 포기하지 않는다.", 괴테의 "스스로 얻을 수 있다면 무엇이든지 원하라." 라는 외침을 통해 운명과 성공 너머의 내적 성장을 찾을 수 있다. 나답게 살기 위해 나를 만나고자 하는 사람, 시대와 상황을 넘어 스트레스와 비교 의식의 압박감 속에서 하루하루 살아내느라 마음의 소리를 듣지 못한 채 쫓기는 사람이라면 꼭 읽어야 하는 내용이다.

2장에서는 종교와 역사에 대해서 다룬다. 종교가 어떤 초월적인 실재와 맺는 인간적인 관계로 절대 의존의 감정이라면, 역사는 과거와 현재의 대화 속에 이루어지며, '온전한 나'를 만드는 방법을 알려준다. 삶의 목적과 의미를 발견하여 현재를 바라볼 수 있는 거울이 되어줄 것이다.

종교와 역사는 깊게 얽혀 있다. 종교는 역사적 발전의 원동력이며 역사는 종교를 반영한다. 예수, 석가모니, 공자, 노자 등 성인을 통해서 존재의 근원과 어떻게 살아야 하는지를 연구했다. 종교와 역사는 똑같은 실수를 반복하지 않는다.

3장에서는 정치와 경영에 대해 이야기한다. 정치와 경영은 다양한 이해관계를 조정하고 좋은 길을 선택하는 화해의 기술이다. 정치와 경영 모두 사람의 마음을 얻어 적도 내 편으로 만드는 관계의 기술이다. 또한, 어떻게 다루느냐에 따라 풍요로운 삶으로 전화시키는 비책도 제시한다. 정치와 경영의 리더를 통해 상처받은 당신과 모두의 영혼이 치유되길 바란다. 세상이 올바로 나갈 방향을 제시하고, 리더들의 미래 예측 감각과 놀라운 실행 능력을 배울 수 있도록 쉽게 썼다.

4장은 예술과 과학에 대해 다룬다. 예술은 평범함을 새로운 아름다움으로 만드는 관점을 제공한다. 그리고 과학은 관찰과 실험 등 경험적 방법을 통해 실증된 지식으로 새로운 사실을 깨닫게 된다. 과학과 예술을 통해 아름다운 것들이 선사하는 기쁨을 다루고자 했다.

과학과 예술은 닮았다. 고대에는 과학과 예술이 하나였다고 한다. 과학자이자 예술가인 레오나르도 다빈치가 대표적이고, 예술의 어원인 '아르스'도 고대 그리스어에서 과학을 뜻하는 '테크네'에서 왔다. 과학과 예술 분야에서도 리더의 창의력과 리더가 지향해야 하는 곳을 정조준하여 멘토로 삼았으면 한다.

5장 철학 편에서는 스트레스, 지적 교양의 한계를 극복하고 아픈 영혼을 치유코자 한다. 그리고 오늘도 마땅히 해야 할 일을 하도록 권고한다. 철학을 모호하고 규정하기 어려운 자아를 찾는 도구로 삼는 것이다. 자아는 데카르트가 말한 "나는 생각한다. 고로 존재한다."의 '나'일 수도 있고, 프로이트가 말한 '에고'일 수도 있다. 또 쇼펜하우어는 "내가 하고자 하는 것을 나는 원할 수가 있는가?"라는 도발적인 질문을 통해 이성이 주인이 아니라 의지가 주인이라는 것을 밝혔다. 철학은 자기다운 모습으로 살게 하는 행복의 나침반이다. 철학은 남과 다르게 생각하는 법, 본질을 꿰뚫는 판단의 기술을 제공했다.

생각이 통하면 행동하게 된다. 무엇이 옳고 무엇이 그른지, 이상향이란 무엇인지, 지혜와 행복이란 무엇인지, 리더의 자격과 기준은 어때야 하는지를 탁월한 선인들의 사상과 명언을 들여다보며 고민했다. 이렇듯 인문학은 인간의 감정과 행동과 생각을 통찰하여 이 세계를 올바로 파악하고, 간파하고, 변화에 적절하게 대응하는 유용한 도구이다.

"사람의 가치는 타인과의 관계로서만 측정될 수 있다." - 니체

인간은 자기다운 모습 그대로 즐길 때 가장 편안함을 느낀다. 타인의 시선을 의식하고 눈치를 보느라 나다움을 포기한다면 행복하기 어렵다. 수많은 색채가 어울려서 명작이 나오듯 나를 있는 그대로 사랑하는 사람들과 함께 있어야 한다. 인간은 상호 관계로 묶어지는 매듭과 같아 좋은 인간관계만이 행복을 가져다준다.

인문학에 끊임없는 질문을 던지고 위인들의 지혜와 사례를 통해 깨우치는 태도와 좋은 습관을 지녔으면 한다. 물은 어떤 그릇에 담느냐에 따라 모양이 달라진다. 사람도 어떤 친구를 사귀느냐에 따라 운명이 결정된다. 인류의 스승들이 전하는 메시지를 곱씹고 자신에게 들려주는 소리에 귀를 기울이자. '진짜 나의 모습'을 찾자. '사유와 통찰의 리더'로 나아가자. 경쟁을 넘어 공감으로 나가며 상상할 수 없는 일에 도전하자. 모쪼록 이 책이 걱정은 덮고 희망이 펼쳐지는 로드맵으로 사용되길 기대한다.

2025. 6. 15
김진혁

차례

프롤로그 인공지능 시대, 리더의 어깨 위로 올라타라 • 8

1장 　 문학, 절망에서 희망의 손을 잡다

1. 셰익스피어, 시대를 넘어선 문학의 보물 • 21 ‖ 2. 단테, 죄악의 현실에서 신의 세계를 꿈꾸다 • 25 ‖ 3. 모어, 르네상스 시대의 유토피아 • 29 ‖ 4. 세르반테스, 근대소설의 효시 • 32 ‖ 5. 이백, 중국의 시선 • 36 ‖ 6. 괴테, 독일 문학을 세계적인 수준으로 이끈 대문호 • 39 ‖ 7. 스탕달, 마음을 움직이는 문학 • 42 ‖ 8. 위고, 거대한 세계를 창조하다 • 45 ‖ 9. 도스토옙스키, 삶의 근본 문제들을 관통한 거장 • 48 ‖ 10. 톨스토이, 도덕적 사색가이자 대문호 • 51 ‖ 11. 타고르, 동방의 시성 • 55 ‖ 12. 몸, 6펜스의 세계에서 달을 보다 • 59 ‖ 13. 지드, 관습과 제도에 저항하다 • 62 ‖ 14. 헤세, 자아 성장의 구도자 • 65 ‖ 15. 루쉰, 중국의 근대화를 낳다 • 68 ‖ 16. 벅, 벽안의 서양인이 그린 동양 • 71 ‖ 17. 헤밍웨이, 가장 숙련된 작가 • 74 ‖ 18. 생텍쥐페리, 어린 왕자의 별 • 76 ‖ 19. 밀러, 인간성 회복을 외치다 • 78 ‖ 20. 솔제니친, 절망 속 용기 • 81 ‖ 21. 쿤데라, 역사에 짓눌린 존재의 가벼움 • 83 ‖ 22. 바크, 천국으로 나는 갈매기 • 85

2장 역사와 종교, 존재의 근원을 묻고 어떻게 살아가야 하는가

23. 소크라테스, 인류의 스승 • 92 ‖ 24. 석가모니, 불교의 교조 • 95 ‖ 25. 공자, 화합은 가난과 불안도 이긴다 • 98 ‖ 26. 손자, 적을 알고 나를 알면 백전불패 • 101 ‖ 27. 노자, 늙어서 태어난 아이 • 104 ‖ 28. 맹자, 도덕에 기초한 삶의 청사진 • 107 ‖ 29. 장자, 속세를 초탈하고자 한 철학자 • 110 ‖ 30. 한비, 법가를 완성하다 • 113 ‖ 31. 사마천, 동양 역사학을 정립하다 • 117 ‖ 32. 예수, 인류의 구원자 • 120 ‖ 33. 아우구스티누스, 신의 나라를 꿈꾸다 • 124 ‖ 34. 루터, 종교를 개혁하다 • 127 ‖ 35. 노스트라무스, 미래를 예견하다 • 130 ‖ 36. 정약용, 백성을 위한 세상 • 132 ‖ 37. 마르크스, 역사의 발전 동력 • 135 ‖ 38. 간디, 비폭력 불복종 투쟁의 원조 • 138 ‖ 39. 토인비, 새로운 역사학의 길을 열다 • 141

3장 정치와 경영, 부유한 노예로 살기보다는 영원한 자유인으로 죽는 것이 낫다

40. 알렉산드로스, 위대한 정복자 • 146 ‖ 41. 카이사르, 운명의 총아 • 148 ‖ 42. 범려, 중국의 상신 • 151 ‖ 43. 카롤루스 대제, 서유럽의 지배자 • 154 ‖ 44. 리처드왕과 술탄 살라딘, 십자군 전쟁의 영웅 • 157 ‖ 45. 칭기즈칸, 역사상 가장 큰 제국 • 160 ‖ 46. 세종대왕, 훈민정음을 창제한 성군 • 163 ‖ 47. 이순신, 나라와 민족을 역경에서 구한 영웅 • 166 ‖ 48. 프랭클린, 인생 허투루 낭비하지 않기 • 169 ‖ 49. 애덤 스미스, 보이지 않는 손 • 172 ‖ 50. 나폴레옹, 유럽 전역을 통치하다 • 175 ‖ 51.

링컨, 노예 해방의 아버지 • 178 ‖ 52. 비스마르크, 독일 제국을 건설한 철혈 수상 • 181
‖ 53. 카네기, 미국 최초의 근대 자본가 • 184 ‖ 54. 샤넬, 패션계의 신화 • 187 ‖
55. 호찌민, 외세를 물리친 국부 • 190 ‖ 56. 드골, 자부심에 걸맞은 위대함 • 194 ‖
57. 마쓰시타, 경영의 신 • 196 ‖ 58. 디즈니, 아이들에게 꿈과 희망을 주다 • 199 ‖
59. 리카싱, 능력·운·겸손의 리더십 • 201 ‖ 60. 잡스, 다르게 생각하라 • 204

4장 과학과 예술, 아름다움이 선사하는 기쁨과 상상력으로 위로받는다

61. 다빈치, 르네상스 시대의 천재 • 210 ‖ 62. 미켈란젤로, 천재의 노력 • 213 ‖
63. 갈릴레이, 지동설의 아버지 • 215 ‖ 64. 렘브란트, 빛의 화가 • 218 ‖ 65. 뉴
턴, 근대 이론 과학의 선구자 • 221 ‖ 66. 헨델, 음악의 어머니 • 224 ‖ 67. 최북, 조선
의 고흐 • 227 ‖ 68. 베토벤, 운명을 스스로 개척한 작곡가 • 230 ‖ 69. 브람스, 고독
한 베토벤의 후계자 • 233 ‖ 70. 노벨, 노벨상으로 인류에 기여 • 235 ‖ 71. 장승업,
조선의 마지막 천재 화가 • 238 ‖ 72. 에디슨, 세상을 바꾼 발명왕 • 241 ‖ 73. 가우
디, 건축에 자연을 입히다 • 244 ‖ 74. 아인슈타인, 세상을 뒤바꾼 세기의 과학자 • 247
‖ 75. 피카소, 현대 미술의 혁신가 • 250 ‖ 76. 고흐, 그림만큼 열정적인 삶 • 254 ‖
77. 채플린, 날카로운 코미디언 • 257 ‖ 78. 오펜하이머, 원자폭탄의 아버지 • 260

5장 철학, 모든 학문의 근본이자 이성의 한계를 극복한다

79. 플라톤, 이원론적 세계관 • 266 ‖ 80. 아리스토텔레스, 학문의 아버지 • 269 ‖ 81. 몽테뉴, 무지몽매함을 깨우치다 • 272 ‖ 82. 이이, 성리학의 대가 • 275 ‖ 83. 베이컨, 과학혁명의 시조 • 278 ‖ 84. 데카르트, 근대 철학의 아버지 • 282 ‖ 85. 파스칼, 인간은 생각하는 갈대 • 285 ‖ 86. 로크, 경험론의 창시자 • 287 ‖ 87. 스피노자, 범신론을 추구하다 • 290 ‖ 88. 루소, 자연으로 돌아가라 • 296 ‖ 89. 칸트, 지식을 통한 인간 해방 • 297 ‖ 90. 헤겔, 칸트 철학을 계승하다 • 301 ‖ 91. 쇼펜하우어, 염세주의 철학자 • 304 ‖ 92. 밀, 현대 자유주의 담론의 확산 • 307 ‖ 93. 키르케고르, 죽음에 이르는 병 • 310 ‖ 94. 니체, 망치를 든 철학자 • 313 ‖ 95. 프로이트, 정신분석학을 열다 • 317 ‖ 96. 지멜, 생의 철학 그리고 돈의 철학 • 320 ‖ 97. 베르그송, 시간과 자유의지 • 323 ‖ 98. 융, 인간을 분석하다 • 326 ‖ 99. 프롬, 사랑은 기술 • 329 ‖ 100. 프랑클, 의미는 고통을 이긴다 • 331 ‖ 101. 사르트르, 목적보다 앞선 존재 • 334

에필로그 성찰할 때 누구나 리더가 될 수 있다 • 337

1장

문학,
절망에서 희망의 손을 잡다

문학만큼 한 인간을 내밀하게 들여다볼 수 있는 언어 도구는 없다. 갈등과 고민, 경험과 내면 깊숙이 웅크린 탐미적 예술적 감각을 슬며시 내놓고 재미의 마력을 선사한다. 실타래처럼 얽히고설킨 복잡한 문제를 해결할 열쇠를 제공하는 것은 덤이다.

문학은 오랜 세월 동안 영감과 지혜를 전해왔다. 작가의 살아온 궤적을 사회 문제와 연결하여, 알지 못했던 지혜와 세상의 깊은 이해를 얻게 하기도 한다. 문학은 단순히 정보 전달이나 지식 습득을 넘은 언어의 향연이다. 언어와 표현의 아름다움을 통해 감성과 인간의 삶을 은유와 상징 등으로 표현하여 감동과 깊은 사색의 우물을 긷게 한다.

이런 수천 년의 삶의 흔적과 이야기를 녹여낸 문학을 통해 나만의 답을 찾는 것은 행운이다. 물론 문학작품은 이 문제에는 이렇게 하고, 저 문제에는 저렇게 하라는 식의 정확하고 뚜렷한 답을 떠먹여주진 않는다. 살아생전 어머니의 고마움을 알지 못했던 어리석은 불효의 마음을 아쉬워하듯, 앞으로 어떻게 살아야 할지를 찾아내는 것은 오롯이 각자의 몫이다.

우리 모두 문학에서 관통하는 공통점을 통해 자기 자신을 들여다보고 끊임없이 내면과 대화하면서 답을 찾아 자신에게 좋은 스승을 만났으면 한다. 쉽게 바래지 않는 문학의 가치를 내면화하여 이를 자신의 삶과 인간의 보편적인 삶에 관련지을 수 있으면 좋겠다. 문학의 인식적 가치, 윤리적 미적 기능이 우리의 정서를 순화하고 내면세계를 고양하여 리더의 자양분이 되었으면 한다.

1. 셰익스피어, 시대를 넘어선 문학의 보물

"비참한 인간들에겐 희망이 약이다."

💎 역사상 가장 위대하고 영향력 있는 극작가

윌리엄 셰익스피어(1564~1616)는 잉글랜드의 조용한 소읍 출생이다. 부유한 상인(장갑 제조업) 계급 집안에서 8남매 중 셋째로 태어났다. 그는 풍족한 소년 시절을 보냈고, 초·중급학교부터 라틴어 등 기본적 고전 교육을 받았다. 하지만 13살 때 학교를 자퇴하고, 극장의 밑바닥에서부터 차근차근 올라간 입지전적 인물이다. 극장을 청소하고 무대 뒤 의상과 소품을 챙기는 성실한 태도를 보였다.

셰익스피어는 1590년 초반부터 런던으로 나와 극단과 관계를 맺고 배우 겸 극작가로 이름을 알렸다. 1590년 전후 시대 영국은 엘리자베스 1세 여왕 치하로 국운이 융성하고, 문화 면에서도 고도의 창조성이 요구된 시기였다. 그리스·로마의 고전(古典)을 소생시킨 르네상스 문화의 유입(流入)이 있었지만, 1592~1594년 2년간에 걸친 페스트 창궐로 인하여 극장 등이 폐쇄되는 등 문화 행사가 금지되었다.

1599년 글로브 극장이 설립되고 셰익스피어는 공동소유자가 된다. 1603년 제임스 1세의 후원으로 궁내부장관(宮內府長官) 극단의 간부 단원이 되었고, 그 극단을 위해 작품을 쓰는 전속 극작가가 되었다. 말년에 셰익스피어는 '신사(젠틀맨)'로 인정받아 가문의 문장(紋章)을 만들 정도로 저명 인사가 되었다.

그는 근면함과 창조력을 더해 폭넓은 작품 세계를 구축했다. 그는 창조주

다음으로 세상에 많은 것을 창조했다는 행운을 거머쥐었다. 희극과 역사물 비극 작품 등을 창작한 흥행의 귀재이자 연극의 천재로 인정받았다.

1611년 무렵 은퇴해 고향에 머물다가 세상을 떠났다. 셰익스피어의 최초 작품집은 사후 400년 만에 발견되었다. 고향에 있는 셰익스피어의 무덤 묘비에는 다음과 같이 쓰여 있다.

여기 덮인 흙을 파헤치지 마시오. / 이 돌을 건드리지 않는 사람에게는 축복이 / 이 뼈를 옮기는 자에게는 저주가 있으리라.

◆ 세상은 무대이고 우리는 모두 배우들

셰익스피어의 희곡이 100퍼센트 창작이 아닌, 잘 알려진 고전이나 다른 나라의 민담, 설화, 역사를 편집하고 빌렸음에도 작가로서의 명성에 흠으로 작용하지 않는 이유는 바로 그 놀라운 언어와 표현력 때문이다.

셰익스피어의 활동기를 나눠보면 초기에는 습작적 경향으로 영국사기를 중심으로 한 역사극에 집중했고, 중간기에는 낭만 희극을 썼고, 만년에는 화해(和解)의 경지를 보여주는 로맨스 극을 썼다. 다 합쳐 희곡 38편, 154편의 소넷과 두 편의 장시를 썼다. 주요 작품은 〈로미오와 줄리엣〉〈오셀로〉〈햄릿〉〈맥베스〉 등으로 문학의 기본 기술을 정립시켰으며, 소넷 형식의 참신함과 논리성을 갖췄다.

〈로미오와 줄리엣〉은 서정적인 하룻밤 사랑에 도취된 연인의 원형으로 파멸로 귀결된다. 〈오셀로〉는 인간의 모습을 한 질투 악마를 표현했다. 〈맥베스〉는 자신의 야심을 추구하는 데만 관심 있는 부인에게 우롱당하는 남편의 전형을 그린다. 〈리어왕〉은 교만한 왕이 착한 딸을 내치고 나쁜 두 딸에게 나라를 물려주었다가 그 벌로 두 딸에게 쫓겨나는 이야기다. 〈한여름 밤의 꿈〉은 요정의 여왕과 그녀의 남편 오베론 사이의 불화 이야기다. 〈햄릿〉

은 자기 아버지를 독살한 숙부에게 복수하는 이야기다.

셰익스피어의 작품이 극찬을 받는 이유 중 하나가 모든 시대와 문화, 공간을 아우르는 보편성이다. 당시 그가 살았던 시대적 배경과 관련된 주제인데 오늘날에도 자주 사용되는 혜안을 가졌다.

셰익스피어는 영문학 그리고 세계 문화에 큰 영향을 끼쳤다. 햄릿에 나오는 "사느냐 죽느냐 그것이 문제로다(To be, or not to be, that is the question)."는 그야말로 영문학사 전체에서 꼽히는 명대사로 그 속에든 은유적인 의미는 끊임없는 논쟁거리가 된다. 그는 희곡을 창작할 때 그리스·로마의 고전 희곡을 참고했다. 뿐만 아니라 법학, 의학, 박물학에 관심이 지대했고, 궁중 지식도 많았으며, 프랑스어와 이탈리아어를 할 줄 알았던 것 같다.

♦ 성찰과 공감: 셰익스피어는 인도와도 바꾸지 않겠다

영국의 역사학자 토마스 칼라일은 "셰익스피어는 인도와도 바꾸지 않겠다."라고 언급한 바 있다. 그만큼 예술은 한 국가의 자부심이며 상징으로서 무한한 힘을 가지고 있다. 미국의 시인 랄프 왈도 에머슨은 "보잘것없는 소극장도 셰익스피어의 상상력 넘치는 펜으로 옮겨지면 하나의 드넓은 우주로 변해 온갖 신분을 지닌 등장인물이 무대가 좁다는 듯 대활약을 펼친다."라고 말한 바 있다.

〈오셀로〉에 나오는 "우리의 몸이 정원이라면 정원사는 자신의 의지"라는

구절은 모든 사람의 행위는 마음에서 비롯되기에 어떤 일이라도 의지가 있으면 된다는 뜻이다. 이렇듯 그의 작품은 인간의 복잡한 감정과 인간 사회의 다양한 측면을 심도 있게 탐구하면서도 메타포와 이미지를 통해 깊은 감동을 전달한다. 또, 언어의 힘을 통해 감정과 사상을 표현하는 방법도 배울 수 있다.

"과거를 자랑하지 마라. 옛날이야기밖에 가진 것이 없을 때 당신은 처량해진다. 삶을 사는 지혜는 지금 가지고 있는 것을 즐기는 것이다."

"비겁한 자는 죽음에 앞서 몇 번 죽지만, 용감한 자는 한 번밖에 죽지 않는다."

2. 단테, 죄악의 현실에서 신의 세계를 꿈꾸다

"추위에 떨어본 사람만이 태양의 소중함을 알 듯이
역경을 경험해본 사람만이 인생의 귀중함을 안다."

💎 파란만장한 삶에서 잉태된 문학

단테 알리기에리(1265~1321)는 이탈리아 피렌체에서 태어났다. 집안은 신분이 높지 않은 피렌체 겔프당의 귀족 가문이기에 가난했다. 그는 1274년 피렌체의 명문 폴코 포르티나리의 딸인 베아트리체를 만나 사랑하게 되었다. 그때 단테는 9세였고, 두 사람은 신체적 접촉은커녕 말 한번 제대로 나눠보지 못한 사이였다. 9년 뒤에 해후했고 그 이후로 그녀는 단테의 영원한 연인이 되었다.

단테는 볼로냐대학에서 수사학, 철학, 법률학, 천문학 등을 연구하면서 이탈리아어로 시를 지었다. 그는 당시의 풍습에 따라 12세에 피렌체의 도나티가(家)의 딸 젬마와 약혼하고, 그 후에 결혼하여 세 아들을 두었다. 1289년에 기병대의 일원으로 전투하는 등 청년 시절에는 갖가지 경험을 쌓았다. 1300년 5월에는 이웃 나라 생 제미냐노의 특파대사를 거쳐, 피렌체 공화정을 통치하는 6인의 최고 정무위원 중 한 사람으로 선출되었다.

그는 열렬한 가톨릭 신자이자 애국자였지만, 뇌물을 받았다는 혐의로 엄청난 벌금을 냈고, 2년 동안 추방당했으며, 공직 자격을 영구적으로 박탈당하기까지 한다. 추방당한 단테는 각지를 방랑하며 〈향연〉〈제정론〉 등을 집필했다. 말년에 조용히 문필 생활을 하던 단테는 라벤나에서 56세 나이로 사망했다.

"남의 빵이 얼마나 쓰고 남의 계단을 오르내리는 것이 얼마나 힘든지 네가 직접 경험할 것이다." - 신곡 천국편 제17장 58~59

"나의 뒤를 따르라, 평가는 후세 사람들에게 맡겨라." - 신곡 연옥편 제5장 13행

단테는 현실 정치에 깊숙이 개입해 당시 피렌체 중산층을 옹호하는 겔프당원이 되어 상류층을 대변하는 기벨린당과 피비린내 나는 전쟁에서 중심 역할을 했다. 겔프당이 승리했으나, 내분이 생겨 흑당과 백당으로 갈라졌다. 그는 당시 교황파와 단지오 왕가의 간섭에서 벗어나 피렌체의 독립을 주장한 백당을 지지했기에 절대 권력자였던 교황의 분노를 사 피렌체에서 추방되었다. 교황파의 회유를 거부한 채 정치를 떠나 〈신곡〉 집필에 착수했다. 〈신곡〉은 문화적, 종교적 사상의 결정체다.

💎 사후 세계 여행담

〈신곡〉은 지옥편, 연옥편, 천국편의 3편으로 구성되어 있다. 〈신곡〉은 규모나 내용 면에서 최고의 걸작으로 꼽힌다. 단테의 〈신곡〉은 이렇게 시작된다.

"인생의 반 고비에서 정도를 벗어난 단테는 어두운 숲에 있었다. 때는 1300년

부활절을 사흘 앞둔 성금요일 저녁 무렵 단테는 자신이 참으로 잔혹하고 혼란스러우며 통과하기 힘든 곳에 있음을 느끼면서 두려움에 온몸을 떨었다."

〈신곡〉은 단테가 존경했던 로마 시대의 서사시인 베르길리우스의 안내로 부활절 전후 일주일 동안 지옥과 연옥과 천국을 여행하는 형식으로 쓴 자서전이라 할 수 있다. 그는 두 교황을 비롯한 자신의 적들을 지옥에 던지고, 자신의 친구와 존경하는 인물은 연옥에 두었고, 자신이 사랑하는 베아트리체를 천국에 모셨다.

〈신곡〉의 백미는 '지옥편'이다. 지옥은 제1영역에서 9영역까지 내려갈수록 죄가 무거운 자가 벌을 받도록 만들어졌다. 단테는 지옥을 인간 세상의 온갖 죄악과 비리의 표본실로 묘사했는데, 이승에서 지은 죄질에 따라 1옥부터 9옥까지 사악한 인간의 죽은 영혼이 고통받는 모습을 리얼하게 그리고 있다.

지옥에는 고리대금업자, 폭력배, 동성애자, 낭비가, 탐욕가, 인색한 자, 우상숭배자, 위선자, 중상 모략가, 배신자 등등이 활활 타오르는 불 속, 쇳물 속, 똥물 속, 짐승들 무리 속, 죄악의 숲속에서 고통받고 있다. 예를 들면, 제4영역에서는 인색한 자와 낭비한 자가 무거운 금화가 가득 담긴 자루를 서로에게 밀어내고 있었고, 제5영역에서는 이단자가 석관 속에서 불타고 있다. 지옥 제일 밑바닥에는 3개의 악마 얼굴을 가진 루치페르가 반역자 유다와 브루투스, 카시우스를 씹어 먹고 있었다.

단테가 〈신곡〉에 코메디아(희극, commedia)라고 붙인 이유는 절망으로 시작되어 희망으로 끝나기 때문이다. 비참하고 고통스러운 내용을 다루고 있는 지옥편과 아름답고 행복한 내용을 그린 천국편이 있다. 슬픈 시작인 지옥에서 깨달음과 반성의 연옥을 지나 행복한 결말인 천국에 이른다. 지옥, 연옥, 천국 3편으로 이루어진 〈신곡〉은 각 편이 33곡이고, 지옥편의 서곡을 합해 100곡이다. 〈신곡〉은 그리스도 찬양의 천국을 그렸다. 이교도와 이단을 죄악시한 단테가 이슬람교의 창시자인 무함마드를 지옥 속에 빠뜨린 것만 봐도 알 수 있다.

💎 성찰과 공감: 인류에게 영감과 창의성의 힘을 보여준 거장

단테의 작품에는 넓은 학문적 배경과 기독교 신학, 고대 중세 철학 등 다양한 지식이 녹아 있다. 〈신곡〉은 인간의 삶과 영혼의 구원을 중심으로 정의와 도덕적 선택의 중요성을 강조한다. 그는 인간이 자신의 선택과 행동에 책임을 져야 한다고 믿었다. 작품 속에서 가장 미워하는 대상은 청렴결백해야 하지만 세속적인 물욕에 눈이 멀어, 세상의 영달을 꾀하거나 돈을 모으는 성직자들이었다. 동시에 덕을 외치며 이를 몸소 실천한 성 프란체스코를 찬양한다.

3. 모어, 르네상스 시대의 유토피아

"영혼이 충만하면 삶의 문제로부터 자유로워지는 것이 아니라
일상의 삶에 깊이와 가치를 더하게 된다."

💎 사계절의 사나이

토머스 모어(1478~1535)는 런던 근교에서 태어나 로퍼 법률 사무소에서 일하며 법조인으로서 경력을 시작했다. 이후 국왕 헨리 8세 시절에 중요한 정치적 지위에 오르게 되었다. 1529년에 국회에서 하원 연설권을 가지게 되었고, 1534년에는 대법원장으로 임명되기도 했다.

모어는 정치인으로서 교황권의 영향력을 제한하려는 헨리 8세의 교회 개혁에 반대했고, 결국 국왕과 갈등을 빚게 되었다. 모어는 왕위계승법에 대한 서약을 거부하고 묵비권을 행사했다. 이에 크롬웰에 의해 잡혀서 런던탑 감옥에서 처형당할 때까지 15개월을 보내게 된다. 그 사이에 결과가 이미 정해져 있는 재판이 진행되었는데, 공소 이유는 "의회가 인정한 왕의 권능에 대해 그는 악의적이고 반역적으로 행동했다."라는 것이었다. 모어는 "반역은 말이나 행동을 통해 가능한 것이지 침묵으로 할 수 있는 일은 아니다."라며 반박했다.

재판이 본격적으로 시작되자, 모어는 침묵을 깨고 적극적인 항변을 시작한다. 문구 하나에 매달리는 위대한 법률가의 모습을 보여주었지만, 그의 친구가 크롬웰 편에 서서 위증을 하자, 상황은 크게 불리해졌다. 그 위증으로 인해 반역죄로 사형 판결을 받던 순간, 그는 재판관들에게 "여러분들이 지금은 이 땅에서 재판관으로서 나를 정죄하지만, 나중에 우리가 하늘에서

다시 만나 영원한 구원을 함께 누릴 수 있기를 간절히 기도할 것입니다."라는 말로 통렬히 법정을 풍자해버렸다. 토머스 모어는 결코 권위에 순응하지 않는 뛰어난 철학가, 정치인으로 기억되며 그의 생애와 작품은 현대에도 높이 평가되고 있다.

💎 왜 유토피아가 필요한가

모어는 뛰어난 문학작품으로도 유명한데 1516년에 출판된 〈유토피아〉는 그의 대표작이다. 〈유토피아〉는 사회적 공평성과 이상적인 정치 체제에 대한 아이디어를 탐구하는 소설로, 완벽한 사회적 조직과 정의로운 사회를 상상하며 시대적 상황을 비판하고 있다.

〈유토피아〉의 2권은 불의한 세상에 대한 이상사회의 제안이다. 1권은 분석과 비판을, 2권은 대안과 예지를 제시함으로써 균형을 맞추고 있다. 1권은 항해자이자 철학자인 가상의 인물 '라파엘 히슬로디'와 토머스 모어가 대화 형식으로 당시 유럽 사회에 만연된 부정부패를 날카롭게 비판한다. 2권은 유토피아 섬에 관해 이야기한다. 모어는 예리한 시선으로 당대 사회의 모순점을 비판한다.

♦ 성찰과 공감: 유머 넘치는 원칙주의자의 시선

모어는 교양과 교육을 통해 인간의 진보와 인격 발전을 촉진할 수 있다고 주장했다. 그가 말하는 유토피아는 현실 도피적인 지적 유희나 사회풍자로 볼 수 있고, 미래 사회에 대한 희망이기도 했다.

처형대 앞에 선 모어는 군중을 향해 "나는 왕의 충실한 종 이전에 하나님의 종으로 죽는다."라고 선언했으며, 죽을 때까지도 유머 감각을 잃지 않았다. 사형 집행인에게 자기 수염은 반역죄를 짓지 않았기 때문에 도끼를 받을 이유가 없다면서 수염을 잡아 빼고는 "내 목은 매우 짧으니 조심해서 자르게."라고 당부했다. 에라스뮈스는 토머스 모어의 죽음에 대해 "눈보다도 순결한 영혼을 가진 사람이었다. 잉글랜드는 과거에도, 그리고 이후로도 그가 지닌 천재성을 다시 발견할 수 없을 것이다."라며 그를 애도했다.

4. 세르반테스, 근대소설의 효시

"재산보다는 희망을 욕심내자. 어떠한 일이 있어도 희망을 포기하지 말자."

◈ 에스파냐의 흥망성쇠를 반영하다

미겔 데 세르반테스(1547~1616)는 카스티야 지방의 작은 도시에서 몰락한 이달고 집안을 뿌리로 둔 이발사 겸 외과 의사의 아들로 태어났다. 세르반테스의 유년 시절은 비참함과 부끄러움으로 얼룩졌고, 각지를 돌아다니는 불안정한 생활을 했다. 가난과 실패에 시달리다 못해 펜을 집어든 상이군인인 세르반테스는 정규 교육을 받지 못했지만, 스페인의 대표 문호로 추앙받았다.

1571년 레판토 해전에서 총상을 입고 왼손이 불구가 되어 '레판토의 외팔이'라는 별명을 얻게 됐다. 군 생활 중에 탄 배가 태풍에 휩쓸리고 튀르크 해적의 습격까지 받아 포로가 되는 험한 인생을 살았다. 노예 신분으로 5년간 포로 생활을 하다가, 가족이 모은 돈으로 몸값을 지불하고 천신만고 끝에 간신히 풀려났다. 그때가 33세였다. 그 때문인지 〈돈키호테〉에서 강조하는 주제는 자유다.

겨우 집에 돌아왔지만 가세는 더 기울어 있었다. 그는 1569년 첫 번째 소설 〈라 갈라테아〉를 출간했고, 생계를 위해 포르투갈로 가서 왕실 업무를 봤다. 그는 군사 식량을 납입하는 식량 조달원으로 안달루시아 지방을 떠돌아다니는 직책을 맡았으나, 그런 중에도 교회 소유 밀을 징발했다고 파문당하고 당국 허락 없이 밀을 팔았다는 죄목으로 투옥되기도 했다. 그라나다에서 세금 징수원으로 일하다 책임자가 잘못을 저지르고 도망치는 바람에 그를 대신해 세비야 감옥에 7개월 동안 갇힌다.

하지만 갇힌 것이 오히려 기회가 되어 옥중에서 〈돈키호테〉를 구상했다. 풀려난 뒤, 1605년 〈돈키호테〉 1권이 출판하여 시대를 초월하는 고전이 되었고 문학사를 대표하는 걸작의 반열에 오른다. 〈라 갈라테아〉 이후 무려 20년 만에 내놓은 소설로 유럽 최고의 베스트셀러 반열에 오른 것이다. 세르반테스는 1615년 〈돈키호테〉 속편을 내고, 1616년 당뇨병과 간경변으로 한 편의 영화 같은 생을 마감한다.

20세기에서 가장 영향력이 있는 문학 평론가 해럴드 블룸은 "단테 이후 서양의 중심 작가는 셰익스피어와 세르반테스였으며, 그 이후에 나온 톨스토이나 괴테, 디킨스, 프루스트, 조이스도 그에 못 미친다."라고 평했다.

♦ 돈키호테, 익살스러운 일을 저지르며 모험을 즐기다

〈돈키호테〉는 악을 소탕하기 위한 '자칭 기사' 돈키호테의 모험 이야기다. 인물 묘사와 이야기 역동성, 심리 변화에 중점을 두고 중세 기사도 문학을 풍자했다. 돈키호테는 작중 주인공이면서 자신을 상징한다. 작품 도입부에 라만차 마을에 이달고가 살고 있었다고 소개한다. 주인공 돈키호테에서 '돈'은 경칭이고, '키호테'는 허벅지 보호 갑옷의 이름이다. 자기가 탄 말 이름도 정한다. 로시난테다. '그전에는 비쩍 말랐지만, 지금은 어느 말보다 뛰어난' 말이라는 뜻이다.

거침없는 낙천주의자 돈키호테가 방랑을 떠난 이유는 어떤 고난이 닥치더라도 가난하고 천대받는 자들을 돕고, 높은 사람에게 억눌린 자, 모든 억울한 자를 구해주는 것이다. 세상이 그를 원하는데 꾸물거리고 있으면 죄가 된다는 생각에서다.

세르반테스는 당대 거의 모든 문학 장르를 섭렵했다. 르네상스 시대의 탁월한 시인, 극작가, 산문가로서 다양한 장르를 소개했다.

문학사적으로 〈돈키호테〉는 '최초의 근대 소설'로 평가된다. 기사를 선망하는 주인공이 시대착오적인 행동으로 비웃음만 사는 모습을 통해, 낭만주의에서 사실주의로의 이행을 보여주는 작품으로 평가된다.

나아가 이 소설은 독특하고 파격적인 서술 방식으로도 유명하다. 돈키호테에겐 일말의 권위의식도 없다. 세숫대야를 투구로 쓰고 다니며, 고행한다고 윗도리만 입고 아랫도리는 벗은 채 공중제비를 돌기도 한다. 거침없는 행동과 부조리한 사회에 대한 풍자와 조롱의 몸짓으로, 당시 기득권의 상징인 이성을 무너뜨린 광인의 낯설고 위험한 도전이었다.

"전쟁에서 받은 상처는 명예를 주는 것이지 명예를 앗아가는 것이 아니다."
"이룰 수 없는 꿈을 꾸고 싸워 이길 수 없는 적과 싸웠으며, 이룰 수 없는 사랑을 하고 잡을 수 없는 저 별을 잡으려 했다." – 돈키호테가 죽으면서 한 말

💎 성찰과 공감: 최초의 근대소설을 쓴 위대한 창작자

"운명은 항상 성공의 요소를 담고 있다." – 〈돈키호테〉 중에서

세르반테스가 살았던 시대의 에스파냐는 "성직자나 병사가 한 명도 나오지 않은 가정은 존재하지 않는다."라는 말이 있을 정도로 세계 제패라는 야망에 사로잡혀 있었다. 콜럼버스의 신대륙 발견과 함께 펠리페 2세는 '해가 지지 않는 대제국'을 건설한다. 그러나 1588년 에스파냐가 자랑하던 무적함대가 영국에 패하면서 국력이 급격히 기울어진다. 〈돈키호테〉는 이런 조국의 운명과 함께 실의에 빠진 50대 중반의 세르반테스가 감옥에서 에스파냐의 영광 시대를 뒤돌아보면서 쓴 작품이다.

클리프턴 패디먼은 "오늘날의 사람들에게 〈돈키호테〉는 읽기보다는 인용하기를 더 많이 하고, 즐기기보다는 칭찬하기를 더 많이 하는 책."이라고 말했다. 세르반테스는 〈돈키호테〉로 과거와 당대의 다양한 이야기를 스토리텔링하고, 융합적인 시대로 변화할 것을 통찰하여 창의적으로 문학의 새 지평을 열었다.

5. 이백, 중국의 시선

"고난과 불행이 찾아왔을 때 비로소 친구가 친구임을 안다."

💎 방랑에서 정신의 자유를 찾다

이백(701~762)은 촉나라 출생으로 자는 태백(太白)이고 호는 청련거사(靑蓮居士)다. 중국을 대표하는 시인으로 시선(詩仙)이라 불린다. 아버지는 서역(西域)의 호상으로 어릴 때 가난하게 살았다. 남성적이고 용감한 것을 좋아한 그는 25세 때 촉나라를 떠나 양쯔강(揚子江)을 따라서 산둥(山東), 산시(山西) 등지를 편력하며 한평생을 보냈다. 젊어서 도교에 심취했고, 시의 환상은 대부분 도교적 발상에서 비롯된 것이다.

55세에 안녹산(安祿山)의 난이 일어났을 때 현종에 의해 막료로 발탁되었으나, 새로 즉위한 황자 숙종과 대립하여 옥에 갇힌다. 뒤이어 유배되었고 방랑하다 당도(當塗, 安徽)에서 병사했다. 자녀로 2남 1녀를 두었으나 집안을 돌보지 않아 자손들의 소식은 모른다. 이백의 생애는 방랑으로 시작하여 방랑으로 끝났다.

"이태백이 놀던 달아."라는 말이 생긴 것은 이태백이 중국의 양쯔강(장강) 둥팅호(동정호)에서 술을 마시고 뱃놀이를 하다가 물에 비친 달을 잡기 위해 물에 빠져 죽었다는 설화 때문이다.

> "이백은 술 한 말을 마시고 시 100편을 짓고, 장안성 저자의 술집에서 잤다. 천자가 오라하여도 배에 오르지 않은 채, 스스로 칭하기를 '신은 술의 신선입니다' 했다." – 풍류를 노래한 이백을 생각하면서 쓴 두보의 시 중에서

"대붕(大鵬)이 날아 세상 끝까지 흔들리는데, 중천(中天)이 무너지니 구할 수 없구나. / 남은 바람이라도 만 년은 떨치련만, 부상(扶桑)을 노닐다 왼쪽 날개가 걸렸다. / 후인들아 이 소식 듣거든 전해다오, 공자가 없으니 그 누가 눈물 흘릴까. – 〈임로가(臨路歌)〉

💎 발해 문서를 해독한 술 속의 팔선

당나라 현종 때 발해가 선전포고 서신을 보냈는데, 조정의 그 누구도 서신 내용을 이해하지 못했다. 이에 천자가 외쳤다. "이 많은 문관 중에 단 한 명도 이 문제를 해결해주지 못하다니." 만일 사흘 안에 아무도 이 서신을 해독하지 못하면 신하들의 지위를 박탈하겠다고 겁박을 주었다. 그때 하지장이란 신하가 천자에게 다가와 말했다. "신이 폐하께 아룁니다. 이백이라는 뛰어난 시인이 있는데 여러 학문에 능통합니다. 그를 불러 이 서신을 읽으라 하소서."

이백을 즉시 궁으로 불렀지만 이백은 응하지 않았다. 현종이 그를 달래기 위해 직위와 의복을 하사했고, 궁에 온 이백은 서신을 번역했다. 발해가 자유를 되찾기 위해 전쟁을 하겠다는 내용이었다. 이백은 편지를 읽은 뒤 박식하고 무시무시한 답신까지 구술하고, 이에 천자가 서명하여 보냈다. 현종은 감탄하여 이백이 하늘에서 내려온 신선이라고 했다. 답신을 받은 발해는 사과와 함께 공물을 보내왔다. 현종은 공물 중 일부를 이백에게 하사했다. 그리고 술을 좋아하던 이백은 이 선물을 다시 주점 주인에게 주었다.

이백은 당시 부패한 당나라 정치에 불만이 많았고 자신의 정치적 재능을 발휘할 기회를 바랐다. 그가 43세 되던 해인 한림공봉(翰林供奉)이라는 관직을 하사받았지만, 한낱 궁정시인으로서 현종의 곁에서 시만 지어 올렸다. 그러다가 방약무인한 태도 때문에 현종의 미움을 받아 마침내 궁정에서 쫓겨난다.

현존하는 최고(最古)의 시문집을 편집했고, 주석으로는 원대(元代) 소사빈의 〈분류보주 이태백시(分類補註李太白詩)〉, 청대(淸代) 왕기(王琦)의 〈이태백전집(李太白全集)〉 등이 있다.

💎 성찰과 공감: 전통적 규범에 얽매이지 않는 자유로움

이백은 중국 고전문학에서 중요한 위치를 차지하는 인물로, 그의 시는 자유와 열정이 물씬 풍기는데, 그는 술을 마시고 구름을 타고 달에 오를 만큼 자유로운 영혼을 표현했다. 전통적인 규범에 얽매이지 않는 창작 정신이 돋보인다. 또 자연과의 깊은 연결도 보여준다. 산수와 강물, 달빛과 바람 등 자연의 원소들을 매우 예술적으로 표현하여, 인간과 자연이 조화롭게 공존하는 아름다움을 노래한다. 결국 시를 통해서 우리에게 인생이 순환함을, 그리고 즐거움이란 단순하다는 것을 알려준다.

山中問答(산중문답)

問余何事棲碧山(문여하사서벽산)
笑而不答心自閑(소이부답심자한)
桃花流水杳然去(도화유수묘연거)
別有天地非人間(별유천지비인간)

무엇 때문에 푸른 산에서 사느냐고요
빙그레 웃고 답은 하지 않지만 마음은 절로 한가하답니다
복사꽃 두둥실 물에 떠 저만치 흘러가는데
여기가 바로 딴 세상 속세가 아니거든요

6. 괴테, 독일 문학을 세계적인 수준으로 이끈 대문호

"성공하려면 자신의 소질을 발견해내고 작은 것부터 지금 바로 시작하라."

💎 자연과 삶을 꿈틀거리게 한 문장가

요한 볼프강 폰 괴테(1749~1832)는 프랑크푸르트 출생으로 귀족은 아니었지만 비교적 넉넉한 중산층 집안에서 자라나서 어려서부터 문학과 예술을 가까이 접했다. 그는 8세에 시를 짓고 13세에 첫 시집을 낼 정도로 문학 신동이었다.

괴테는 대학에서 법학을 전공하고 변호사로 개업했지만, 포기하고 여러 문인과 교제하며 광범위한 독서에 몰두해 시와 희곡 등을 습작했다. 1775년에 바이마르 공국의 재상이 되어 10년 남짓 국정에 참여했다. 지질학·광물학을 비롯하여 자연과학 연구에도 몰두했으며, 만년까지 연애를 했다.

괴테의 유언으로 잘 알려진 "두 번째 창문도 열어라. 더 많은 빛이 들어올 수 있도록."에서 두 번째 창문이란 삶의 현장 속에서 점점 흐려지던 빛이 죽음 이후에 희망으로 인해 더욱 강력해진다는 것을 비유한 것이다.

죽고 난 후엔 바이마르의 한 묘지에서 평생의 지기였던 실러 곁에 누웠다. 괴테의 제자이자 〈괴테와의 대화〉를 저술한 에커만은 괴테의 유해를 보고 다음과 같이 말했다. "평안한 기색이 고귀한 얼굴 전면에 깊이 어려 있었다. 시원한 그 이마는 여전히 사색에 잠겨 있는 듯했다."

💎 사랑과 감정의 소용돌이로 몰다

괴테는 독일 문학과 세계 문학 모두에 큰 영향을 끼친 거인이다. 80년 넘는 생애 동안 시와 소설, 희곡과 산문, 그리고 방대한 양의 서한을 남겼다. 문학뿐만 아니라 신학과 철학, 과학 등 여러 분야에도 손을 댔고, 유능한 관료이자 탁월한 인격자로도 존경을 받았다. 18세기 중반에서 19세기 초에 이르는 그의 생애는 산업혁명과 프랑스 혁명, 나폴레옹의 대두 같은 세계사의 굵직한 사건이 연이어 일어난 시기이기도 했다.

괴테의 대표작 〈파우스트〉는 구상에서 완성까지 60년이 걸린 대작으로 인식과 행위의 불일치에 고민하는 근대인의 전형을 묘사했다. 16세기에 독일 전역에 유행한 전설의 주인공인 마법사 파우스트가 악마에게 영혼을 팔아서 벌어지는 방황과 구원 이야기다.

〈파우스트〉는 문학사적으로 고전주의와 낭만주의 시대를 관통하며 형성된 작품이다. 제1부가 중세를 배경으로 마법을 이용한 개인의 욕망 실현을 이야기하고 있다면, 제2부는 근대를 배경으로 기술을 이용한 인류의 욕망 실현을 이야기하고 있다.

괴테의 대표작들은 다른 유럽 문학에 비해 낙후되었다고 평가되던 독일 문학의 수준을 일거에 드높였다. "독일 민족의 자의식은 바이마르에서 태어났다."는 말은 결코 과장이 아니었다. 셰익스피어가 영국 문화와 영어에 끼친 영향 못지않게, 괴테는 독일 문화와 독일어에 막대한 영향을 끼친 것이다.

💎 성찰과 공감: 인간은 노력하는 한 방황한다

타인의 마음을 움직이려 한다면 결코 비난해서는 안 된다. 타인을 배려하고 이류 인간과 바보를 멀리하며 친구를 가려서 사귀어라. 청춘도 언젠가는 나이가 든다. 시간은 결코 우릴 기다려주지 않기에 고전을 많이 읽고 생각하라. 끝을 아는 자가 시작도 할 수 있다.

"여행은 때로는 잠시 고민을 잊게 해주고, 때로는 우리를 우리 자신으로 돌아오게 해준다. 바깥 공기와 접하고 음악을 들으며 예술과 가까이해야 한다. 일류와 만나고 취미에 돈을 써야 하며 그 가치를 인정해야 한다."

7. 스탕달, 마음을 움직이는 문학

"수치심은 제2의 속옷이다."

💎 사실주의 문학의 시조

스탕달(1783~1842)의 본명은 마리-앙리 벨이다. 그는 7세에 어머니를 잃고 완고한 아버지 밑에서 증오에 찬 소년 시절을 보냈다. 16세 때 나폴레옹군에 입대했으나, 나폴레옹이 추방되자 군대에서 제대했다. 모차르트·로시니의 음악과 이탈리아 미술을 좋아했으며, 각지를 여행하면서 소설·평론·여행기 등을 썼다.

정열적인 이탈리아의 풍물을 사랑했고, 자신처럼 아무것도 구속받지 않고 자기의 행복을 좇는 정열적인 주인공이 등장하는 소설을 썼다. 그는 일정한 주소나 직업이 없었고, 집도 자식도 없었다. 그러나 천성적으로 친밀한 관계를 갈망했고 많은 사람과 우정을 유지하려 애썼다.

스탕달은 발자크와 함께 프랑스 근대소설의 창시자로 불리며, 소설 〈적과 흑〉 〈파르마의 수도원〉으로 잘 알려졌다. 1819년 메칠드와 생애 최고의 연애를 하지만, 그들의 사랑은 이루어지지 않는다. 이 경험은 뒷날에 평론 〈연애론〉(1822)을 탄생시킨다.

1921년 파리로 돌아와 〈라신과 셰익스피어〉를 발표하여 낭만주의운동의 대변자가 된다. 〈적과 흑〉은 서로 다른 무대 속에 펼쳐진 마리-앙리 벨의 환상이며, 어른이 되기를 거부하는 한 젊은이의 이야기이다. 소설 주인공 젊은이의 매력은 주위 사람들에게 영향을 주고, 그들을 매혹하고, 그들의 마음속에 질투심을 심어주기도 한다. 이 소설은 일종의 자서전으로 자신의 감정을 달랬다.

그는 사람 마음의 움직이는 것은 무엇이든 그대로 표현하여, 리얼리즘(사실주의)의 개척자로 알려졌다. 프랑스 19세기 최대의 작가로 손꼽히며, 그의 문학을 '벨리슴'이라고도 부른다. 뇌출혈로 사망했고, 묘비명에 '밀라노인'이라고 표기했다.

♦ 스탕달 증후군

스탕달 증후군은 개인이 사물, 예술 작품 또는 매우 아름다운 현상에 노출될 때 갑작스럽게 발생하는 신체적, 정신적 질환으로, 이름 그대로 스탕달에게서 따왔다. 스탕달이 피렌체를 방문했을 때 이 현상에 대해 자신의 경험을 설명했다.

"나는 내가 피렌체에 와 있다는 생각에, 내가 본 무덤의 위인들과 가까이 있다는 생각으로 일종의 황홀경에 빠졌습니다. 숭고한 아름다움에 대한 명상에 빠져들어 천상의 감각을 만나는 지점에 도달했습니다. 모든 것이 내 영혼에게 너무나 생생하게 말하고 있었습니다. 아, 잊을 수만 있다면. 나는 베를린에서는 '신경'이라고 부를, 심장의 강한 두근거림을 느꼈습니다. 삶이 나에게서 빠져나가고 있었습니다. 나는 곧 쓰러질까 두려워서 걸어야만 했습니다."

💎 성찰과 공감: 끈기와 포기하지 않는 자세는 성과를 거두는 데 필수적이다

스탕달은 나폴레옹의 이탈리아 원정 이래 이탈리아 예찬자가 되었으며, 독특한 연애관에 의한 최초의 소설 〈아르망스〉를 써서 문단에 등장했다. 최초의 사실주의 소설이라고 불리는 〈적과 흑〉을 써서 왕정복고기의 특권계급에 도전했고, 〈파르마의 수도원〉에서는 전제군주에 대하여 날카로운 비판을 퍼부었다.

스탕달의 일생을 한마디로 요약하면 실패라고 본다. 연인으로 실패했고, 군인으로도 실패했으며, 작가의 천직에서도 실패했다. 그는 다사다난한 삶의 고통에서 살았지만 행복을 추구하기 위해 예술과 사랑에 힘썼다.

8. 위고, 거대한 세계를 창조하다

"누군가를 사랑하는 것은 신의 얼굴을 보는 것이다." – 〈레미제라블〉의 서문에서

◆ 사회의 악에 굴하지 않는 불굴의 의지

빅토르 위고(1802~1881)는 나폴레옹 휘하에서 군인으로 출세 가도를 달린 아버지를 따라 어린 시절부터 프랑스와 이탈리아, 에스파냐 등의 여러 도시로 이사 다녔다. 그는 대학에 진학해서 법학을 공부하면서도, 문학에 대한 꿈을 키워나갔다. 그는 불과 14세 나이로 당대의 저명한 작가 겸 정치가 프랑수아 샤토브리앙을 부러워하면서 장래의 포부

를 밝혔다. "샤토브리앙처럼 되고 싶다. 그렇게 되지 못한다면 어느 누구도 닮고 싶지 않다."

위고는 소꿉친구인 아델 푸셰와 결혼하고 첫 시집 〈오드〉(1822)를 냈고, 희곡 〈크롬웰〉(1827)을 간행하고 문단의 총아가 되었다. 소설 〈파리의 노트르담〉(1831)은 소설가로서 위고의 명성을 확고히 해주었다.

1841년에 위고는 아카데미 프랑세즈의 회원으로 선출되었지만, 1843년 가을에 제일 아끼던 딸 레오폴딘이 익사하는 사건으로 큰 충격을 받았다. 우울증에 시달린 위고는 작품 활동을 한동안 중단한다. 그 대신 정치 활동

에 관심을 갖고 자작 작위를 받지만, 여배우와의 간통 혐의로 감옥에 수감된다. 이후 그는 대외 활동을 중단하고 칩거한 채 대작 〈레미제라블〉의 집필에 몰두한다.

1848년 반동 정치를 시작한 루이 나폴레옹을 격렬하게 비판하는 글을 써서 벨기에로 피신한다. 1870년에 프로이센과의 전쟁으로 루이 나폴레옹의 제2제정이 몰락하자, 위고는 파리로 돌아와서 대대적인 환영을 받는다. 1881년 2월 26일, 위고의 80세 생일은 임시 공휴일로 지정되었고, 군중이 그의 집을 찾아와 박수갈채를 보냈다.

생애가 얼마 남지 않았음을 실감한 위고는 유언장을 남겼다.

"신과 영혼, 책임감. 이 세 가지 사상만 있으면 충분하다. 적어도 내겐 충분했다. 그것이 진정한 종교이다. 나는 그 속에서 살아왔고 그 속에서 죽을 것이다. 진리와 광명, 정의, 양심, 그것이 바로 신이다. 가난한 사람들 앞으로 4만 프랑의 돈을 남긴다. 극빈자들의 관 만드는 재료를 사는 데 쓰이길 바란다. (...) 내 육신의 눈은 감길 것이나 영혼의 눈은 언제까지나 열려 있을 것이다. 교회의 기도를 거부한다. 바라는 것은 영혼으로부터 나오는 단 한 사람의 기도이다."

그의 마지막 말은 "검은빛이 보인다."였다. 죽던 밤에 파리에는 천둥과 우박을 동반한 비바람이 몰아쳤다. 장례식은 국장으로 치러졌고, 200만 명의 인파가 뒤를 따르는 가운데 그의 유해는 판테온에 안장되었다.

💎 인간 삶과 세상을 아우르는 "하나의 거대한 세계"

〈레미제라블〉은 불쌍한 사람들을 만들어낸 이들에 대해 작가가 분노를 표출한 소설로 2,500페이지가 넘는 분량이다. 소설 속 주인공인 장 발장은 배고픈 일곱 명의 조카와 누나를 먹이기 위해 훔친 빵 때문에 5년 형을 받았다. 하지만 탈옥을 시도하다 결국 19년간 옥살이를 했다. 전과자라는 이유로 모두에게 외면받던 그는, 신부의 용서와 사랑으로 진정한 성인으로 거듭나서 새로운 삶을 산다. 이와 반대로 한번 전과자는 영원한 전과자라며 평생에 걸쳐 장발장을 쫓던 형사는 장발장의 순수한 마음을 깨닫고 자살한다.

당시에는 제목이 〈레미제르〉(Les Misères, 비참함)였지만, 나중에는 〈레미제라블〉(Les Misérables, 불쌍한 사람들)로 바뀌었다. 이 소설을 쓴 이유에 대해 위고는 "단테가 시에서 지옥을 그려냈다면, 나는 현실을 가지고 지옥을 만들어내려 했다."라고 답했다.

♦ 성찰과 공감: 인간의 강인함과 희망의 중요성을 강조하다

빵은 생명과도 같다. 서양 사람들은 빵을 칼이 아닌 손으로 쪼개 먹는데 그 이유인즉 빵이 '예수의 몸'을 상징하기 때문에 칼을 대지 않는다. 장발장은 그런 빵 하나를 훔쳤다는 이유로 19년간 감옥에 갇힌다.

비평가 해럴드 블룸은 이렇게 말한다. "위고는 세르반테스, 셰익스피어, 디킨스처럼 보편성을 추구한 작가들 가운데 마지막에 속한다. 나는 20세기에 위고와 견줄 만한 작가가 없다고 생각하며, 21세기에도 그런 작가가 나올지 의심스럽다."

9. 도스토옙스키, 삶의 근본 문제들을 관통한 거장

"이 세상에서 진실이 가장 어렵고, 아첨보다 더 쉬운 것은 없다."

◈ 고통의 세월도 성공만큼이나 귀하다

표도르 도스토옙스키(1821~1881)는 모스크바의 어느 빈민 병원에서 일하는 의사의 둘째 아들로 태어났다. 아버지는 이름만 귀족이었고 잔인할 정도로 엄격한 성격의 소지주였다. 어머니는 상인 집안 출신으로 온화한 성격을 가졌다. 잔혹한 아버지의 이미지는 그의 작품 속에서 무능하고 잔학하게 묘사된다.

16세 때 상트페테르부르크의 공병사관학교에 입학하고 육군 중위로 일하다가 1년도 안 되어 퇴직하고 문필 활동에 전념한다. 그의 작품에서 전달하는 희망은 책상 위에서 나온 상상력이나 입에 발린 상투적인 구호가 아니다. 고통의 세월을 살아낸 인간이 삶 그 자체에 대한 한없는 신뢰와 자유 권력에 대한 저항이었다.

그의 젊은 시절은 차르 니콜라이 1세의 반동 정치 시대였다. 현실에 대한 비판과 토론이 금지되었다. 고골에게 보내는 벨린스키의 편지를 낭독했다는 죄목으로 체포된 도스토옙스키는 사형은 간신히 면했으나 시베리아로 끌려갔고, 4년간 감옥과 유형 생활을 보낸다. 그 후, 도스토옙스키의 인간관 및 세계관은 완전히 달라졌다. 완전히 극우 보수주의자(슬라브주의자)가 되었다.

형을 마치고 돌아온 그는 1861년 러시아의 문화적 정치적 생활에 적극적으로 참여하기 위해 잡지 『시대(Время)』를 창간했지만, 정치적 이유로

폐간된다.

　1864년 아내의 죽음과 형의 죽음, 자식의 죽음, 중독, 질병, 잡지 경영의 실패 등 불행이 잇달아 일어나고 그 뒤 몇 년 동안 막대한 빚을 짊어진 채 채권자의 위협과 도박 실패, 해외 도피 등 파란만장한 생활이 계속된다. "이 모든 것을 다 견뎌내면서 어떻게 소설을 쓸 수 있는가?"라는 질문에 도스토옙스키는 언제나 삶에 대한 사랑에서 답을 구했다.

　"이 모든 상실에도 불구하고 나는 삶을 사랑한다. 열렬히 사랑한다. 삶을 위한 삶을 사랑한다."

　그 사이에 〈죄와 벌〉(1866) 〈백치〉(1868) 〈악령〉(1872) 등 3대 장편을 완성해 고난 속에서 걸작이 나온다는 사실을 보여주었다. 평생 가난의 굴레에서 허덕였고, 돈 관리 능력이 부족했고, 현실적이지 못했다. 죽은 형이 남긴 빚을 대신 갚느라 내내 고생하다가 마침내 빚을 다 갚고 난 후 얼마 되지 않아 세상을 떠났다.

◆ 선택하는 존재와 불합리한 세계의 작품 세계

　도스토옙스키의 소설은 '선택하는 존재'와 '불합리한 세계'라는 인간의 이중성이 부각된다. 작품에 나오는 인물들은 언제나 벼랑 끝에서 양자택일을 해야 한다. 천국이냐 지옥이냐를, 삶이냐 죽음, 최종적인 죽음과 죽음 후의 갱생을 선택하는 것이다. 선택 중에 모순과 복잡한 심리가 가득 차고 삶의 의미가 첨예하게 대립한다.

　〈죄와 벌〉의 주인공 라스콜니코프는 분노한다. "어째서 늙고 사악한 전당포 노파는 다 쓰지도 못할 부를 소유하고 어리고 착한 아이들은 빈곤과 착취 속에서 파멸해야 하는가?" 그의 분노는 살인도 할 수 있다는 생각으로 이어진다. "나처럼 똑똑하고 정의감에 불타는 사람은 공공선을 위해 노파를 살해하고 그녀의 돈으로 수많은 빈민을 구제해도 되는 것 아닐까?"라며 도끼를 집어든다.

도스토옙스키의 처녀작 〈가난한 사람들〉(1846년)에는 작가의 가난에 대한 날카로운 인식, 그리고 핍박받는 자들에 대한 강한 동정심이 잘 나타나 있다. 1868년에 그리스도를 닮은 "긍정적으로 가장 아름다운 인간"을 그린 〈백치〉를, 1880년에 드디어 〈카라마조프 가의 형제들〉을 발표했다. 최후의 대작 〈카라마조프 가의 형제들〉은 돈, 치정, 살인을 통해 선정적이고 끝없는 인간 심리와 심오함을 드러낸다.

💎 성찰과 공감: 가난함 속에서 얻은 위대한 명성

유형 생활의 수기인 〈죽음의 집의 기록〉은 29세 때 4년간 유형지에서 겪은 생생한 체험을 담은 것이다. 이 책 속에서 그는 "돈은 주조된 자유"라고 설파했다. 그때나 지금이나 이 말은 진리에 가깝고, 사람이 돈 없이 자유로울 수 있을까? 그는 감옥에서 돈의 의미에 대해 이렇게 말했다. "돈은 감옥에서 가공할 만한 의미와 힘을 가지고 있다. 단호히 말할 수 있는데, 감옥에서는 돈을 조금이라도 가진 죄수가 돈이 하나도 없는 죄수보다 열 배나 고통을 덜 받는다. 돈을 가지고 있지 않아도 관리들처럼 모두 관급품을 받는데 무슨 돈이 필요하냐고 말할 수도 있지만 말이다. 다시 한 번 말하지만, 만일 죄수들이 자기 돈을 가지고 있을 모든 가능성을 박탈당한다면 그들은 미쳐버리거나 혹은 파리처럼 죽어버릴 수도 있으며 마침내는 들어보지도 못한 나쁜 짓에 빠져 버릴 수도 있을 것이다." 도스토옙스키는 살아생전 위대한 명성은 얻었으나 소망하던 경제적 자유는 누리지 못했다.

10. 톨스토이, 도덕적 사색가이자 대문호

"폭력이 아닌 사랑을 위한 삶을 살아라."

◆ 이상주의에서 종교적 성인으로 추앙받다

레프 톨스토이(1828~1910)는 남러시아의 부유한 지주 귀족인 백작의 넷째 아들로 출생했다. 그러나 9세 때 양친을 여의면서 친척에 의해 양육되어 내성적인 소년으로 자랐다. 그는 프랑스, 독일 가정교사로부터 교육을 받았고, 16세 때

카잔대학교 법학과에 진학했으나, '대학은 학문의 무덤이다'라고 생각해 2년도 되기 전에 중퇴한다. 남쪽의 영지로 들어가 농지개혁을 시도했으나 실패해 자포자기한 상태에서 1848년에서 1850년까지 주색잡기와 도박 등 방탕한 삶을 살았다. 1851년 캅카스로 가서 입대하여 다시 자연의 웅대함 속에서 다시 일어난다.

1859년 고향인 야스나야 폴랴나에 초급학교를 설립하고 1862년 친구의 딸 소피야와 결혼한다. 그러나 정신적 고뇌와 방황 끝에 결국 종교에 귀의하고 〈참회록〉〈교회와 국가〉〈나의 신앙〉 등을 발표하여 독특한 톨스토이주의를 구축했다. 톨스토이주의는 현대의 기독교 대신 원시 그리스도교로 회귀하며, 단순하고 간소한 생활을 유지하고 사랑으로 다른 사람들을 대해야 한다는 것이었다. 그는 복음서의 가르침을 따라 하느님을 공경하고 가난

한 사람들을 사랑하며, 폭력에 무저항으로 대처해야 한다고 주장했다.

그의 말년은 행복하지 않았다. 저작권과 판매 수익을 사회에 환원하겠다는 톨스토이의 생각에 부인 소피야와의 갈등이 커졌다. 급기야 대판 부부싸움을 벌이고 가출한 후 아스타포보 역에서 동사했다고 한다. 죽기 직전 유언에 아내는 절대로 장례식장에 발도 들이지 못하게 당부해 소피야는 장례식에 참석하지 못했다.

"우리는 세상에서 가장 중요한 일은 뭔가 눈에 보이는 일, 이를테면 집을 짓고 밭을 갈고 가축을 치고 과일을 거둬들이는 그런 일이라고 생각하며, 자신의 영혼 같은 눈에 보이지 않는 것의 중요성을 간과하는 경향이 있다. 그런데 사실은 영혼을 생각하는 것, 즉 매일 조금씩이나마 선량한 사람이 되어가는 것이 진정 중요한 일이고, 그 밖의 눈에 보이는 모든 일들은, 그 영혼을 생각하고 있을 때 비로소 우리에게 유익함을 가져다준다는 사실을 잊지 말아야 한다." - 〈인생이란 무엇인가〉 중에서

◆ 인간은 사랑으로 산다

1852년 자서전인 〈유년시대〉를 익명으로 발표했고, 이어 〈소년시대〉(1854) 〈청년시대〉(1856) 등을 완성해 많은 찬사를 받았다. 1857년에 형을 따라 처음 해외여행을 갔다가 파리에서 기요틴(단두대) 처형 장면을 목격하고 충격을 받는다. 진보라고 불린 서구 문명의 폭력과 공포의 지배를 보고 실망하며 돌아온 것이다.

그는 일기를 꾸준히 썼는데, "나는 평생을 이웃 사람들에게 바칠 각오를 했다. 말하는 것은 이것이 마지막이다. 앞으로 사흘 안에 남을 위한 일을 한 가지도 못하면 나는 자살한다."라고 일기장에 적을 정도로 자신에게 엄격했다.

이후 그의 대표작이라 할 수 있는 〈전쟁과 평화〉(1869)와 〈안나 카레니나〉(1878) 등 러시아 문학사상 불후의 대작들을 집필했다. 〈전쟁과 평화〉는 나폴레옹의 모스크바 침입이라는 역사적 사건을 배경으로 부패해가는 귀족 사회와 그에 저항하는 청년 귀족의 번민과 깨달음을 그렸다. 〈안나 카레니나〉는 관능적인 사랑과 그리스도교적인 사랑을 대비해 묘사하면서 러시아 귀족 사회의 양상과 여성의 심리를 그린 일종의 가정소설이다.

71세에 쓴 〈부활〉(1899)에서 부활이란 인간의 정신적 부활이자 새로운 러시아의 탄생을 의미한다. 〈부활〉의 줄거리를 요약하면 이러하다. 어느 날 재판정의 배심원으로 나온 주인공 네플류도프 공작은 살인과 절도 혐의를 받아 재판정에 나온 여죄수 마슬로바를 만난다. 그런데 뜻밖에도 그 여인은 자기가 청년 시절 정욕의 대상으로 삼았던 순결하고 아름다운 카츄사였다. 그 여인은 네플류도프의 아이를 임신한 뒤, 양녀 겸 하녀로 있던 집에서 쫓겨나 매춘부로 전락하여 죄를 범했던 것이다.

네플류도프는 그녀가 타락하게 된 원인이 자신의 무책임한 행동이었다는 사실을 알고, 매우 괴로워한다. 그리고 그는 카츄사에 대한 양심의 가책과 더불어 귀족 사회에 속한 자신의 생활 태도에 대해 깊은 회의를 하게 된다. 또한 그는 카츄사의 감형 운동을 위하여 감옥에 드나들면서 형사 제도의 불합리도 목격하게 된다. 결국 네플류도프는 속죄(회개)하기 위해 카츄사를 따라 시베리아 유형을 자원하여 자기도 시베리아로 떠난다.

중편 소설 〈이반 일리치의 죽음〉은 죽음 앞에 선 한 남자의 이야기로 19세기 제정 러시아의 부패한 시대상과 인간 실존에 대한 정교한 해부와 삶과 죽음에 대한 통찰을 담았다.

♥ 성찰과 공감: 모든 위선과 거짓에서 벗어나 진짜 삶을 살고 싶었다

톨스토이는 '무소유(無所有)'를 택한 이상주의자로 "싸움의 잘못은 양쪽에

다 있다. 이기주의에서 벗어나라."라고 주장한다. 청년 시절 방탕한 생활을 하면서 자살까지 시도했다. 그러나 그는 잘못을 뉘우쳤고 가난과 무지몽매함에서 빠져 허우적거리는 농민에 대해 연민을 품고 살았다.

하지만 내면에 상류층 특유의 도덕적 불감증이 뿌리내렸는지 생각과 실생활이 차이가 났다. 그는 농노의 아내와 관계를 맺어 사생아를 낳고는 그 아이를 마부로 부렸다고 알려졌다.

11. 타고르, 동방의 시성

"사랑은 가장 신비로운 것이다. 그것을 설명할 수 있는 것은 전혀 없기 때문이다."

◈ 노벨문학상을 받은 최초의 아시아인

라빈드라나트 타고르(1861~1941)는 인도 벵골 주 콜카타의 저명한 브라만 가문에서 태어났다. 그의 조부는 19세기 초에 영국 동인도회사가 해체되는 과정에서 무역으로 막대한 부를 쌓았으며, 부친은 힌두교 개혁에 관심을 두었다.

타고르의 어머니는 그의 어린 시절에 죽고, 아버지는 줄곧 여행하는 바람에 다섯째 형이 부모 노릇을 대신해주었다. 그의 집안은 문학잡지 출판사로 맏형은 존경받는 철학자이자 시인이다. 다른 형제는 음악가, 작곡가, 극작가이고 여동생은 소설가다.

타고르는 8세에 처음으로 시를 썼다. 최고의 교육을 받았지만, 억압적이고 무미건조한 학교생활에 적응하지 못해서 성적은 바닥에 머물렀다. 12세 때에 부친을 따라 히말라야 여행을 다녀온다. 14세 때인 1875년에 정규 교육을 포기한다. 그러고선 친척들이 주도한 사회문화 운동인 '벵골 르네상스'에 참여한다.

1878년에 영국 유학길에 올라 유니버시티 칼리지 런던에 입학했지만, 이곳에서 학교생활에 적응하지 못한다. 이후 부친의 명령에 따라 가족 재산 관리를 담당하는 한편 시, 희곡, 단편소설, 비평, 수필 등 여러 가지 분야의 작품을 발표한다. 22세인 1883년에는 10세의 평범한 소녀 바바타리니를 아내로 맞이했고 두 사람은 이후 17년 동안 함께 살며 5명의 자녀를 낳았다.

타고르는 1901년에 사재를 털어 산티니케탄에 학교를 설립했고, 1912년에는 인근 스리니케탄에 농업 공동체를 설립했다. 교육 및 농업 분야에서의 이런 개혁은 간디보다 20년, 인도 정부보다 50년이나 앞선 것이었다. 타고르는 훗날 노벨문학상으로 받은 상금 전액을 그 운영비용으로 쾌척할 정도로 큰 애정을 쏟고 일생일대의 사업으로 여겼다. 특히 타고르는 인도 국민의 대다수를 차지하는 농민을 계몽하지 않고는 어떤 변혁도 힘들다는 자각을 지녔다.

하지만 이때 타고르에게 큰 시련이 다가왔다. 아내와 부친, 심지어 아들과 딸이 수년 사이에 연이어 사망하는 불상사가 일어났고, 학교 및 공동체 사업도 재정난에 부딪치고 말았다. 결국 타고르는 그때까지 나온 저서의 판권을 헐값으로 출판사에 넘기게 된다. 그리고 10여 년간 겪었던 온갖 고통과 울분을 50여 편의 시로 승화시켜 해외에 알린다. 그것이 바로 그의 대표작 〈기탄잘리(獻詩)〉였다.

♦ 산과 같은 위대한 성자

간디는 정치에서 정의를 추구했지만, 타고르는 문학에서 미를 추구했다. "타고르는 산과 같은 인물이었고, 간디는 밑에 있는 사람들에게로 내려오는 폭포 같은 인물이었다."라는 평이 있다. 간디는 '마하트마(위대한 영혼)'이라 불리고 타고르는 '마하르시(위대한 성자)'라는 호칭을 얻었다.

그의 출신지인 벵골에서는 1905년에는 동서 분리가 이루어지고, 1915년에는 수도가 콜카타에서 델리로 이전되었다. 민족주의 운동에 대한 탄압도 본격화되어 1898년에 난동 금지법이 통과되었다.

간디는 8세 연상인 타고르를 '구르데브(위대한 스승)'라고 부르며 존경했다. 그러나 인도의 독립을 향한 길이 무엇이냐를 놓고서는 의견이 갈렸다. 간디는 귀국 직후부터 타고르를 찾아와 여러 차례 자신이 벌이는 투쟁에 대한 동참과 지지를 요청했지만, 타고르는 끝까지 조심스럽게 거리를 두었다. 간디의 독립이란 대의명분은 지지했지만, 간디의 노선만이 유일한 방법은 아니라고 보았다. 그는 오히려 정신의 근대화를 지지했고, 격해지기 쉬운 인도인의 기질에서 선민주의나 비합리성을 배격해야 한다고 보았다.

1919년 4월 13일, 인도인 수백 명이 시위 중에 영국군의 총격으로 사망한 암리차르 학살 사건이 터지자 격분한 타고르는 노벨문학상 수상 직후에 영국에서 받은 작위를 총독에게 반납했다. 1940년에는 옥스퍼드 대학에서 명예박사 학위를 받았다. 1941년 병으로 수술을 받았지만, 병세가 악화하여 사망했다. 타고르는 생전에 죽음을 대비하여 다음과 같은 시를 남겼다.

저 평화로운 바다에 / 위대한 조타수가 배를 띄우네 / 그대 영원한 반려자여 / 죽음의 사슬이 사라지고 / 광대한 우주의 품에 그대 안기리 / 두려움 모르는 그대 가슴 속에서 / 위대한 미지를 감지하리.

◆ 순수하고 영혼이 맑은 조국애

타고르는 인도 문학을 서양에 소개했다. 타고르는 고전적 형식을 버리고 벵골 예술을 현대화했고 소설, 이야기, 시, 수필 등에서 정치적인 주제를 다뤘다. 그의 이야기는 서정성, 구어체, 자연주의로 호평받았다. 시집 〈기탄잘리〉는 그동안 썼던 산문시들을 모은 것으로 각각 제목은 없다. '기트'는 노래, '안잘리'는 두 손 모아 바친다는 의미다. 타고르의 시는 낭만적이고 신비적인 성향을 지녔고, 단편소설은 농민의 삶을 소재로 문학적으로도 높은 평가를 받았다.

노벨문학상 수상 직후에는 유색인종의 수상을 노골적으로 비난하는 기사가 나왔다. 타고르 본인도 "이 사람들은 나 자신에게 갈채를 보내는 것이 아니고, 나에게 붙은 명예에 환호하고 있는 것이다."라며 노벨문학상 수상 직후의 불편함을 표시했다. 타고르는 훗날 자기 작품이 모두 잊혀도 노래는 남을 것이라고 했는데, 흥미롭게도 오늘날 인도와 방글라데시의 국가(國歌)가 바로 그의 작품이다.

1929년에 일본을 방문한 타고르에게 동아일보 기자가 찾아가 조선 방문을 요청했으나, 일정상 불가하다며 사과의 뜻에서 〈동방의 등불〉 시를 써주었다는 일화가 있다.

일찍이 아시아의 황금 시기에 빛나던 등불의 하나인 코리아 /
그 등불 다시 한 번 켜지는 날에 너는 동방의 밝은 빛이 되리라.

💎 성찰과 공감: 시련에 꺾이지 않는 저력

사람들은 저마다 자기 운명의 설계자다. 소유하고 싶은 인생이 있다면 그에 걸맞은 노력을 지불해야 한다. 삶은 어떠한 실패자도 불쌍히 여기지 않는다. 시련이 다가왔을 때 용감한 자는 앞으로 나간다.

타고르를 베를린에서 만난 아인슈타인은 타고르의 70세 생일을 축하하며 보낸 편지에서 이렇게 말했다. "(당신은) 온화하고 자유분방한 당신의 사상을 만방에 전하여, 전 인류에 지대한 기여를 했습니다."

12. 몸, 6펜스의 세계에서 달을 보다

> "영혼을 위해 하루에 두 가지 정도는 싫은 일을 하는 것이 좋다."
> "독서하는 습관은 인생의 거의 모든 불행으로부터
> 자신을 위한 은신처를 만드는 것이다."

♦ 예술지상주의의 구현

서머싯 몸(1874~1965)은 프랑스 파리의 영국대사관에서 일하던 영국 외교관의 아들로 프랑스에서 성장했다. 어린 시절 아버지가 세상을 떠난 후 사제였던 삼촌에게 거둬진다. 이후 공인회계사 공부를 하다가 그만둔 뒤 킹스 칼리지 런던에서 의과대학을 졸업, 의사 면허를 취득했지만, 문학에 더 큰 흥미를 느껴 작가로 활동했다. 그는 10세 전에 부모를 잃고 말 더듬는 버릇 때문에 어려서 자신감이 약했지만, 삶과 예술에 관한 성찰과 질문을 통해 극복한다.

제1차 세계대전 직전에 완성한 장편소설〈인간의 굴레〉는 작가의 고독한 청소년 시절을 거쳐 인생관을 확립하기까지 정신적 발전의 자취를 더듬은 자서전적 대작으로 대표적 걸작이다. 그 외에 긴 생애에 걸쳐 많은 작품을 남겼다.

제1차 세계대전 때 MI6 소속 스파이로 러시아에서 활동한 적이 있으며 그 체험을 소설로 남겼다. 또한, 극작가로서 희극에도 재능을 보여 오스카 와일 풍의 희곡〈프레드릭 부인〉등 코미디 희곡도 많이 썼다. 더불어 당시만 해도 극히 일부에게 인정받던〈폭풍의 언덕〉을 높이 평가하며 언론 여기저기에 크게 다루면서 "이런 명작이 묻히다니 이건 죄악이다."라고 한탄하기도 했다. 이런 노력에 힘입어 이 소설은 재평가되고 영국 문학에서 전설이 되었다. 또한, 당시 알려지지 못한 〈모비딕〉도 엄청 높게 평가하여 여기저기 알린 인물이다.

몸이 쓴 〈달과 6펜스〉는 폴 고갱의 생애를 모델로 한 작품으로 불후의 명작으로 평가받는다. 이 작품으로 몸은 서구 영문학 연구가들에게 대문호로 인정받았다. 조지 오웰은 "내게 가장 큰 영향을 끼친 현대 작가는 서머싯 몸이다. 이야기를 장식 없이 단도직입적으로 전개하는 힘 때문에 그를 가장 존경한다."라고 말했다.

♦ 달빛 세계에 이끌려 6펜스의 세계를 탈출한 이야기

〈달과 6펜스〉는 고통으로 가득한 세상에서 자신을 고문하는 폴 고갱의 일대기를 그린 탐미주의 계열의 작품이다. 주인공 스트릭랜드는 런던의 평범한 주식 중개인으로 처자가 있는 40대 남자이다. 이 남자가 돌연 무엇엔가 홀린 듯 처자를 버리고 파리에 나가 화가가 된다. 그는 "내가 말하지 않았소, 그림을 그리지 않고는 견딜 수가 없소. 물에 빠진 사람은 수영을 잘하건 못하건 허우적거리며 헤엄을 칠 수밖에 없소. 그렇게 하지 않으면 그대로 물에 빠져 죽을 수밖에 없기 때문이오."라고 말한다.

그는 그에게 호의를 보이는 선량한 친구의 부인과 정을 통하여 그 일가를 파멸시키고, 마지막에는 타히티섬으로 이주하여 나병에 걸려 고통의 나날을 보내며 강렬한 그림을 그리다가 그 섬에서 죽는다. 이 소설의 제목에서 '달'은 때로 광기(狂氣)와 예술의 극치를 뜻하고, '6펜스'는 재산과 세속적인 명성을 갈망하는 감정의 상징이라고 볼 수 있다.

💎 성찰과 공감: 이기주의자 예술지상주의의 구현

몸은 인기 없던 젊은 시절, 차별적 마케팅으로 책을 팔았다. 신문에 자신은 부자라면서 "결혼 상대로 서머싯 몸이 쓴 소설에 나오는 여성 같은 인물을 아내로 맞이하고 싶다"라는 광고를 냈다. 여기저기 여성들이 〈달과 6펜스〉 책을 사서 읽음으로써 베스트셀러로 만들었다. 또 서머싯 몸은 생생한 대화체에 강해 희곡을 잘 쓰는 재주가 있었다. 그의 희곡들은 공연으로 다수 상영되며 그에게 충분한 재정적 여유를 안겨주었지만, 대중의 인기에만 영합한다는 비평을 받기도 한다.

13. 지드, 관습과 제도에 저항하다

"나는 좀 더 넓고, 좀 더 빛나고, 좀 더 쓸쓸한 다른 나라를 생각하고 있어. 어느 날, 어떤지 모르지만, 알지 못하는 신비로운 나라를 우리 둘이 보게 되리라는 이상한 신념이 내 가슴속에 깃들어 있어."

◈ 새로운 기풍으로 문학의 진전에 공헌

앙드레 지드(1869~1951)는 파리에서 신교도이며 파리 법과대학 교수인 아버지와 가톨릭교도인 어머니 사이에서 태어났다. 11세 때 아버지를 여의고 엄격한 종교적 계율을 강요한 어머니 밑에서 소년기를 보냈다. 그 무렵에는 병약하고 학업 습득도 불규칙하여 지능 발달도 늦은 편이었으나, 18세 경부터 문학에 대한 열정을 보이기 시작했다.

하지만 어렸을 때 교육받은 엄격한 기독교적 윤리관과 내재한 육체적 욕망 사이의 갈등이 오랫동안 그를 지배했다. 26세 때 청순한 애정을 바친 사촌누이 마들렌 통도와 결혼했지만, 정신적인 사랑만을 느꼈다고 한다.

그는 공산당에 입당하여 소비에트에 간 적도 있으나, 귀국 후 공산당에서 탈퇴했다. 그의 첫 소설 〈배덕자〉(L'Immoraliste, 1902)는 모든 인습을 무시한 채 새로운 생명의 기쁨을 끝까지 추구하려는 지드의 변신을 형상화한 것이다. 삶에서 나오는 기쁨을 최대한으로 압축하고 진리를 향한 대담무쌍한 사랑과 예리한 심리적 통찰을 표현했다.

앙드레 지드는 고전주의적 소설 양식과 더불어 문학 장르의 총체적인 통합 시도로 1947년 노벨문학상을 받았다. 문학의 감성과 지성을 다각적으로 재검토하고 갱신한 그의 업적은 현대문학에 공헌했다. 1947년 옥스퍼드 대학교 명예박사 학위를 받았고, 1951년 2월 19일 파리에서 폐결핵으로 사망했다.

♦ 좁은 문으로 들어가라

앙드레 지드의 대표작 〈좁은 문〉은 비인간적인 자기희생의 허무함을 신랄하게 비판하고, 종교적 금욕주의에 대한 회의를 암시한다. 자전적 요소가 짙게 깔려 있고 아름다운 서정성과 정교한 심리묘사가 뛰어났다. 깊은 신앙의 사랑과 현실적인 사랑을 가진 사람들 간의 갈등을 표현한 작품이다. 인생에서 참되게 산다는 것이 무엇인지, 인생에서 사랑이란 무엇인가에 대한 근본적인 물음표를 갖게 했다. 제목은 신약성서 〈누가복음서〉에 나오는 '좁은 문'을 인용한 것이다.

앙드레 지드는 소년 시절에 큰 사건을 겪는다. 두 살 위인 외사촌 마들렌에 대한 순진한 사랑으로 지드가 열세 살이 되었을 때, 마들렌이 바람기가 있는 어머니 때문에 슬퍼하고 있는 것을 보고 그는 그녀를 슬픔에서 구출하는 것이 자기의 임무라고 결심했었다. 이런 사랑에 대한 갈등이 투영되었는지 〈좁은 문〉에서 알리사는 신앙심이 깊어 제롬과 손을 잡고 하나님이 가르치는 '생명의 길'을 걸어가는 것을 최우선으로 여기기에, 제롬의 사랑을 받아들이지 못한다.

3년 뒤 제롬은 숙부가 죽었다는 소식을 듣고 프랑스로 돌아와 알리사와 재회한다. 그녀는 말라서 그림자처럼 변해 있었다. 제롬은 그녀에게 다시

구혼하지만 "옛날 일은 이제 생각하지 말아요."라고 대답한다. 그로부터 석 달 뒤 제롬은 알리사의 죽음을 알리는 편지를 받는다. 그녀가 말없이 집을 나가 소식을 끊고 파리의 요양원에서 숨졌다는 사실을 알게 된다.

💎 성찰과 공감: 판단하기에 중요한 선택 앞에서 머뭇거리지 말라

"좋다, 나쁘다 판단하지 말고 행동하라. 선인가 악인가를 근심하지 말고 사랑하라!"

지드는 사회적 관습과 제도에 도전하는 비판적 사고로 작품을 썼다. 세상 사람들은 종교, 가난, 성별 등의 명패를 붙인 '좁은 문'에서 힘들어한다. 지드의 〈좁은 문〉은 하룻밤의 육체적 사랑을 즐기는 현대인에게 소중한 사랑의 교훈을 던진다. 광신적 자기 위로의 끝은 어디이며, 진정 누구를 위한 것일까?

14. 헤세, 자아 성장의 구도자

"새는 알에서 나오려고 버둥거린다. 그 알은 세계이다. 알에서 빠져나오려면 하나의 세계를 파괴하지 않으면 안 된다. 새는 신의 곁으로 날아간다. 그 신의 이름은 아브락사스이다.'라고 적혀 있었다."
– 〈데미안〉 중에서

❖ 자연과 인간을 순수하게 사랑하기에

독일의 문호 헤르만 헤세(1877~1962)는 뷔르템베르크의 칼프에서 태어나 목사인 아버지와 신학계 집안의 어머니 밑에서 자랐다. 외조부 헤르만 군데르트는 유명한 신학자로 인도에서 다년간 포교했고, 인도학 관련 수천 권 장서로 헤세에게 큰 영향을 주었다.

라틴어 학교에 입학하고 이듬해 어려운 주(州) 시험을 통과하여 마울브론의 신학교에 들어갔지만, 시인을 꿈꾼 헤세는 신학교의 속박된 기숙사 생활을 견디지 못하고 그곳을 탈주한다. 다시 학교로 돌아갔지만, 1년도 못 되어 퇴학하고 서점의 수습 점원이 된다. 그 후 한동안 아버지의 일을 돕다가 병든 어머니를 안심시키기 위해 시계공장에서 3년간 일하면서 문학 수업을 시작했다.

1899년 낭만주의 문학에 심취한 헤세는 첫 시집 〈낭만적인 노래〉를 발표하여 릴케의 인정과 문단의 주목을 받았다. 그는 자연과 인간을 순수하게 사랑하고 삶을 더 깊이 이해해나가는 모습을 그렸다. 학교 소설 〈수레바퀴 밑에서〉는 베스트셀러가 되었고, 〈데미안〉(1919)은 폰타네 상을 받는 등 영예를 얻는다. 가정적으로는 불행하여 46세 때 첫 부인과 이혼하고 50세에 두 번째 부인과도 이혼한다. 신경쇠약에 걸려 치료를 받기도 했다. 그는 결혼생활의 위기, 인도 여행을 통한 동양에 관한 관심, 제1차 세계대전의 야만성 등을 거론하여 문학계의 비난과 공격을 받기도 했다.

헤세는 심리학자 융의 영향을 받아서 '나'를 찾는 것을 삶의 목표로 삼았다. 내면의 길을 지향하며 현실과 대결하는 영혼의 모습을 그리는 작품들을 속속 발표한다. 헤세는 자아실현과 성장을 위해 꾸준히 노력하고 85세로 죽었다.

♦ 삶의 문제는 견디고 체험하기 위해 존재한다

"가장 좋은 스승은 자기 자신이다." - 〈데미안〉 중에서

〈데미안〉은 자전적 소설로, 제1차 세계대전에서 중상을 입은 싱클레어라는 청년의 수기 형식으로, 고뇌하는 청년의 자기 인식 과정을 고찰한 작품이다. 당시에는 에밀 싱클레어라는 필명으로 발표되었다. 싱클레어가 연상의 친구인 데미안의 인도를 받아 정신착란 상태를 벗어나 "이 세상의 인간에게는 자기 자신이 인도하는 길을 가는 것보다 어려운 일은 없다."라는 사실을 깨닫고, 오로지 내면의 길을 파고드는 과정을 그렸다. 〈데미안〉은 제1차 세계대전 직후 패전으로 말미암아 혼미한 상태에 빠져 있던 독일의 청년들에게 깊은 감명을 주었으며, 문학계에도 일대 센세이션을 일으켰다. 데미안이란 말은 데몬(Damon)과 같은 뜻

으로 '악마에 홀린 것'이라는 의미이다.

헤세가 인도를 방문하고, 그 체험을 바탕으로 쓴 〈싯다르타〉는 구도자의 모습을 묘사했다. 싯다르타는 고타마 세존의 깨우침을 존경하면서 스스로 깨닫는 자세를 실천한다. 체험을 통해 깨달음에 도달하려는 수행자의 모습을 그렸는데, 현대 미국 작가 헨리 밀러는 신약 성서보다 더 큰 치유력을 준 작품이라 평할 정도로, 영혼의 깨달음을 알려주는 구도 소설이다.

〈수레바퀴 밑에서〉는 소중한 청소년기에 청소년들이 겪는 불안한 열정과 미래, 방황과 좌절을 섬세하게 묘사했다. 〈게르트루트〉는 예술가의 내면세계를 그린 소설이다. 〈로스할데〉는 예술가의 내면과 외면을 탐구하는 헤세 자신의 모습이 잘 나타나 있다.

〈황야의 이리〉는 한 중년 남자의 유산계급 수용과 정신적인 자기실현 사이의 갈등을 묘사했다. 〈지와 사랑〉은 기존 종교에 만족하는 지적인 금욕주의자와 자기 자신의 구원 형태를 추구하는 예술적 관능주의자를 대비시켰다. 1943년에 발표되어 헤세에게 노벨문학상과 괴테상을 안겨준 〈유리알 유희〉는 극도로 재능 있는 지식인을 통해 사변적이고 적극적인 삶의 이중성을 탐구했다.

◆ 성찰과 공감: 진정한 나 자신으로 사는 것

헤세의 작품은 정신적 탐구와 심리적 깨달음의 여정을 다루며, 심리적 고통이나 역경을 극복하면서 심오한 깨달음을 얻는 과정을 보여준다.

헤세와 분석심리학의 선구자 카를 융은 영혼의 닮은꼴로, 1917년에 처음 만나 깊게 교류하면서 서로의 작품과 학문에 영향을 끼쳤다. 두 사람의 생각은 인간의 영혼(정신)은 대립이 아닌 조화와 균형을 이룬 상태를 이루는 삶의 의미이자 최종 목적지로 여겼다.

15. 루쉰, 중국의 근대화를 낳다

"희망이란 마치 땅 위에 난 길과 같아서 있다고도 할 수 없고, 없다고도 할 수 없다.
본래 땅 위에는 길이 없다.
걸어가는 사람이 많아진다면 그곳이 곧 길이 되는 셈이다."

◆ 중화 민족의 갈 길을 제시

루쉰(1881~1936)은 중국 저장성 출생으로 본명은 저우수런이다. 그는 비교적 유복한 지주 집안에서 태어나서 구식 교육을 받았다. 하지만 할아버지가 부정부패로 감옥에 갇히고, 아버지가 병사해서 고생스러운 어린 시절을 보냈다.

그는 당시의 계몽적 신학문의 영향을 크게 받았다. 1902년 국비유학생으로 선발되어 일본으로 유학을 떠나 의학전문학교에 입학했다. 하지만 학교에서 강의 중에 러일전쟁에서 스파이 혐의를 받던 중국인이 처형되는 광경을 보고 격분하여 학교를 자퇴한다.

그는 의학 공부를 단념하고, 동경에 머물면서 외국 소설을 중국어로 번역하는 일을 하다가 1909년 귀국하여 고향에서 교사 및 신정부 교육부원으로 일했다. 그는 중국 국민성 개조를 위한 문학을 지향했는데, 날카로운 필봉으로 중국의 현실을 비판하는 산문과 소설을 지속적으로 발표하는 한편, 실제적인 사회 개혁 운동에 종사하여 근대 중국의 변혁을 이끈 지도자가 되었다.

1918년 5월, '루쉰'이란 필명으로 중국 현대 문학사 최초의 백화문 소설인 〈광인일기〉를 발표하여 중국 신문화 운동의 주춧돌을 놓고 중국 문학의 현대화에 이바지했다. 중국 근대사 속 암울한 현실을 날카로운 독설과 번득이는 유머로 비판하며 중국 민중을 깨웠다.

〈아Q정전(阿Q正傳)〉은 그의 대표작이자 세계적 수준의 작품으로 평가받았다. 또한, 소비에트 문학작품을 번역하여 프롤레타리아 문학을 흡수, 소개하기도 했다. 1930년 좌익작가연맹이 성립되자 지도적 입장에 서서 활약하고 민족주의 문학, 예술지상주의 및 소품문파(小品文派)에 대하여 날카로운 비판을 가했다. 그는 좌익 작가연맹에 가입했다는 이유로 국민당에 수배되어 한동안 도피 생활을 했다.

1936년 이후 건강이 악화하여 그해 56세를 일기로 사망했다. 당시 1만 명 이상의 군중이 자발적으로 정중하고 장엄한 장례를 거행하는 한편 그의 관에 '민족혼(民族魂)'이란 큰 깃발을 덮었다.

◆ 중국 국민성의 열악함을 꼬집다

루쉰은 또한 예리한 사회·문화 비평을 무수히 발표하며 사회 실천을 이루었다. 루쉰의 대표작인 〈아Q정전〉은 중국 근대문학의 기초를 이루었다는 평가를 받았다. 중편소설인 〈아Q정전〉의 배경은 신해혁명 전후로, 실패한 신해혁명의 교훈을 종합하여 과거 중국 하층민의 우매하고 무지한 현상을 폭로한다.

아Q는 머리에 부스럼이 있어 마을 사람들에게 놀림을 당하고, 얻어맞고, 모욕을 당하면서도 정신 승리법으로 이를 극복한다. 아Q는 황당한 중국 국민의 이미지로, 어두운 그림자로 상징되었다.

아Q는 최하층 일용직 농민으로 거지다. 힘도 약하고 재산도 없고 머리도 멍청한 한심한 인간 그 자체이다. 그런데 이상하리만치 아Q는 자부심으로 똘똘 뭉쳐 있다. 그는 언제나 자기가 일 잘하고 힘도 세고, 인품도 훌륭한 사람이라고 착각하고 다닌다. 그는 우선 상대방을 보아 어눌한 자에게는 욕설을 퍼부었으며, 자기보다 힘이 좀 약한 것 같으면 때리기도 했다. 그런 아Q가 만만한 상대로 비구니를 삼는다. 남자들에게 상대가 되지 않은 연약한 여자에게 온갖 굴욕을 안겨주면서 승리의 기쁨을 만끽한다. 아Q는 잘못된 허세와 자부심으로 가득 차 있어서 자신이 탈모 콤플렉스를 건드리는 사람에게 덤벼들었다. 물론 만만한 사람을 대상으로만 그랬다.

아Q는 두들겨 맞으면서도 '군자는 폭력으로 다스리지 않는다'라는 자기 합리화를 해댔다. 그는 허세를 부리면서 인생 역전을 할 뻔하다가 강도질했다는 죄명으로 총살당한다. 총살당하는 그 순간까지도 허황된 자부심을 놓지 않았다.

온갖 굴욕을 다 당하면서도 자부심이 꺾이지 않는 아Q의 모습은 당시 중국의 위상과 유사하다. 유럽 열강에 얻어맞고 땅과 재산과 노동력을 열강들에 갖다 바치지만, 마음속에는 중국이 세계 최강의 국가이며 최고의 민족이라는 자부심을 잃지 않았던 것이다.

❖ **성찰과 공감: 잠에서 깨어나라, '정신계의 전사(戰士)'**

그의 사상은 거짓을 거부하는 참된 정신을 아름다운 언어를 구사했다. 반청(反靑) 혁명 운동에 참가하여 '정신계의 전사'로 알려졌다. 신해혁명(1911)의 좌절로 인해 중국 사회 민중의 존재 방식에 새롭게 눈을 돌려 문필 활동을 시작하여 중국 근대문학의 기초를 이루었다. 그의 사상은 마르크스주의와 중국의 현실과 동떨어진 사고, 공론(空論)에 대한 철저한 부정이다.

16. 벽, 벽안의 서양인이 그린 동양

"내 안에는 나 혼자 살고 있는 고독의 장소가 있다.
그곳은 말라붙은 당신의 마음을 소생시키는 단 하나의 장소다."

♦ 푸른 눈의 중국인으로 산 반평생

노벨문학상 수상자이자 인권운동가 펄 벅(1892~1973)은 중국에서 10여 년간 기독교 선교 활동을 하던 미국인 선교사 가정에서 태어났다. 그녀는 훗날 소설 〈대지〉를 써 미국에서 여성으로서는 최초로 노벨문학상을 수상했고, 동양과 서양, 여성과 아이, 인종을 아우르는 열정적인 사회 인권운동가로 활동했다.

스무 살이 될 때까지 펄 벅은 중국에서 자랐기에 미국은 그저 모국일 뿐 피상적인 이미지의 나라였다. 오히려 그녀에게는 중국이 고향으로 느껴졌고, 중국 사람들과 더욱 친숙하게 지냈다. 그러나 아무리 그녀가 중국에서 성장기를 보내고 중국을 가까이 느낀다고 하여도 중국인들에게 그녀는 벽안(碧眼)의 서양인이었을 뿐이었다. 게다가 그녀의 아버지는 근본주의의 엄격한 선교사로서 중국인들과 자신들의 삶을 확실히 분리했다.

대학을 졸업하고 다시 중국으로 돌아온 그녀는 미국인 농학자인 존 로싱 벅(John Lossing Buck)과 결혼하고 벅이라는 성을 얻었다. 하지만 남편 로싱 벅은 여성에게 다감한 남자가 아니었고, 자기 일에만 열정적이었다. 남편이 가정에 충실하지 않다는 불만과 태어난 딸 캐롤의 지적 장애로 고통받았다. 이런 죄책감을 잊기 위해 펄 벅은 글을 쓰기 시작했다.

1930년 그녀의 처녀작 〈동풍 서풍〉은 동서양 문명의 갈등을 다룬 소설로, 미국에서 출간된 지 1년이 채 안 되어 3번이나 인쇄하는 인기몰이를 했다. 1931년 출판된 소설 〈대지〉로 인해 작가로서의 확고한 위치와 부와 명성을 주었다.

〈대지〉로 퓰리처상을 받았고 영화화되기도 했다. 또한, 세계 여러 나라에 번역 출판되었다. 마침내 1938년 스웨덴의 노벨상 심사위원들은 그해의 문학상으로 〈대지〉를 결정했다. 1934년 딸 캐롤과 입양한 딸 제니스를 데리고 미국에 돌아온 후 펄 벅은 본격적인 집필활동과 더불어 작가로서의 명성을 기반으로 사회 인권운동에 전념하게 된다.

◈ 대지, 대부호의 몰락과 대지주 등장

〈대지〉는 빈농으로부터 입신하여 대지주가 되는 주인공 왕룽을 중심으로 왕룽의 아내 오란과 세 명의 아들들의 역사를 그린 장편소설이다. 〈대지〉는 왕룽이 죽은 후 세 아들이 지주, 상인, 공산주의자로 각자의 삶을 개척하는 모습을 묘사했다.

나이 많은 아버지와 살면서 홀로 농사를 짓던 왕룽은 황 부잣집 하녀인 오란을 아내로 맞는다. 그녀는 몸이 튼튼하고 성실하고 우직한 여자였다. 왕룽은 오란과 결혼한 후 자신의 삶이 호강스럽다고 느낀다. 얼마 후 오란이 산파도 없이 혼자 아이를 낳고 다음 날에는 밭일하러 나간다. 부지런한 오란 덕분에 살림이 점점 풍성해져 가던 중에 갑자기 심각한 기근으로 인해 남방으로 떠나게 된다. 오란과 아이들은 구걸하고 왕룽은 인력거꾼이 된다. 그렇게 지내던 어느 날 남방 땅에서 혁명이 일어나고, 부잣집 벽에 숨겨둔 보석 주머니를 찾았다. 그 덕에 왕룽의 가족은 다시 고향으로 돌아온다.

왕룽은 오란이 남방에서 가져온 보석을 팔아 황 부잣집의 땅을 조금씩 사들인다. 왕룽은 마침내 대지주가 된다.

여유가 생기자, 왕룽은 기생에게 빠진다. 그즈음 오란에게 병이 찾아오고 결국 죽고 만다. 자신이 원하던 것들을 대부분 소유한 왕룽은 맏아들을 학자로, 둘째를 상인으로, 셋째는 농부로 키우려고 하지만 아들들은 서로 다투고 가출하는 등 왕룽의 마음대로 되지 않는다. 오히려 왕룽의 바람과는 전혀 다른 사람이 된다. 세 아들은 아버지의 죽음이 가까웠음을 직감하고, 자신들이 물려받을 땅을 서로 나누고 그 땅을 팔 계획을 세운다.

💎 성찰과 공감: 삶에 중요한 탁월함과 책임감

펄 벅은 장애아이를 키우는 부모들에 대한 이야기를 전한다. "일의 기쁨에 대한 비밀은 한 단어에 들어 있다. 바로 탁월함이다. 무엇을 잘할 줄 안다는 것은 곧, 이를 즐긴다는 것이다." 〈자라지 않는 아이〉에서는 "당신의 아이가 당신이 바라는 대로 건강하고 멀쩡하게 태어나지 못했더라도, 몸이나 정신, 아니면 둘 다 부족하고 남들과 다르게 태어났더라도, 이 아이는 그래도 당신의 아이라는 것을 명심해야 한다."라며 그 책임감을 강조했다.

17. 헤밍웨이, 가장 숙련된 작가

"태양은 또다시 떠오른다. 저녁이 되면 석양이 물든 지평선으로 지지만 아침이 되면 다시 떠오른다. 태양은 세상을 어둠이 지배하도록 놔두지 않는다. 태양이 있는 한, 절망하지 않는다. – 〈태양은 다시 떠오른다〉 중에서

💎 주체 못 할 정도로 끓어오르는 정열

어니스트 헤밍웨이(1899~1961)는 산부인과 의사인 아버지와 음악가 어머니 사이에서 태어났다. 부모는 둘 다 인종차별주의자였고, 어렸을 때 어머니의 강요로 자주 여장을 당해 어머니와는 평생 사이가 나빴다. 어머니에게서 광기와 예술적 재능을 물려받은 헤밍웨이는 강인하고 조용한 남자의 표본인 아버지를 평생 존경했고 자신의 본보기로 삼았다.

그는 대학에 진학하지 않고 기자로 사회생활을 시작했고, 이탈리아 전선에서 적십자사 소속 구급차 운전사로 참전했다. 평생 인생을 격렬하고 폭력적이며, 진취적인 진정한 마초로 살았다. 사생활도 문란해 여러 차례 결혼과 이혼을 반복했고, 자신을 세상에 과시하는 것도 즐겼다. 말년에는 알코올 중독, 우울증과 건강 악화에 시달리다가 총구를 입에 문 채 자살했다. 헤

밍웨이의 자살은 가족력으로 그의 가족 중 5명이 자살로 생을 마감했고, 아들 중 한 명은 평생을 우울증으로 고생했다.

◈ 허무주의, 하드보일드 스타일

그의 작품에는 대체로 극기주의, 허무주의, 하드보일드 스타일과 강인한 남성상 등이 잘 표현되어 있다. 헤밍웨이 작품의 주요주제는 죽음과의 대결로 종군기자로 참여한 경험으로 호전적인 전쟁 관련 작품을 썼다. 그의 작품은 제1차 세계대전 때 입은 부상으로 성불구가 된 신문 기자가 이야기하는 형식의 〈태양은 다시 떠오른다〉, 스페인 내전을 소재로 한 〈무기여 잘 있거라〉, 먼바다에서 펼쳐지는 노인의 고독한 사투를 그린 〈노인과 바다〉에서 해박한 지식과 역경을 헤쳐나가는 능수능란함을 보였다.

◈ 성찰과 공감: 사람은 파괴될 수는 있어도 패배하지는 않는다

용기를 상징하는 작가로서 전쟁, 투우, 사냥, 대어 낚시 등 남성적인 주제를 다루었다. 헤밍웨이 소설의 주인공들은 종종 신체적인 위험과 정신적 도전에 직면하면서도 용기를 발휘한다. 용기란 무너지지 않는 것이 아니라, 무너졌을 때 다시 일어나는 힘이다. 이런 측면에서 헤밍웨이는 복잡하고 모순적인 삶임을 인정하면서도 현실적 제약과 갈등 속에서 방황했는지 모른다. 비록 세상은 잔인하고 냉혹하지만, 다시 일어나는 힘이 요구된다.

18. 생텍쥐페리, 어린 왕자의 별

"세상에서 가장 어려운 일은 사람의 마음을 얻는 일이란다. 그 바람 같은 마음이 머물게 하기란 정말 어렵단다." – 〈어린 왕자〉 중에서

💎 **어릴 적부터 하늘을 꿈꾸고, 생애 마지막까지 조종사로 살았다**

앙투안 드 생텍쥐페리(1900~1944)는 비행사이면서 뛰어난 글솜씨로 세기의 명작 〈어린 왕자〉를 발표한 뒤 비행 중 행방불명되었다. 어려서부터 영리하고 생기가 넘치며 잔꾀가 많은 소년이었는데, 미술학교에 다니며 건축 공부를 했다. 비행기를 수리하는 일을 하다가 조종사 자격을 땄고, 군대 제대 후에 민간 항공 회사에서 근무했다. 그곳에서 아프리카 남대서양 등을 통과하는 우편 비행과 야간 비행을 시도했다.

💎 중요한 것은 눈에 보이지 않는다

1929년 생텍쥐페리는 우편 비행을 하면서 느낀 점을 바탕으로 쓴 〈야간비행〉으로 페미나 문학상을 받고 작가로서도 인정을 받게 되었다. 그는 비행을 하면서 틈틈이 글 쓰는 것을 게을리하지 않았고, 1939년에 〈인간의 대지〉가 아카데미 프랑세즈에서 소설 상을 받았다. 1943년에 생텍쥐페리는 삽화를 직접 그려 넣은 〈어린 왕자〉를 발표했다. 여기서 여우가 어린 왕자에게 답한다. "중요한 것은 눈에 보이지 않는다." "익숙함에 속아 소중함을 잊지 말자." 물리적인 것들에만 집중하지 말고, 보이지 않는 가치들에도 주목하라는 교훈이었다. 옛 프랑스 지폐 가운데 50프랑에 얼굴이 등장할 만큼 생텍쥐페리는 많은 사랑을 받았다.

생텍쥐페리의 〈어린 왕자〉가 미국에서 배포되어 정식 판매 부수는 8,000만 부가 넘고, 해적판까지 합치면 전 세계적으로 1억 부 이상 팔렸을 것으로 추정된다. 160여 개 언어로 번역되어 오늘날에도 널리 사랑받는 생텍쥐페리의 〈어린 왕자〉는 책을 읽는 사람들의 통과의례와도 같다. 하늘을 사랑했고 하늘에서 사라져간 생텍쥐페리는 지금도 많은 이들의 마음속에 살아 있다.

💎 성찰과 공감: 익숙함에 속아 소중함을 잊지 말자

만일 당신이 배를 만들고 싶다면 사람들을 불러 모아 목재를 가져오게 하고, 일을 지시하고 일감을 나누어주지 마라. 대신 그들에게 저 넓고 끝없는 바다에 대한 동경심을 키워줘라. 어린 왕자의 여정은 삶의 순환과 영원한 이별의 아름다움을 상징한다.

19. 밀러, 인간성 회복을 외치다

"아버지가 위대하신 분이라고 하지는 않겠다. 윌리 로먼은 큰 돈을 번 적도 없고, 신문에 이름이 난 적도 없다. 하지만 네 아버지는 사람이다. 그러니까 잘 보살펴야지. 늙은 개처럼 길거리에서 죽게 할 수는 없잖니." – 〈세일즈맨의 죽음〉 중에서

◈ 물질적 성공을 배격한 도덕주의자

아서 밀러(1915~2005)는 1915년 뉴욕에서 숙녀복 제조업자로 일하던 유대인 아버지의 세 아이 중 둘째로 태어났다. 그는 고등학교 때만 해도 상당히 문제 학생으로 대수 과목을 세 번이나 낙제했고 수업 중 여러 번 교실에서 쫓겨나간 적도 있었다. 그가 미시간 대학에 진학하고자 했을 땐 선생님들로부터 추천서를 받지도 못할 정도였다. 그는 축구와 야구와 같은 스포츠를 사랑하고 모험 이야기를 즐겼다. 또, 빵집 용품을 배달하고 자동차 부품 창고에서 사무원으로도 일했다.

그는 아버지가 새로 설립한 의류회사에서 일했다. 미시간 대학에서 첫 번째 아내 메리를 만났지만 이혼한다. 1956년에 두 번째 부인 마릴린 먼로와 결혼했다. 그때부터 그는 주목을 받기 시작했다. 타블로이드 신문은 종종 '세계에서 가장 아름다운 여인'이 그런 '가정적인 작가'와 결혼하는 이유에 대해 수수께끼라고 언급했다. 밀러는 1961년 마릴린 먼로와 이혼한 지 1년 후, 세 번째 부인 인게 모라스와 결혼하고 2002년 세상을 떠날 때까지 함께 살았다.

〈세일즈맨의 죽음〉의 배경은 밀러가 살았던 할렘 생활, 경제공황, 매카시즘 등을 통한 경험이다. 현대 산업 사회와 개인 간의 관계, 정치적인 이슈를

중점으로 다루고 있으며 현대 비극의 창시자로 일컬어지기도 한다.

흔히들 밀러를 '사회주의자' 혹은 '도덕주의자'로 칭한다. 이는 극작가로서 밀러의 경향을 단적으로 보여준다. 밀러는 미국 사회의 자본주의 경제체제와 산업화 경향이 빚어내는 물질적 성공을 선으로 착각하는 가치관을 비판하며, 우리가 올바르게 사는 길이 무엇인가를 생각하게 만든다. 개인은 사회의 한 구성원으로서 자신의 행위와 그 결과에 대한 도덕적 책임을 져야 한다. 동시에 인간이 거대한 기계의 한낱 부속품으로 전락해가는 물질주의에서 벗어나는 인간성 회복을 외쳤다.

밀러의 특성은 도덕주의자를 추구하면서 오만함이나 위압감 없이 인간적이고 동정적인 시선으로 사회와 인생의 패배자를 바라보는 자세이다. 그는 1920년대의 극심한 경제공황을 겪으면서 극도의 이기주의가 지배한 미국 산업사회의 한계성과, 제2차 세계대전의 엄청난 살상 행위를 목격하면서 인간의 잔인성을 봤다. 특히 미국 사회는 자본주의 체제하에서 급격히 산업화함으로써 물질문명에 의해 지배당한다. 그는 잔인하고도 이해타산적인 사회에 의해 개인이 무참히 희생당하는 것을 안타깝게 여겼다.

♦ 세일즈맨의 죽음, 현대사회의 좌절과 패배를 그리다

〈세일즈맨의 죽음〉은 사회적 갈등과 개인적인 고통까지 심도 있게 묘사했다. 현대 산업 시대에서 좌절과 패배로 내몰리는 미국의 한 세일즈맨을 통해 인간소외 현상과 사회의 비정함을 고발한 연극으로 세계 여러 나라에서 공연되었다.

늙은 세일즈맨 윌리 로먼(63세)은 아내와 두 아들을 식구로 거느린 가장이다. 30년을 넘긴 영업직 생활에 지쳤고, 수입은 점점 줄어들어 허탕을 치는 날도 잦다. 두 아들들은 실패한 인생들이다. 장남 비프는 외지로 떠돌며 시간당 1달러를 받는 게 고작이라고 한다. 동생 해피는 시원찮은 일을 하며 번 돈을 여성들과 노는 데 탕진한다. 윌리가 장남인 비프와 사이가 좋지 않은 이유는 윌리가 바람 피우는 장면을 목격당했기 때문이다. 그런 비프를 보며 윌리는 늘 죄책감을 느꼈다.

윌리는 하워드 사장에게 다른 부서로 이직을 요청하지만, 오히려 해고당한다. 윌리는 가족들에게 마지막으로 해줄 수 있는 것은 보험금을 남겨주는 것밖에 없다고 생각하고 일부러 차 사고를 낸다. 사고로 사망한 윌리의 장례식장에는 그의 가족만이 조촐하게 참석했다. 부인은 이내 혼자서 무덤 앞에서 "당신의 보험금으로 마지막 빚을 다 갚아 드디어 자유로워졌는데 당신은 어디 있느냐?" 하고 오열하면서 막이 내린다. 이 작품은 어떻게 자신의 삶과 사회적 책임을 이행해야 하는지 통찰을 제공한다.

💎 성찰과 공감: 소모품이 되어 소외된 인간

아버지 윌리의 자살은 단순히 보험금을 노린 것이라기보다는 평생 일해 온 직장에서 쓸모없는 취급을 받으며 해고당하는 등 윌리의 자존감과 자부심을 무너뜨렸기 때문이다. 산업 시대에 소모품으로 전락한 우리 아버지들의 자화상이다. 젊은 시절 열심히 일했지만, 나이 들어 직장에서 외면받고, 열심히 일했다는 이유로 자식들에게도 외면받는 슬픈 현실이 안타깝다.

20. 솔제니친, 절망 속 용기

"여기에는 말이야, 모든 사람의 귀책이라고 해봐야 황야밖에 없어. 하지만 여기서는 제대로 살아가는 인간은 있지. 바로 라게리에서 몸을 망치는 놈, 구석구석 식기를 핥아먹는 놈, 의무실을 들락거리는 놈, 그리고 뒷구멍으로 동료를 밀고하는 놈이지." – 〈이반 데니소비치의 하루〉 중에서

♦ 용기 있는 비판

알렉산드르 솔제니친(1918~2008)은 키슬로보츠크 출생이다. 아버지는 솔제니친이 태어나기 6개월 전에 사망하고 그의 어머니는 타자수 겸 속기사로 일하며 홀로 아들을 키웠다. 가난한 유년 시절을 보낸 솔제니친은 예술에 조예가 깊은 어머니의 영향으로 많은 책을 접할 수 있었다.

그는 유년 시절부터 작가에 대한 꿈을 키워왔지만, 아픈 어머니와 힘든 가정형편으로 인해 모스크바 유학을 포기하고 차선책으로 수학과를 택했다. 하지만 1924년 레닌이 사망하고 스탈린이 집권하면서 소비에트 사회는 숨 막히는 감시 체제로 바뀌었고, 그는 체제 반역 죄에 걸려 8년간 수용소에서 보내고 3년의 유배 생활을 겪었다.

1962년 발표된 〈이반 데니소비치의 하루〉는 그를 세계적으로 유명한 작가로 만들어주었다. 이후 발표된 〈암 병동〉(1968) 〈제1원에서〉(1968) 〈수용소 군도〉(1973~1975) 등의 작품들이 호평을 받으며, 그는 세계 문학계의 이목을 끌었다. 하지만 소련 작가 동맹에서 제명당하고, 가족과 헤어져 미국으로 강제추방을 당했다.

그는 1970년 〈이반 데니소비치의 하루〉 〈암 병동〉 등 뛰어난 작품들로

노벨문학상을 받았다. 1994년에는 오랜 설움의 시간이 끝나고, 복권되어 러시아 시민권을 회복했다. 이후 2007년 러시아 작가로서 최고의 명예로 꼽히는 국가공로상을 받았지만, 2008년 8월 3일 심장마비로 숨을 거두었다.

♦ 진실을 막을 수 없다

주인공 이반 데니소비치 슈호프가 기상 신호를 듣고 온종일 강제 노동 후 취침에 들어가기까지 하루 동안 일어난 일들을 묘사하면서 당시 스탈린 치하의 처참함을 이야기한다. 수용자들은 빈대투성이인 낡은 침구를 쓰고, 죄수복도 낡아 추위를 막기에 역부족이다. 식사는 겨우 몇 숟가락밖에 안 되는 죽, 썩은 생선과 멀겋게 끓인 수프, 제대로 굽지 않은 딱딱한 흑빵이 전부다. 늘 죄수들은 주린 배를 움켜쥐며 버텨야 한다. 교도관들은 죄수를 거의 인간 취급하지 않고, 노동환경은 가혹하기 이를 데 없다. 솔제니친만큼 수용소 생활을 생생하게 잘 표현할 수 있는 작가는 없을 것이다.

♦ 성찰과 공감: 용기가 존엄을 만든다

솔제니친은 개인의 자유와 존엄성을 중시했다. 독재적인 정부나 사회적 압박에 맞서 싸우는 개인의 용기와 희생을 통해 인간의 권리와 존엄성을 강조했다.

솔제니친은 갈망하던 자유를 찾아 서유럽의 자유세계로 망명했지만, 소련에 있을 때보다 더 깊은 절망에 빠졌다. 특히 서유럽 청소년들이 육체적 환락과 자유, 물질주의에 빠진 것에 개탄하면서 "만일 오늘날의 서방 자유세계가 내 조국 소련의 모델이 될 수 있느냐고 묻는다면, 솔직히 말해 그 대답은 부정적이다. 이대로 가면 서유럽 사회는 급격히 몰락할 것이다."라고 했다.

21. 쿤데라, 역사에 짓눌린 존재의 가벼움

"역사는 역사가의 하인이 아니며 소설가를 매혹하는 역사란, 오직 "인간 실존에 빛을 비추는 탐조등으로서의 역사일 뿐이다. 역사로서의 예술, 혹은 예술의 역사는 덧없으며 예술의 지저귐은 영원할 것이다."

◈ 서로 다른 색깔의 사랑

밀란 쿤데라(1929~2023)는 체코슬로바키아 브르노에서 태어났다. 그의 아버지는 상당히 기품 있는 집안 출신으로, 체코의 주요한 음악학자이자 피아니스트이기도 하다. 쿤데라는 아버지에게서 피아노를 배웠고, 그 영향으로 나중에는 음악학을 공부했는데 이는 작품의 근간이 된다. 심지어 그는 악상 기호를 텍스트 속에 그려 넣기도 했다. 그는 프라하 카렐 대학교에서 문학과 미학, 공연 예술을 공부했다.

쿤데라는 1968년 체코슬로바키아의 민주화 운동이었던 '프라하의 봄'에 참여했다. 쿤데라의 첫 번째 소설 〈농담〉은 사회주의 체제의 전체주의적 특질에 대해 풍자하는 내용으로, 1968년 소비에트 연방이 그의 고향을 점령한 이후 쿤데라의 집필활동이 금지되었다. 시민권을 박탈당한 그는 프랑스로 망명했다. 〈농담〉 프랑스어판 서문에서 루이 아라공은 쿤데라를 "금세기 최고의 소설가 중 한 사람으로 소설이 빵과 마찬가지로 인간에게 없어서는 안 되는 것임을 증명해주는 소설가"라고 격찬했다.

쿤데라는 자신을 정치적 혹은 반체제적 작가가 아니라 순수한 작가로서 보아달라고 누차 강조했다. 역사의 상처에 짓눌린 '존재의 가벼움'으로 세계적 작가로 인정받게 되었다. 예루살렘상 및 유럽 문학상, 체코 작가연맹상을 받았다. 1983년 그의 문학적 공로를 높이 평가한 미국 미시간 대학으로부터 명예박사 학위를 받았다.

💎 참을 수 없는 존재의 가벼움, 우리들의 자화상

〈참을 수 없는 존재의 가벼움〉의 주인공 토마시는 장래가 촉망되는 프라하의 외과 의사였다. 자식을 하나 낳고 이혼한 그는 화가 사비나를 비롯해 짧게 사귄 다른 많은 애인과 마음껏 정사를 나눈다.

어느 날 토마시는 체코의 시골 마을에서 종업원으로 일하는 테레자를 만나 함께 살기로 한다. 하지만 스스로가 에로틱한 우정이라고 이름 붙인 그 가벼운 삶을 토마시는 버리지 못하고 이 여자 저 여자를 전전한다. 그런 토마시를 지켜보는 테레자는 질투와 체념으로 인한 괴로움에 몸부림치다가 몸과 마음이 모두 망가진다.

1968년 소련의 체제 협조를 거부한 죄로 토마시는 외과 의사 자격을 박탈당한다. 그 후 청소부, 트럭 운전사 등 여러 일자리를 전전한다. 그러나 나이가 들어가는 토마시는 어느덧 진실한 사랑을 깨닫는다.

💎 성찰과 공감: 인간의 모순과 불완전성을 드러내다

쿤데라는 유머를 통해 현실을 비판하고 인간의 모순과 불완전성을 드러내려 했다. 사회적 질서나 인간의 행동에 대한 잔혹한 현실을 유머 있게 그려내어 독자의 비판적 사고를 유도했다.

"인생의 드라마는 항상 무게라는 기준으로 표현할 수 있다. 그녀의 드라마는 무게의 드라마가 아니라 가벼움의 드라마였다. 사비나 위에 떨어진 것은 무거운 짐이 아니라 참을 수 없는 존재의 가벼움이었다."
– 〈참을 수 없는 존재의 가벼움〉 중에서

22. 바크, 천국으로 나는 갈매기

"가장 높이 나는 새가 가장 멀리 본다."

💎 삶의 진리와 자기 완성을 꿈꾸다

리처드 바크(1936~)는 미국 일리노이 주 오크파크에서 태어났다. 롱비치 주립대학에 입학했으나 퇴학당한 뒤, 1957년 공군에 입대해 비행기 조종사가 되었다. 비행사가 되기 전에 영화 스턴트맨, 비행 잡지 편집자, 비행 교관에 이르기까지 비행기에 관한 한 그가 해 보지 않은 일은 없다고 해도 좋을 정도다.

베를린의 위기로 공군에 재소집되어 프랑스에서 1년간 복무한 뒤, 군에서 제대하여 상업 비행기 조종사로 일하면서 프랑스 소설가 생텍쥐페리처럼 3천 시간 이상의 비행 기록을 세웠다.

1963년 처녀작을 발표하여 소설가로 데뷔하고 세 번째 작품 〈갈매기의 꿈〉을 집필했으나, 18군데의 출판사로부터 출판을 거절당하기도 한다. 그러나 미국 서부 해안의 젊은 세대들이 손으로 베껴 써가면서 이 작품을 돌려 읽기 시작하여 일반인들에게로 널리 퍼진다.

〈갈매기의 꿈〉은 1970년 뉴욕 맥밀란 출판사에서 초판이 정식 출간된 뒤, 5년 만에 미국에서만 7백만 부가 판매되었고, 전 세계 언어로 번역 출간된다. 성직자들은 신의 영역에 도전하는 '오만의 죄로 가득한 작품'이라고 비난했지만, 미국 문학사상 최고의 베스트셀러인 〈바람과 함께 사라지다〉의 판매를 앞지르기도 했다.

💎 멋진 비행을 꿈꾸다

〈갈매기의 꿈〉은 날기를 좋아하는 갈매기 조나단 리빙스턴이 주인공이다. 조나단은 틈만 나면 언제나 비행 연습을 한다. 마침내 갈매기의 신체 한계를 넘어선 고속 비행에 성공하지만, 갈매기 무리의 우두머리는 그를 '문책'하며 곧바로 무리에서 추방할 것을 명령한다. 그럼에도 자기를 알아주지 않는 것에 개의치 않고 자신이 원하는 비행을 계속 연습한다.

조나단은 시속 342km라는 극한 속도로 나는 법과 공중회전 등의 고등 비행 기술을 발견하고 삶의 무지로부터 탈출한다. 하지만 동료 갈매기들은 그를 인정하지 않는다. 무리로부터 추방당한 그는 고독해도 힘들어하지 않는다. 자신의 정신력으로 다양한 비행 방법과 먹이 찾는 기술을 익혀 갈매기의 일생을 지배하는 지루함과 공포, 분노를 마음에서 씻어내었다.

어느 날 원로 갈매기의 가르침을 받아서 정진한 결과, 조나단은 시공간을 넘어 비행하는 등 많은 것을 배우고, 비행의 세계에 되돌아오자마자 다른 갈매기들로부터 고수로 인정받는다. 조나단 자신은 끝끝내 겸손해했지만 모두가 인정하는 분위기다. 원로 갈매기는 성장한 조나단을 보고 만족하다가 마지막 가르침 '끊임없이 남에게 사랑을 베풀어라'를 남기고 떠나간다.

이후 조나단은 추방된 지 얼마 안 된 플레처 린드를 제자로 받아들인다. 플레처가 "저 따위가 남을 사랑할 수 있겠습니까?"라고 묻자 조나단은 "너는 이미 충분히 성장했다."라면서 원로 갈매기가 그랬던 것처럼 항상 날 보고 배우기보다 이제 너 스스로 성장하라고 교훈을 남기고 빛과 함께 사라진다.

💎 성찰과 공감: 가장 높이 나는 새가 가장 멀리 본다

〈갈매기의 꿈〉에서 바크는 자아실현과 자신의 꿈을 찾아가는 열정을 그렸다. 비행을 자유와 창의성의 상징으로 사용되며, 자유롭고 창의적인 방식으로 삶을 살아가도록 격려한다.

리처드 바크의 메시지는 의존보다는 자유를, 기존 질서에의 순응보다는 진정한 삶을 향한 껍질 깨기를, 소수의 선택된 자만이 아니라 인간 모두가 위대한 가능성을 내면에 간직하고 있다는 깨달음을 담고 있다. 매일의 삶에 구속되지 않고 영혼의 비상을 꿈꾸는 많은 독자들에게 깊은 감동을 준다.

"천국이란 일정한 장소나 시간을 의미하지 않는다. 천국이란 바로 지금 완전한 경지에 오른 것을 뜻한다." - 〈갈매기의 꿈〉 중에서

2장

역사와 종교,
존재의 근원을 묻고
어떻게 살아가야 하는가

인생을 살아가는 데는 두 가지 방법이 있다. 하나는 아무 기적도 없이 흘러가는 대로 살아가는 것과, 다른 하나는 기적을 만들면서 살아가는 것이다. 같은 하루는 없고 인간과 우주는 워낙 광대하고 무한하여 내면을 속속들이 알 수가 없다. 그래서 올바른 삶을 살아가고 반복된 생활에서 벗어나기 위해서는 역사와 종교의 유용성을 깨달아야 한다.

에드워드 카는 "역사란 역사가와 사실들 사이 상호작용의 부단한 과정이며, 현재와 과거와의 끊임없는 대화이다."라면서 과거의 빛에 비춰서 현재를 배우고, 현재의 빛에 비춰서 과거를 배운다고 설파했다. 역사학의 아버지 헤로도토스(기원전 484~425)는 역사란 들은 사실을 그대로 기록하여 "이집트는 나일강의 선물."이라는 말을 남겼다. 그러나 다른 주장도 있다. 헤겔에 따르면 "인간은 역사를 쓰지만 역사로부터 교훈을 얻지 못한다."라고 한다. 우리가 왜 역사를 배워야 하는가? 같은 실수를 두 번 하지 않고, 오래된 이야기지만 길을 잃고 방황할 때마다 역사에서 답을 찾을 수 있기 때문이다.

종교는 인생 문제의 '근본(宗) 가르침(敎)'이다. 인간이 존재와 의미, 윤리, 우주적 존재와의 관계 등에 대한 질문에 답을 제공하려는 믿음과 신념의 집합이다. 그 많은 문제 중에는 아무리 노력해도 인간의 힘으로는 해결할 수 없는 문제들도 있다. 이러한 문제들을 절대자, 신, 초자연적인 존재 등과 같은 것들이 인간의 삶에 지침이 되고 의미를 부여한다. 즉, 종교는 인간에게 삶의 의미를 부여해줄 뿐 아니라, 우주와 역사의 발전 방향을 따라 힘차게 살아가도록 한다. 이처럼 모든 피조물 가운데서 유일하게 인간만이 종교를 가지고 있고, 종교는 인류 역사의 새벽부터 시작되었으며 역사와 더불어 발전했다. 종교는 역사에 지대한 영향을 끼쳤다. 종교는 문명을 만들면서 역사를 이끈다. 유대교가 히브리 문명을, 기독교가 서구 문명을, 불교가 불교 문명을, 힌두교는 인도 문명을, 이슬람교는 이슬람 문명을 만들었다.

또한, 건전한 종교가 되려면 첫째, 인생 문제를 해결할 수 있는 진리가 있어야 한다. 혼란에 빠지게 하고 고통의 짐을 무겁게 하는 사이비 종교는 경계해야 한다. 둘째로, 인류의 이상적 사회를 건설하는 데 기여하여야 한다. 자유와 평등과 평화와 정의가 실현되어, 인류 공존공영과 세계 평화를 이룩하는 비전을 제시해야 한다.

셋째로, 사람이 사람다워지고 사람답게 살도록 가르치는 윤리적 교훈이 있어야 하고 도덕적 능력을 향상시켜야 한다.

23. 소크라테스, 인류의 스승

"어려서 겸손해져라. 젊어서 온화해져라. 장년에 공정해져라. 늙어서는 신중해져라."

💎 인간의 삶에서 영원한 것은 없다

소크라테스(기원전 469~399)는 석공인 아버지와 산파였던 어머니 사이에서 태어나 직업은 석공이었다. 외모가 못생겨 외모지상주의 풍조가 있던 당시 아테네에서 무시당했다고 한다. 소크라테스는 뚱뚱하고 키가 작았으며 눈이 튀어나온 데다가 들창코로 못생겼다.

하지만 외모와 달리 내면적으로는 매우 훌륭하고 곧은 사람으로 평가받았다. 또한 참을성이 대단해 군에 있었던 어느 여름날, 아침 일찍부터 다음 날 새벽까지 같은 자리에서 움직이지 않고 사색에 잠기기도 했다.

소크라테스는 검소한 생활을 하며 젊은 사람들과 어울려 이야기하기를 좋아했다. 그의 옷차림은 특이하여 신발도 신지 않고, 누더기가 되기 직전의 옷을 걸치고 다녔다. 초라한 복장의 소크라테스에게 향한 비판에 대하여 말하길 "난 이렇게 다녀도 익숙해서 편하고 정신력도 단련될 뿐만 아니라, 오히려 다른 사람들이야말로 옷이나 신발에 길들어서 불편한 거 아니냐?"고 반박했다.

이런 초연한 풍모를 과시했고, 튼튼한 몸을 지녔다. 잔치 자리에서 술을 가장 많이 들이켜고도 가장 말짱한 정신으로 가장 늦게까지 토론을 하다가 유유히 떠날 수 있을 정도로 체력과 정신력이 강했다. 소크라테스는 아테네와 스파르타가 대결한 펠로폰네소스 전쟁에 30대 후반에서 40대의 나이에 종군하기도 했다. 전투에 참전했을 당시에도 배고픔이나 목마름, 추위, 더

움, 잠자리, 적군 등에 조금도 동요하지 않고 평상심을 유지하던 강철 멘탈의 소유자였다. 게다가 사색을 즐긴 기인의 풍모를 가졌다.

그의 아내였던 크산티페는 못생긴 악처(惡妻)로 유명하지만, 소크라테스가 죽자 그의 죽음을 슬퍼하며 울었다. 소크라테스는 아테네에서 유명한 철학자였지만, 아내 입장에서는 소크라테스는 돈도 없는 주제에 맨날 제자들과 사색한답시고 몰려다니는 것이 못마땅했을 것이다.

'영혼'을 주제로 한 그의 학설은 정신주의적이고 관념론적인 것으로 그의 제자인 플라톤에게 계승되었다. 그는 그리스의 유물론적인 자연철학에 대립하여 '너 자신을 알라'라는 말을 기초로 '영혼'에 대한 성찰을 앞세웠다. 삶의 온당한 방법을 아는 것이 지식의 목적으로, 도덕적 행위를 고양하라고 강조했다.

즉, 그는 단순한 지식이 아니라 실천지(實踐知)를 중시했다. 그는 이러한 지식을 귀납법에서 찾았고, 대화에 의한 문답법으로 잘못된 지식을 제거하면 일반적인 진리에 도달할 수 있다고 생각했다. 이것은 진리를 찾을 수 있도록 도와준다는 의미에서 '산파술(産婆術)'이라 칭한다.

◆ 악법도 법이다

소크라테스는 세 명의 시민에게서 '젊은이들을 타락시키고 신을 믿지 않는다'라는 죄목으로 고소를 당하여 500인 법정에서 사형을 선고당한다. 죄목은 젊은이를 기망하고 종교적 권위를 무시했다는 것이다.

절친한 친구인 크리톤은 소크라테스를 탈출시키려고 간수를 매수해놓고 탈출하라 제안했지만, 그는 단호히 거절했다. 평생 다른 이들에게 법을 지키라고 한 자신이 스스로 법을 어길 수는 없다는 이유에서였다. 그는 자신의 신념을 지키기 위해 죽음을 택한 최초의 철학 순교자였다. 소크라테스가 중요하게 생각하는 것은 그저 사는 것이 아니라 잘 사는 것이다.

💎 성찰과 공감: 너 자신을 알라

철학의 창시자 소크라테스는 문답을 통하여 상대의 무지(無知)를 깨닫게 하고, 시민의 도덕의식을 개혁하는 일에 힘썼다. 그의 기본적인 사상은 중용과 이성적인 삶을 강조했다.

그가 말하는 진정한 지식은 아무것도 모른다는 것을 아는 것이다. 편견에서 빠져나와 세상을 객관적으로 바라보는 것이다. 과연 지금 하는 일이 진정 의미 있고 올바른 것인지 살펴보는 계기로 삼아야 할 것이다. 그는 비판 정신을 통해 인류의 지속 가능한 삶의 태도를 제시한, 최초의 윤리 스승이다.

24. 석가모니, 불교의 교조

"아무런 이유도 없이 베풀어라. 그것에 대한 대가나 칭찬, 공덕을 바라지 말라."

◆ 생로병사가 윤회하는 고통에서 벗어나다

석가모니(기원전 563~483)는 샤카족 국가(오늘날 네팔 남쪽 국경 근처)에서 국왕 슈도다나의 장남으로 태어났다. 석가모니는 태어나서 사방으로 일곱 걸음을 걸었는데, 그 걸음마다 연꽃이 피어올랐고 오른손은 하늘을 왼손은 땅을 가리키며 "천상천하 유아독존 삼계개고 아당안지(天上天下 唯我獨尊 三界皆苦 我當安之)."라고 외쳤다. 이는 "우주 안에서 오직 나만이 높다. 삼계가 모두 괴로움이니, 이제 내가 그들을 편안하게 하리라."라는 뜻이다.

싯다르타는 생후 7일 만에 어머니 마야 부인을 여의고 이모인 마하파자바티의 손에 자랐으며, 뛰어난 지혜로 사람들을 놀라게 했다. 그러다 인간 삶은 생로병사가 윤회하는 고통으로 이루어짐을 자각하고 이를 벗어나고자 29세 때 출가했다. 출가한 가장 강력했던 요인은 "무상한 이 세상의 괴로움을 어떻게 해결할 것인가?"라는 다르마(法)를 추구하려는 끊임없는 열정이었다.

처음에는 다른 수행자의 수행법을 따라 고행을 했으나 이는 무의미하며 중도가 긴요함을 알았다. 부다가야의 보리수 밑에서 선정을 수행하여 35세에 완전한 깨달음을 성취하고 부처(Buddha, 佛陀)가 되었다.

부처의 깨달음에는 자각(自覺: 스스로 깨달음), 각타(覺他: 다른 중생들을 깨닫게 함), 각행원만(覺行圓滿: 깨달음 작용이 전지전능하게 충만함)의 3가지 의미가 있다. 이후 인도의 여러 지방을 편력하며 포교와 교화에 힘썼고, 80세에 쿠시나가라에서 공양이 잘못되어 심한 이질(식중독)을 앓았고 입멸했다. 최후의 가르침은 쉬지 말고 수행에 임할 것을 유언으로 남겼다. 유골과 사리는 왕후, 귀족들이 분배하여 각자의 나라에 가지고 가서 탑파를 세우고 봉양했다.

"스스로를 섬으로 삼아 스스로에 의지하며 살아라. 다른 것에 의지하지 말고. 진리를 섬으로 삼아 진리에 의지하라. 다른 것에 의지하지 말고." - 〈대열반경〉

석가모니의 깨달음은 '사제(四諦)'와 '삼법인(三法印)'으로 요약할 수 있다. 제(諦, satya)는 '진리'라는 뜻이다. 네 가지 성스러운 진리(사성제·四聖諦)는 ① 괴로움이라는 진리(고제·苦諦) ② 괴로움의 원인이라는 진리(집제·集諦) ③ 괴로움의 소멸이라는 진리(멸제·滅諦) ④ 괴로움의 소멸로 이끄는 길이라는 진리(도제·道諦) 즉 고집멸도(苦集滅道)다.

삼법인은 법(法)의 3가지 특성으로 ① 제행무상(諸行無常·모든 존재는 실체가 없고) ② 제법무아(諸法無我·모든 정신적 작용도 실체가 없으며) ③ 열반적정(涅槃寂靜·열반은 모든 번뇌의 불을 끈 고요함이다) 등이다. 여기에 일체개고(一切皆苦·모든 형성된 것은 괴로운 것이다)를 포함해 사법인이라고도 한다.

4가지 진리는 다음과 같다. ① 모든 존재에 대한 진리(Dukkha): 존재의 모든 측면에는 고통이나 불편이 존재한다. ② 고통의 원인(Samudaya): 고통과 불행의 원인은 욕심과 욕망에서 비롯된다. ③ 고통의 종말(Nirodha): 고통은 그 원인을 없애면 종료될 수 있다. ④ 고통을 없애는 방법(Magga): 고통의 종료를 이루는 방법은 바른 생활, 정신적 수행, 그리고 지혜의 발달을 통해 가능하다.

◆ 성찰과 공감: 참된 행복은 내가 원하는 것을 이루는 길

우리가 여기에 태어났다는 것(生), 태어나서 늙게 되는 것도 아픔이다(老). 살아가면서 병이 들면 아픔을 뼈저리게 깨닫는다(病). 삶을 언젠가는 마무리 지어야 한다는 것에 아픔을 깨닫는다(死). 모든 것이 연기(緣起: 인연)이다.

머리를 깎거나, 성공해야만 진정한 깨달음을 얻는가? 석가모니는 단호하게 아니라고 한다. 오직 스스로 고민하고 깨달을 때만 믿음이 생긴다. 다른 누군가가 주장한 내용을 모방하고 소비하는 차원이 아닌, 내 안에서 체득하고 참 나를 찾는 마음공부만이 진리에 다다르게 한다. 우리 삶이 고달픈 것은 타자의 욕망을 모방하기 때문이다. 행복은 내가 원하는 것을 조금씩 찾아가는 과정이다.

25. 공자, 화합은 가난과 불안도 이긴다

"남이 나를 알아주지 않는 것을 걱정하지 말고, 나의 능력이 없음을 걱정하라."

◆ 짧은 정치적 영광과 13년 동안 주유

공자(기원전 551~479)는 중국 산둥성에서 하급 귀족 무사인 아버지 숙량흘(叔梁紇)과 어머니 안(顔)씨 사이에서 태어났다. 공자는 3살 때 아버지를 여의고 17살 때 어머니를 여의었으며, 20살 때부터 계(季)씨 가문 창고지기로 일했고 가축 사육일도 맡았지만, 주나라 관제와 예법을 꾸준히 공부하면서 예(禮) 전문가로 유명해지기 시작했다.

35살 때 노나라에서 내란이 일어나 소공이 제나라로 망명하자 공자도 제나라로 떠났다가 2년 뒤 귀국했다. 공자는 48살 때 정치에서 물러나 본격적으로 제자를 가르쳤다. 말년에 노나라로 귀국하여 국로(國老)의 대접을 받았으나 역시 등용되지는 못했다. 공자는 73세가 된 해 제자들이 지켜보는 가운데 승하했다. 공자가 세상을 떠난 후 제자들은 스승이 남긴 말씀들을 모아서 〈논어〉라는 책을 저술했다.

공자는 자신의 삶을 반추하며 말하기를, "나이 열다섯에 학문의 길로 가기를 마음먹었고, 서른에 이르러 세상에 나의 존재를 알렸으며, 마흔에는 어떤 일에도 미혹됨이 없었고, 쉰에 이르러서는 하늘의 뜻을 모두 알았으며, 예순에는 모든 일에 대해 순리를 알 수 있었고, 일흔에는 하고 싶은 대로 해도 법도에 어긋나는 일이 없었다(吾十有五而志于學 三十而立 四十而不惑 五十而知天命 六十而耳順 七十而從心所欲不踰矩)."라고 했다.

💎 유학의 창시자, 차축 시대의 사상가

서구 철학자 칼 야스퍼스(K. Jaspers)는 〈역사의 기원과 목표〉에서 인류 문명의 '차축 시대(The Axial Age)'를 말했다. 기원전 800년에서 200년 사이에 오늘날까지도 여전히 인류를 이끄는 큰 사상가들이 지구의 동서에서 동시 다발적으로 함께 출현한 것을 말한다. 중국의 공자와 노자, 인도의 석가모니, 이란의 자라투스트라, 팔레스타인의 엘리야나 이사야, 예레미야와 같은 대 예언자 등을 의미한다.

공자에게는 특별한 선생은 없었고, 그가 만날 수 있는 모든 사람에게서 배우려 했다. 그 가운데 유명한 사람이 주나라의 노자이다. 공자가 노자를 찾아가서 배웠다. 공자의 정치관은 '법보다 덕으로써 백성과 나라를 다스려야 한다'였다. 세상사를 처리하는 데 사람을 가장 중시하는 인본주의를 주창하며 주공이 나라를 다스리던 시대처럼 올바르고 평화로운 인간 세상을 건설하는 것이 공자의 이상이었다.

공자의 도덕 정치는 어느 나라에서도 외면당했다. 당시의 왕들은 더디더라도 올바른 길을 택하기보다 손쉽게 국력을 팽창시켜 천하를 제패할 부국강병의 방법을 원했기 때문이다. 공자는 자신의 학문적 이상이 결코 실현될 수 없음을 깨닫고 제후와 군주들을 설득하는 일을 단념했다. 그리하여 귀국 후 후학 양성에만 전념했다. 이로써 공자의 정치적 삶은 마감되었고 이후에는 교육자로서의 본격적인 삶이 시작되었다.

💎 군자의 덕을 채우는 인간다운 리더

〈논어〉는 공자의 발언과 행적, 인생의 교훈이 되는 말들을 간결하고도 함축성 있게 기재했다. 유학의 경전 '사서(四書)' 중 하나로 동양 문화의 가치 정립을 시도했다. 〈논어〉는 유가(儒家)의 성전(聖典)이다.

공자의 사상은 인(仁)이다. 공자의 제자 번지가 스승에게 '인'에 관해 물었다. 그러자 공자가 답했다. "애인(愛人·사람을 사랑하는 것)이다." 그러면 어떻게 하는 것이 '사람을 사랑하는 것'일까. 번지가 묻자, 공자가 답했다. "지인(知人·사람을 알아보는 것)이다."

사람을 알아보는 데서부터 사랑이 실현되기 시작한다는 것이다. 총선과 대선의 해를 맞아 정치가 이익을 중심으로 권력을 쟁탈하는 이전투구의 장이 아니라, 사람들이 서로 사랑하도록 돕는 조화의 예술이 된다면 얼마나 좋을까.

💎 성찰과 공감: 인생의 세 가지 기쁨

공자는 인간관계에서의 예의와 도덕적 행동을 중시했다. 사람 사이의 상호작용에서 예의를 지켜야 하며, 도덕적으로 올바른 선택을 해야 한다고 가르쳤다. 또 교육과 학문을 통해 인격의 완성을 추구해야 한다고 믿었다.

공자가 말하는 인생 3락은 첫째, 배움: 배우고 때로 익히면 또한 기쁘지 아니한가?(學而時習之 不亦說乎) 둘째, 만남: 벗이 먼 곳에서 찾아오니 또한 기쁘지 아니한가?(有朋自遠方來 不亦樂乎) 셋째, 자족(自足): 스스로 넉넉함을 느낌. 스스로 만족하게 여기고, 남이 나를 알아주지 않더라도 성내지 아니하는 것이다.

26. 손자, 적을 알고 나를 알면 백전불패

"전쟁은 나라의 중대한 일이다. 죽음과 삶의 문제이며 존립과 패망의 일이니 살펴보아야 한다. 현명한 군주는 감정에 의해서 판단하는 것이 아니라 전쟁에 승산이 있을 때 전쟁을 한다. 자존심이나 감정에 의해서 전쟁 하면 절대 안 된다."

◈ 한계를 뛰어넘어 불가능을 가능으로 변화시키는 위대한 힘을 발휘하다

손무(기원전 544~496)는 낙안 출신으로 군사 전문가로 활동했다. 주요 활동 시기는 오나라(吳) 합려 시대부터 그의 아들 부차(夫差)의 재위 전기(前期)에 이르고 있다.

그는 합려를 도와 초를 격파했다. 기원전 496년 합려는 월나라를 공략하던 중에 전사하고 그의 아들 부차가 즉위했다. 손무는 계속하여 부차를 보좌하고 월나라를 굴복시키는 데 크게 이바지했다. 나이가 든 후 손무는 관직에서 은퇴하여 여생을 군사학 연구와 저술에 전념하다가 세상을 떠났다.

〈손자병법(孫子兵法)〉의 문장은 6,400자로 간결하고 생동감 넘친다.
1. 시계(始計): 전쟁에 앞서 승산을 파악하고 기본계획을 세워라.
2. 작전(作戰): 전쟁의 속전속결과 물자를 절약하기 위해 적의 것을 빼앗아라.
3. 모공(謀攻): 싸우지 않고 손실이 없는 승리를 쟁취하는 지피지기 원리

4. 군형(軍形): 먼저 승리할 수 있는 태세를 갖추는 만전주의
5. 병세(兵勢): 전쟁의 주도성 파악. 공격과 방어, 세의 활용을 논함
6. 허실(虛實): 주도권과 집중, 적의 강점을 피하고 허점을 강조
7. 군쟁(軍爭): 유리한 위치를 선점하는 문제와 우회기동의 중요성을 강조
8. 구변(九變): 변칙에 대한 임기응변(구변), 승리할 수 있는 유리한 조건
9. 행군(行軍): 행군과 주둔 시 유의 해야 사항 및 정보 수집
10. 지형(地形): 지형의 이해득실과 장수의 책임을 논함
11. 구지(九地): 지형을 이용한 기동성, 적의 취약점 조성과 주도권 쟁취
12. 화공(火攻): 화공의 원칙과 방법을 설명하고 신중한 전투
13. 용간(用間): 정보의 중요성과 간첩을 이용하는 방법

◈ 지피지기(知彼知己), 백전불태(百戰不殆)

　손무는 춘추시대 전쟁의 패러다임을 바꾸었다. 손무가 편찬한 병법서는 무경칠서의 하나로 전략 전술의 법칙과 준거를 상세하게 설명하고 중국의 전쟁 체험을 간결한 명문장으로 집대성했다.
　〈손자병법〉의 계, 작전, 모공은 전쟁을 계획하고 전략을 준비하는 단계이며, 나머지 부분은 전술에 해당한다. 그의 전략은 깊이가 심오하고 깊은 철학적 의미를 지녀 오늘날에도 많은 공감과 교훈을 준다.

- 승전후구전(勝戰後求戰): 먼저 승리한 다음 싸운다.
- 치인이불치우인(致人而不致于人): 잘 싸우는 사람은 상대를 끌고 다니지, 상대에게 끌려다니지 않는다.
- 부전이굴인지병(不戰而屈人之兵): 싸우지 않고 상대를 굴복시킨다.

💎 공감과 성찰: 전략적 관점을 수립하라

　미국의 군사 이론가인 존 콜린스(John Collins)는 〈대전략〉에서 이렇게 평가했다. "손자는 고대에 처음으로 전략사상을 수립한 위대한 인물이다. 오늘날 전략의 상호 관계, 고려해야 할 문제 그리고 받을 수밖에 없는 제한 등에 대해 손자보다 더 심각하게 인식한 사람은 없다. 그의 관점 대부분은 오늘날 우리 상황에서 여전히 중대한 의미가 있다."

　이처럼 손자는 전투와 전쟁에서의 전략적 사고와 전략의 중요성을 강조했다. 그는 계획과 전술적인 유연성을 통해 적을 이기고 승리할 수 있다고 가르쳤으며, 특히 고전을 통한 지혜의 중요성을 강조했다. 과거의 경험과 배후를 이해하고 이를 현대적 상황에 적용해야 한다고 말했다.

27. 노자, 늙어서 태어난 아이

"현자를 특별히 대접하지 않아야만 백성들이 서로 다투지 않고, 얻기 힘든 재물을 귀하게 여기지 않아야만 백성들이 도적질할 마음이 사라진다. 욕심낼 만한 것을 드러내 보이지 않아야만 백성들의 마음이 어지럽지 않게 된다."

◆ 죽음의 자리를 피하려면 삶에 대한 집착을 버려라

기원전 604년 중국 초나라 곡인리에 한 여인이 자두나무(李樹)에 기댄 채 아이를 낳았다. 그런데 이 아이의 어머니는 떨어지는 별을 찬양하면서 62년 동안 임신해 있던 상태였고, 그때 아이는 태어나자마자 말을 할 수 있었고, 머리칼은 하얀 눈처럼 희었다. 이 아이가 노자였다.

노자는 주나라에서 왕실의 장서고를 기록하는 수장실사(守藏室史)로서, 사십여 년간 있었다. 공자가 노자를 만나 예(禮)에 관해 물었다. 노자는 말하길 "군자는 때를 만나면 나아가서 벼슬을 하지만, 때를 만나지 못하면 뒤로 물러나 숨어야 하는 것이오. 내 일찍이 듣기를 '훌륭한 장사꾼은 귀중품을 감춰놓은 채 아무것도 없는 듯이 행동하고, 완전한 덕성을 갖춘 사람은 겉으로는 다만 평범한 사람으로 보인다.'라고 했소. 그대는 몸에 지닌 교만과 욕심과 위선 따위를 다 버리시오."

노자는 상하 양편의 오천 자로 된 〈도덕경(道德經)〉을 완성한다. 독일의 사상가 슈테라히는 "세계에 단 세 권의 책만 남기고 모두 불태워버려야 한다면, 〈도덕경〉이 그 세 권 가운데 들어야 한다."라고 말했다.

노자는 자연의 원리와 함께 그 응용하는 방법을 가르쳐주었다. 노자에 따르면 도란 사람의 머릿속에서 개념적으로 규정할 수 없고 말이나 글로 표현할 수도 없다. 그것은 보이지 않고, 들리지 않으며, 잡으려 해도 잡히지 않는다. 도에는 어떠한 빛깔도, 어떠한 소리도, 어떠한 형체도 없기 때문이다. 노자는 무의 효용성을 다음과 같이 비유한다. "수레바퀴에는 서른 개의 바큇살이 한 바퀴의 통에 모여 있긴 하지만, 그 가운데가 비어 있기 때문에 우리가 수레를 사용할 수 있으며, 또 찰흙을 이겨서 그릇을 만들 때 그 빈 곳이 있기 때문에 그릇을 쓸 수 있다. 유(有)가 이용되는 까닭은 무(無)가 작용하기 때문인 것이다."

💎 위선과 가식을 버려라

〈도덕경〉은 전부 81개의 짧은 구로 이루어진 잠언집으로 힘든 현실을 살아가는 예지력을 설파한다. 노자에게 큰 도란 무위자연의 도다. 위대한 도가 무너져서 인의가 생겨났고, 지혜가 나오자 큰 거짓이 생겨났고, 집안이 불화하기에 효가 강조되었으며, 나라가 혼란할 때 충신이 필요하다.

노자의 사상 특성은 첫째, 소박함이다. 그는 인간의 재치와 이기심 등 작위성을 멀리하고 무욕에 처하도록 가르치며, 또한 물질적 재화에 대해서도 귀하게 여기지 않도록 당부한다. 덕을 두텁게 지니고 있는 사람은 갓난아기와 같아서 독 있는 벌레도 물지 않고, 사나운 짐승도 덤벼들지 않으며, 사나운 새도 채가지 않는다. 이와 반대로 억지로 살려고 하는 사람은 재앙에 맞닥뜨리게 마련이다.

둘째, 유연성이다. 마치 부드러운 물이 견고한 바위를 뚫는 것처럼, 부드러움은 딱딱함을 이길 수 있다. 이처럼 도란 어떤 의미에서 물과 같다. 물은 모든 사물을 이롭게 하면서도 먼저 가려고 다투지 않으며, 사람들이 싫어하는 낮은 곳에 머물려 한다. 물과 같이, 모름지기 현자는 이웃에게 선을 베풀며 유익을 안겨주면서도, 다른 사람 앞에 자신을 내세우지 않으며 항상 겸손한 자세로 살아간다.

셋째, 무위(無爲)의 실천이다. 여기에서 무위란 '아무것도 하지 않는 것'이 아니라, 억지를 피하고 자연스럽게 행하는 것을 가리킨다. 억지로 꾸며서 하는 행위는 오래가지 못하고 곧 그치게 마련이다. "자기의 키를 커 보이게 하기 위해 발끝으로 꼿꼿이 선 사람은 오래 서 있지 못하고, 마음이 급하여 두 다리를 크게 벌려 걷는 사람은 멀리 가지 못하며, 스스로 나타내려는 사람은 도리어 드러나지 못한다."라고 한다. 굽은 나무가 제 수명을 누리고, 자벌레는 몸을 굽혔다가 펴면서 앞으로 나아가고, 물은 파인 곳에 고이며, 옷은 닳아져야 새것을 입고, 욕심이 적어야 만족을 얻으며, 아는 것이 많으면 도리어 미혹에 빠진다.

💎 성찰과 공감: 부드러움이 강함을 이긴다

노자에게 젊은 청년이 찾아와서 인생을 배우기 위해 제자로 삼아달라고 애걸해서 제자로 삼았다. 그러나 노자는 제자에게 아무것도 가르쳐주지 않자, 제자는 상심하여 노자를 떠나기로 결심했다.

"저는 인생의 진실이 무엇인가를 선생님으로부터 배우기 위해 오랫동안 선생 밑에서 일해왔습니다. 하지만 선생님께서는 이제까지 한 마디도 가르쳐주시지 않았습니다. 헤어지는 마당에서 한 마디라도 가르쳐주세요."

제자의 얼굴을 잠시 응시하던 노자는 천천히 얼굴을 들고 입을 크게 벌린 후에 "내 입에 치아가 있느냐?"라고 물었다. 제자가 "아니요, 선생님은 노인이시니 치아는 다 빠져서 한 개도 남아 있지 않습니다."라고 대답했다. 노자는 "그러면 혀는 있느냐?"라고 물었다. "네, 혀는 있습니다."

노자가 말하고 싶은 의미는 겉에 보이는 강한 치아는 사라지지만 부드러운 혀는 세월이 지나도 존재한다는 것이다.

28. 맹자, 도덕에 기초한 삶의 청사진

"하늘이 장차 큰 임무를 사람에게 맡길 때는, 반드시 먼저 그 마음과 의지를 피곤하게 하며, 그 뼈와 근육을 괴롭게 하고 몸과 피부를 메마르게 하며, 살림을 가난하게 하여 그가 하는 일들을 어지럽히고, 실패하도록 온갖 시련을 주어 마음에 참을성을 길러 능히 하지 못한 바를 채우고 보태도록 한다."

◆ 왕도정치라는 이상을 추구하다

맹자(기원전 372~289)는 추(鄒)나라 지방 출신으로 일찍 3세 때 부친을 여의고 편모슬하에서 어렵게 자랐다. 맹자의 모친은 자식에 대한 교육에 헌신했는데, 아들의 교육을 위해 3번 이사한 이야기인 '맹모삼천지교(孟母三遷之敎)'는 유명하다.

젊었을 때 공자의 손자인 자사의 문하에서 유학을 익혔고 인간의 성질은 원래 선하다는 성선설과 인의에 의한 왕도정치를 설파했다. 왕도정치는 민생의 보장에서 시작하여 도덕적인 교화로 완성된다. 군주가 덕에 의해 백성을 교화하는 정치와 백성이 그 덕에 화답하는 도덕적인 관계의 성선설을 전제로 한다.

42세 무렵부터 유세 활동에 들어가 여러 나라를 돌면서 왕도정치를 피력했다. 그러나 현실 이익 추구에 급급한 각국의 왕에게 맹자의 주장은 너무나도 이상주의적으로 비쳤다. 그는 만년에 고향에 틀어박혀 저술과 강학에 전념한다.

맹자는 인의(仁義)라는 도덕에 기초한 인간다운 삶의 청사진을 제시했다. 맹자의 '거이기 양이체(居移氣 養移體)'란 특정한 지위에 오르기 위해서는 남과는 다른 노력을 하며 그 지위에 올라서면 자리에 걸맞은 사람이 되어야 한다는 뜻이다.

💎 인의(仁義)의 덕을 바탕으로 호연지기(浩然之氣)

맹자는 50세가 넘어서 은퇴하여 제자 만장과 함께 〈맹자〉 7편을 썼다. 그는 나이가 들어서도 '뜻의 세움'에 있어서 타협하지 않고 더욱더 발전하고자 했다.

인간의 본성은 선하다는 확고한 믿음과 호연지기, 민생의 안정을 위한 경제적 기반, 도덕적 교화 등의 기축 사상, 지도층의 여민동락(與民同樂) 마음가짐은 세상을 변화시킨다. 맹자는 인의(仁義)의 덕을 바탕으로 하는 왕도정치가 당시의 정치적 분열 상태를 극복할 유일한 길이라고 믿고, 왕도정치를 유세했지만, 그의 이론을 받아들이는 제후는 없었다.

공자와 묵자는 직접 사회개혁에 뛰어들어 문제를 해결하려 했고, 노자와 장자는 문제들이 자연적으로 치유되고 미화되기를 바랐다. 반면 맹자와 플라톤은 이상적인 데에만 치중한 상상의 요소가 더 많았다.

맹자의 사상을 요약하면 '조건 없는 이익을 탐하지 말라' '사람에 대한 깊은 신뢰를 가져라' '부동심의 경지를 가져라' '유연한 태도와 수양을 쌓아라' '설득술을 갖춰라' 등이다.

💎 공감과 성찰: 맹모단기(斷機)의 가르침

어느 날 맹자의 어머니가 어렵게 일하면서 학비를 보낸 아들이 공부를 중단하고 돌아왔다. 갑자기 나타난 아들을 보자 두 눈이 휘둥그레진 어머니는 놀라 물었다.

"아니, 어찌 된 일이냐, 벌써 집으로 돌아오다니? 학문을 벌써 다 익힌 것이냐?"

"아닙니다. 어머니를 뵙고 싶어서."

그러자 맹모는 그 자리에서 벌떡 일어나더니, 칼로 자신이 짜고 있던 베를 썩둑 잘라버렸다. 맹자가 깜짝 놀라 물었다. "어머니, 왜 그러십니까?"

맹모는 나직한 목소리로 "네가 중도에서 학문을 포기하고 집에 돌아온 것은 내가 지금 한창 짜고 있던 베를 끊어버린 것이나 조금도 다를 바가 없다."라는 훈계를 시작했다.

"네가 학문을 닦지 않는다면, 네 머리는 언제나 텅 빈 채로 있을 것이며, 아무리 세월이 흘러도 도를 행할 수도, 세상에 이름을 떨칠 수도 없을 것이다." 이것이 이른바 '맹모단기(斷機)의 가르침'이다.

29. 장자, 속세를 초탈하고자 한 철학자

"빈궁한 것도 즐거움이요, 생각대로 되는 것도 즐거움이다."
"곧은 나무는 먼저 벌목되고 단 우물은 먼저 말라버린다."

◈ 삶과 죽음은 하나다

장자(기원전 369~289)는 송(宋)에서 태어나 맹자와 동시대를 살면서 노자를 계승한 것으로 알려져 있다. 그는 칠원성(漆園城)의 말단 관직으로 평생 가난하게 지냈다. 장자의 인생관은 여유 있게 살면서 세상일에 몰두하기보다는 차라리 한 걸음 떨어져 관조하며 사는 것이다. 세속을 초탈해 버린 최고조의 경지에서 봤을 때 잠깐의 출세나 돈이 무슨 소용이 있겠는가?

장자가 죽어갈 때, 그의 제자들은 스승의 안장(安葬) 문제에 관해 상의했다. 그러자 장자는 "나는 천지를 관으로 삼고, 해와 달을 벗으로 삼으며, 별들을 보석으로 삼고, 만물을 휴대품으로 삼으니, 모든 장구는 갖춰진 셈이다. 여기에 무엇을 더 좋게 하겠느냐?" 했다.

이에 제자들이 "관이 없으면 까마귀나 독수리 떼가 뜯을까 봐 걱정됩니다."라고 하자, 장자는 다시 "노천(露天)에 버리는 것은 까마귀나 독수리 떼에게 뜯어먹도록 주는 것이며, 땅에 묻는 것은 개미 떼나 땅강아지가 먹도록 내어주는 것이니 이 둘이 무엇이 다르겠냐? 이것은 마치 이쪽에서 식량을 빼앗아 저쪽에 보내는 것이나 마찬가지가 아니냐?"라고 말했다.

장자에 의하면, 우리 눈앞에 펼쳐져 있는 삼라만상은 모두 도가 나타난 것뿐이다. 도 외에 만유(萬有, 만물)가 없고, 만유 외에 도가 없다. 따라서 리더란 무릇 나무로 깎은 닭처럼 실패에도 걱정하지 않고 성공해도 의기양양하지 않다.

💎 명리에 얽매이지 말라!

그의 이름을 딴 저서 〈장자(莊子)〉는 '지상에서 가장 심오하면서도 가장 재미있는 책'으로 알려졌다. 장자가 스스로 쓴 글인 내편 7편과 후학들과 추종자들이 덧칠한 외편 15편, 잡편 11편으로 총 33편, 6만 5천여 자로 이루어졌다.

도취의 망아(忘我) 상태로 도를 깨닫는 사람은 삶을 기뻐하거나 죽음을 싫어하지 않고, 작은 것을 탓하거나 성공을 과시하지도 않는다. 억지로 일을 꾸미지도 않는다. 물고기가 물속에 있을 때 아무런 저항 없이 편안하게 살아가듯이, 사람 역시 스스로 유유자적하며 산다. 장자는 비관과 낙관을 한꺼번에 융화시킨, 달관주의(達觀主義)로 경지에 도달한 진인(眞人)으로서 삶을 기뻐하거나, 죽음을 미워하지 않는다.

'나비와 장주(莊周)'의 예화는 이를 잘 드러낸다. "어느 날, 장자가 꿈을 꾸었다. 그런데 스스로 나비가 되어 이 꽃 저 꽃을 다니며 노닐다가, 자신이 장자라는 사실도 잊고 말았다. 꿈에서 깨어난 장자는 과연 장자가 꿈속에서, 자신이 나비로 변한 것을 보았는가? 아니면 나비가 꿈을 꾸면서, 장자로 변한 것인지?"

장자의 사상은 첫째, 유가의 인위적인 도덕을 비판한다. 시대와 나라에 따라 도덕과 윤리가 달라진다. 선이라 여기던 것들이 세월에 따라 박물관의 박제처럼 변하기에 도덕을 사람에게 강요하고 주입하는 것은 마치 땅에 금을 그어놓고 달리게 하는 일처럼 위험하고 답답한 일이다.

둘째, 장자는 생명 존중의 윤리를 주장한다. 백이(伯夷)는 대의명분과 자신의 명예를 위해 수양산에서 굶어 죽었고, 도척(盜跖)이란 자는 자신의 이익과 욕망을 좇아 살다가 동릉산 위에서 처형을 당했다. 이 두 사람은 비록 죽은 원인이 서로 다르지만, 목숨을 해치고 타고난 본성을 상하게 한 점에서는 같다.

셋째, 장자는 본성에 따라 사는 분수의 윤리를 주장한다. 예컨대 "물오리는 비록 다리가 짧지만, 그것을 길게 하면 도리어 괴로워하고, 학의 다리는 길지만, 그것을 잘라주면 오히려 슬퍼한다." 태어난 대로, 생긴 대로 사는 것이 행복이라는 뜻이다.

♦ 성찰과 공감: 도를 체득하여 만물제동(萬物齊同)의 경지에 서다

어느 날 장자의 아내가 죽어 혜시가 문병을 왔는데 정작 장자 자신은 물동이를 두드리며 노래를 부르고 있지 않은가? 의아해진 혜시가 그 이유를 묻자, "나의 아내는 본래 삶도 형체도 그림자조차 없다. 이제 그녀도 죽었으니, 춘하추동의 변화와 같다. 그녀는 거실 안에서 단잠을 자고 있을걸세."라고 대답했다.

가까운 곳으로 가는 사람은 세 끼의 식사 준비로도 충분하다. 백 리 길을 가는 사람은 하룻밤 곡식을 찧어 준비해야 하고, 천 리 길 가는 사람은 석 달 동안 식량을 모아야 한다. 조그만 날짐승들이 어찌 대붕의 큰 뜻을 알 수 있겠는가? 아침에 돋아나 저녁에 쓰러지는 버섯은 새벽과 심야의 경치를 모르고, 봄에 나서 여름에 죽는 매미는 겨울의 풍경을 모른다.

30. 한비, 법가를 완성하다

"군주는 나라가 작을 경우 큰 나라를 섬기고 병력이 약할 때는 강한 군대를 두려워한다. 소국은 대국이 요구하는 것을 반드시 들어주게 되며 강한 군대가 밀어붙이면 약한 군대는 반드시 굴복하게 되어 있다." – 〈한비자〉 중에서

💎 사람을 믿지 말라

한비(기원전 280~233)는 전국시대 한나라 왕족 출신으로, 서자로 태어나 대접을 받지 못했다. 젊어서 진(秦)의 이사(李斯)와 함께 순자(荀子)의 밑에서 동문수학했다. 언변이 뛰어난 이사와 대조적으로 한비자는 말을 더듬었지만, 법가뿐만 아니라 도가, 유가, 묵가 등 여러 학문을 두루 섭렵하고 법에 의한 부국강병의 논리를 정립했다.

한비는 순자에게서 사서 육경을 배웠으며, 스승인 순자의 성악설에 빠져들었다. 순자의 영향을 받아 노예제 폐지를 주장했으나 이는 당시 사회와 완벽히 반대되는 주장이었고, 자신의 주장이 받아들여지지 않을 것을 짐작한 그는 속세를 떠나 산으로 들어간다.

진시황은 그런 한비를 자신의 편으로 끌어들이고자 했다. 하지만 진시황이 한비를 중용할 것을 두려워 한 이사의 모략으로 한비는 감옥에 갇히고 49세에 자살로 삶을 끝낸다.

한비는 법가 사상을 집대성해 전부 55편, 10여만 개의 문장으로 이루어진 〈한비자〉를 저술했다. 한비 사상의 핵심은 '법술'인데 한비 이전의 법가의 논리는 '법'(민을 통제하고 억압하는 수단이자 통치의 객관성을 보장하는 기본장치)에 주안점을 두는 사람과 '술'(군주의 관료 통제술)에 주안점을 두는 사람, '세'(군주의 위세로 도덕성보다는 존엄한 위세가 권력 유지)에 주안점을 두는 3가지 학파가 있었다. 한비는 이 학파들을 모두 통합하여 자신의 법가(法家) 사상을 계통적으로 정리하여 저술했다. 즉, 국가와 군주는 사회질서와 치안을 유지하기 위해 존재하는 것이다.

♦ 법의 지상을 강조하며 우두머리는 강한 힘과 통치술을 가져야 한다

한비는 인성은 변하지 않고 이익에 대한 선호는 인간의 본능과 관련된 것이라 보았다. 인간은 본래 모두 이해타산적이며 악한 존재이기 때문에 이해관계에 따라서만 행동한다. 따라서 도덕적 규범에 따를 것이라고 기대할 수 없는 존재로 인간을 통치하기 위해서는 강력하고 단호한 체계가 필요하다고 주장한다. 이런 강력하고 단호한 체계가 바로 법과 술이다.

한비에 따르면 악하고 자신의 이익만을 고려하는 인간들이 모여서 하는 정치는 각자의 이익을 나열하기에 부자유친, 군신유의 등이 존재하지 않는다. 즉, 그의 정치철학은 인간을 비판적이고 냉소적으로 바라본다. 한비는 역사가 흐르고 시대가 변화하면서 그에 맞추어 정치 역시 변해야 한다고 생각했는데, 그의 이러한 사상은 당시 사회 개혁에 큰 바탕이 되었다.

그는 유가에서의 윤리를 부정적으로 보았고, 당시 사회 혼란을 초래한 원인으로 벼슬아치들의 타락과 상호 쟁탈을 꼽았다. 그는 군주에게 타 국가에게 굴복하지 않을 군사력, 경제력과 국내적으로 안정된 통치를 하는 힘이 필요하다고 말했다.

한비의 법사상은 3가지 특성을 갖는다. 법은 통치의 객관적 기준이며, 소수가 아닌 만인을 위한 통치 수단이고 평등성과 보편성을 가진다. 한비에게 법이 제정되어야 하는 이유는 그의 인성론과 연결된다. 즉, 인간의 인성은 악하고 인간의 도덕성을 믿을 수 없기에 법이 제정되어야 한다는 것이다. 더불어 그는 법 제정의 목적은 부국강병과 백성들의 안정된 생활이라 했다. 또한, 사회는 계속 변화하기 때문에 시대에 맞는 법이 시행되어야 한다고 주장했다.

그러면서 한비는 법은 3가지 조건을 만족시켜야 한다고 생각했다. 첫째, 법은 성문화하여 모든 백성에게 공포해야 한다. 둘째, 법은 절대 규범이며 신분의 높낮이와 관계없이 공평하게 적용되어야 한다. 마지막으로, 법은 합리적이고 절대적으로 시행되어야 한다.

💎 한비자의 나라가 망하는 10가지 징조

1. 법(法)을 소홀히 하고 음모와 계략에만 힘쓴다.
2. 선비들이 논쟁만 즐기며 대신들은 개인적인 이권만을 취한다.
3. 군주가 사치하고 대형 토목공사를 일으켜 국고를 탕진한다.
4. 군주가 여러 사람 말을 듣고 판단하지 않고, 듣기 좋은 말에만 의존한다.
5. 군주가 고집이 세고, 승부에 집착하여 제멋대로 자신이 좋아하는 일만 한다.
6. 다른 나라와의 동맹(同盟)만 믿고 이웃 적을 가볍게 생각한다.
7. 나라 안의 인재(人才)는 쓰지 않는다.
8. 군주가 뉘우침이 없고 나라가 혼란해도 자신은 재능(才能)이 많다고 여긴다.
9. 나라에 공을 세운 지사(志士)는 내쫓아 국가에 대한 공헌(公憲)은 무시한다.

10. 나라의 창고는 텅 비어 빚더미에 있는데 권세자의 창고는 가득 차고 백성들은 가난한데, 상공업에 종사하는 사람들은 이득을 얻어 반역(反逆)도가 득세한다.

♦ 성찰과 공감: 개인의 자아보다는 사회적 역할과 집단의 이익을 우선

삼류 경영자는 자신의 능력을 사용하고 이류 경영자는 다른 사람의 힘을 사용하고, 일류 경영자는 다른 사람의 지력을 사용한다.

인간의 본성은 이기주의적이며 자신의 이익을 위해 행동한다. 인간들의 이러한 본능을 인정하고 사회적 규율과 질서를 통해 통제해야 한다. 한비는 강력한 군주와 엄격한 법과 질서가 사회의 안정과 질서를 유지하는 데 필수적이라고 믿었다. 그는 사회적 변화와 예측 가능한 패턴을 분석하여 사회의 미래를 예측했다.

31. 사마천, 동양 역사학을 정립하다

"배우길 좋아하고 깊이 생각하면 마음으로 그 뜻을 알게 된다
(好學深思 心知其意)."

♦ 이로움보다는 의로움으로 관계를 더욱 돈독케 하라

사마천은 기원전 145년 한나라의 전성기 때 용문에서 태어났다. 사마천의 부친 사마담은 천문, 역법과 학문을 연구하는 직책인 태사령(太史令)이었다. 사마담은 관직으로 나가기 전인 20살 때부터 긴 시간 동안 중국을 돌아다니며 여러 사적을 탐방하고 주민들의 이야기를 전해 듣는 데 썼다고 한다.

사마천이 서른여섯 살이 되던 해 사마담은 황실의 봉선 의식에 참석하지 못하자 화병이 나서 쓰러져 자리에서 일어나지 못하게 된다. 몸이 급속도로 쇠약해져 세상을 떠나기 직전 아들 사마천에게 "천하의 역사를 기록하라."라는 유언을 남긴다. 사마천은 부친의 뒤를 이어 태사령이 되고 이후 황실과 조정의 석실 금궤의 책들을 두루 섭렵하는 한편 수많은 사료들을 수집하고 정리한다.

〈태사공서〉의 마지막 부분을 집필하던 도중, 보병 5천으로 분전하다가 흉노족 8만에게 포위당해 항복한 장군 이릉(李陵)을 변호했고 이로 인해 한무제의 노여움을 샀다. 한무제는 옥에 갇힌 사마천에게 사형을 선고했다.

이때 사마천이 택할 수 있는 길은 돈 50만 전을 내고 서민으로 풀려나기, 사형, 궁형 셋 중 하나였는데, 당시 거금이 없는지라 선친의 유지를 받들기 위해 궁형을 받고 고자가 되었다. 이후 옥중에서도 역사서를 계속 집필했으며, 훗날 무제의 신임을 되찾아 중서령의 자리까지 올랐다.

사마천은 왜 죽음보다 더한 치욕의 궁형을 당하면서도 살아남는 길을 선택했는지, 왜 끝내 〈사기〉를 남겼는지에 대한 자신의 심정을 편지 하나에 담아 후대에 남겼다. 이를 '보임안서(報任安書)'라고 한다. 사형수로서 죽음을 기다리고 있던 익주자사 출신의 친구 임안에게 보낸 이 편지는 그 처절한 문학성으로 동양 최고의 명문장으로 꼽히기에 손색이 없다. 문장은 수려하지만 대충 취지를 정리하면 한무제는 생각 없이 일을 저지르는데 도가 튼 위인이니 나중에 무고가 입증되면 명예를 회복할 수 있으므로 임안에게 일단 살아서 견디고 재기를 노리라고 조언한 것인데, 편지가 보내졌을 때는 안타깝게도 임안이 궁형을 받기를 거부했고, 한무제도 임안이 자신을 속이려 하고 불충한 마음을 가지고 있다며 처형을 지시하여 결국 사형이 집행된 뒤였다.

(전략) "죽음은 단 한 번이지만, 다만 그 죽음이 어느 때는 태산보다도 더 무겁고, 어느 때는 새털보다도 더 가볍습니다. 그것은 어떻게 죽느냐에 따라 달라집니다. 먼 옛날 주나라 서백은 제후의 신분이면서도 유리에 갇힌 몸이 되었으며, 이사는 진의 재상까지 지냈으면서도 다섯 가지 형벌을 다 받고 죽었고, 팽월, 장오는 한때 왕의 칭호까지 받았으나 갖은 문초를 받아야 했고, 강후 주발은 한나라 가문과 원수지간인 여씨 일족을 주살해 권세가 비할 데 없는 몸이면서도 취조실에 들어갔습니다. 협객으로 유명한 계포는 노예로 팔려가기까지 했습니다…"

💎 〈태사공서〉를 완성하다

죽음 대신 치욕스러운 궁형을 택한 결정을 두고, 가족들과 지인들을 제외하면 당시 사람들은 두고두고 그를 멸시했다. 그러나 그는 개의치 않고 더욱 발분해 기원전 90년경, 중국 역사서 중 가장 중요한 책으로 손꼽히는 〈태사공서〉를 완성한다. 이 〈태사공서〉가 훗날 이름이 바뀌어 전하니 그 이름이 바로 〈사기〉다. 〈사기〉는 사찬서(私撰書)임에도 불구하고 중국의 정사인 24사에 항상 포함되면서 나머지 사서를 압도하는 위엄을 뽐냈다. 〈사기〉와 〈한서〉〈삼국지〉〈후한서〉의 이른바 전사사(前四史)를 제외한 다른 정사서는 모두 관찬서(官撰書)이다.

〈태사공서〉는 편년체(編年體)로 구성된 그동안의 역사 서술 방식과 구별되는 본기(本紀)·세가(世家)·열전(列傳)·지(志)·연표(年表) 등으로 구성하는 기전체(紀傳體)를 확립하는 시발점이 되었다. 〈사기〉는 '기전체'라는 형식에 바탕을 둔 정확한 기술과 투철한 역사관으로 동양 역사 서술의 기본이 되는 책일 뿐 아니라, 행간마다 작가의 숨결이 느껴지는 문학서이자 학문의 전 분야를 아우른 백과전서이다. 이는 사마천 개인이 보여준 불세출의 통찰력과 날카로운 안목에 힘입은 바가 크다.

💎 성찰과 공감: 〈사기〉를 쓰기 위해 치욕을 감당하다

사마천은 역사서 〈사기〉를 완성함으로써 자신의 명예를 되찾았다. 혼자 약 14년 동안, 이 역대급 역사서를 집필하면서 평범한 사람들의 삶을 포함한 역사의 다양한 측면을 기록하고자 했다. 그의 역사서는 단순히 사건을 기록하는 것을 넘어서 인간의 삶과 가치를 전하는 철학적인 작품이었다. 〈사기〉를 쓰면서 많은 어려움을 겪었으나 그는 열정과 헌신을 죽음보다 더 중요하게 여겼다.

32. 예수, 인류의 구원자

"내가 사람의 방언과 천사의 말을 할지라도 사랑이 없으면 소리 나는 구리와 울리는 꽹과리가 되고 내가 예언하는 능력이 있어 모든 비밀과 모든 지식을 알고 또 산을 옮길 만한 모든 믿음이 있을지라도 사랑이 없으면 내가 아무것도 아니요…. 사랑은 오래 참고 사랑은 온유하며 시기하지 아니하며 사랑은 자랑하지 아니하며 교만하지 아니하며 사랑은 자랑하지 아니하며 교만하지 아니하며… 모든 것을 참으며 모든 것을 믿으며 모든 것을 바라며 모든 것을 견디느니라."
- 〈고린도 전서〉 13장 1절~7절에서

◈ 예수의 신성과 인성

예수 그리스도는 동정녀 마리아에서 기원전 7년에서 2년 사이에 탄생했다. 가족으로는 어머니인 마리아와 목수인 아버지 요셉, 형제 야고보, 요셉, 유다, 시몬 등이 있다.

예수는 말씀을 통해 모든 것이 하나님의 나라를 선포하고 백성이 회개하라고 가르쳤다. 당시 로마의 지배 아래 있었던 유대인은 절망이 깊어져, '신의 나라'를 실현할 메시아를 강렬히 요구하고 있었다. 반면 유대의 지배계급이었던 사두개파와 종교 지도자 계급인 바리새파는 로마의 지배에 협력하여 민중의 고뇌에 응할 수가 없었다. 따라서 종말관과 메시아 사상을 기다리던 갈릴리 지방의 열심당과 사마리아인 등 하층민들은 예수의 운동에 합류했다.

그러나 예수는 "내가 세상에 화평을 주러 온 줄로 생각지 말라. 화평이 아니라 검(劍)을 주러 왔노라."(마태복음 10:34)라고 했다. 또한, 병든 자를 치유하고, 죽은 자를 소생시키며 많은 기적을 전했다. 사람들은 "가난한 자는 복이 있나니, 천국이 너희 것이니라."(누가복음 6:20)라는 예수의 가르침을 따르고 예수를 메시아로 믿었다.

예수의 운동이 반로마적 성격을 띤 민중의 메시아 운동이라는 것을 우려한 로마와 유대 지배층은 예수를 체포하여 십자가형에 처한다. 예수는 사후에 부활하여 바울(Paul)에 의해 유대교와는 다른 기독교로 성립했다.

예수는 세례자 요한에게서 세례를 받은 뒤에 홀로 광야로 들어가 40일 동안 금식한 뒤 높은 곳에 올라가 마귀에게서 세 가지의 유혹을 받았다고 전해진다. 첫 번째 시험은 돌들을 빵으로 만드는 것이었는데, 이에 대하여 예수는 "사람이 빵으로만 사는 것이 아니라 하느님의 입에서 나오는 모든 말씀으로 산다."라는 성경 말씀으로 대적했다.

두 번째 시험은 예수를 예루살렘 성전 꼭대기에서 뛰어내리게 유혹하는 것이었다. 예수는 "주님이신 너의 하느님을 떠보지 말라."라는 말로 사탄의 유혹을 꺾었다. 세 번째 시험은 천하만국을 보여주며 "내 앞에 절하면 이 모든 것들을 네게 주겠다."라는 것이었는데, 예수는 "주님이신 너희 하느님을 경배하고 그분만을 섬기라."는 성경 구절을 들며 이를 거절했다. 신약성경 학자들은 이를 고난의 그리스도가 아닌 영광의 그리스도의 길을 가라는 유혹으로 해석한다.

◆ 사랑으로 서구 문명권의 근간을 이루다

예수는 전 세계 인류 역사와 사상에 가장 큰 영향을 끼친 인물로 모든 문화권에 미친 영향은 거대하다. 특히 서구 문명권에서는 그 근간을 이룬다고 보아도 과언이 아닐 정도다. 전 세계 인구의 약 3분의 1이 예수를 따르는 그리스도교인들이다. 당대 강대국이었던 로마 제국이 4세기부터 그리스도교를 국교로 지정한 이래로 유럽은 그리스도교 국가로서 문화, 언

어, 미술, 음악, 문학, 이념, 사상, 정치 등에도 예수와 성경의 영향을 많이 받았다.

기독교 성서(聖書, Bible)는 구약성경 39권과 예수 제자 베드로와 마태, 마가, 누가, 요한, 바울 등이 저술한 신약성경 27권이다. 성경은 '신의 영감으로 된 신의 약속' 또는 '신과 인간의 관계'를 기록한 책이다. 구약성경은 네 부분으로 구분한다.

첫째, 모세오경이다. 히브리 성경에서는 토라라고 하며, 모세가 직접 받은 계시로 작성했다고 전해진다. 둘째, 역사서는 이스라엘 민족이 가나안을 정벌하는 것에서 바빌론 유수 사이의 기간을 다룬다. 셋째, 지혜문학은 시의 형식으로 쓰였는데, 선함과 악함이란 무엇인지에 대한 가르침을 담는다. 넷째, 예언서는 하나님의 길에서 벗어난 것에 대해 받을 결과에 대해 예언한다. 반면 천주교에서는 구약성경을 46권, 동방정교회는 50권으로 정했다.

구약을 한마디로 요약하면 다음과 같다.

"이스라엘아, 들으라. 우리 하나님, 여호와는 오직 하나이시니, 너는 마음을
다하고 목숨을 다하여 네 하나님 여호와를 사랑하라. 네 하나님 여호와의 모든
계명과 그의 법과 내가 오늘 네게 명하는 말씀을 항상 기억하라."
— 〈신명기〉(6장 4절~5절)

신약성경은 코이네 그리스어로 쓰였고, 397년 카르타고 공의회에서 결정했다. 예수 이후 예수의 삶과 가르침을 해석한 복음서들인 〈마태복음〉에서 〈요한복음〉까지 4권, 예수의 하나님 나라 운동을 계승한 사도들의 이야기를 기록한 〈사도행전〉 1권, 바울이 목회와 관련된 질문에 답을 주기 위해 교회에 보낸 목회 편지(로마서에서 빌레몬서까지) 13통, 또 바울 이외의 편지(히브리서로부터 유다서까지) 8통과 요한이 기록한 예언서인 〈요한계시록〉 1권으로 되어 있다.

💎 성찰과 공감: 믿음, 소망, 사랑 그중에 제일은 사랑이라

1. 계명의 근본: 하나님을 사랑하고, 이웃을 자신과 같이 사랑하라.
2. 용서와 관용: 다른 이들에게 용서를 베풀고, 자신도 용서받기 위해 용서하라.
3. 자기부인: 예수님은 자신을 위해 제물이 되고, 일상적인 삶에서도 하나님의 뜻을 이행하라고 삶에 헌신하라.
4. 신앙과 기도: 하나님을 믿음으로 부르고, 끊임없이 기도하여 하나님과 교류하라.
5. 영적 권위와 교리: 예수님은 자신이 하나님의 아들이다.

이러한 가르침들은 예수의 생애를 통해, 그의 사도들에 의해 전파되고 있다.

33. 아우구스티누스, 신의 나라를 꿈꾸다

"사람들은 높은 산과 바다의 거센 파도와 넓게 흐르는 강과 별들을 보며 놀라지만, 스스로에 대해서는 깊이 생각하지 않는다."

💎 방탕한 생활에서 회심하여 신앙을 이성보다 앞세우다

아우구스티누스(354~430)는 북아프리카 타가스테에서 태어났다. 아버지 파트리키우스는 이교도의 하급 관리였고 어머니인 모니카는 열성적인 그리스도교도였다. 어머니를 통해 신의 섭리를 배우고 익혔다.

그는 법률 공부를 위해 카르타고로 유학했는데 방탕한 생활을 했다. 하지만 그는 수사학 등을 공부하여, 당시로서는 최고의 교육을 받았다. 이어서 이탈리아로 유학을 떠나지만 방탕한 습관을 버리지 못하고 이 생활에서 벗어나기 위해 마니교에 들어가려고 했다. 그러나 스승 암브로시우스 주교에게 영적 세계와 우월성을 강조하는 신플라톤주의 사상을 전수받고 기독교로 개종한다.

그가 32세 되던 386년, 세례를 받고 고향으로 돌아와 신학과 철학에 정진하며 수도원을 세운다. 395년에는 히포의 주교가 된다. 죽기까지 500여 권의 저술과 200여 통의 편지를 남겼다. 그의 저서로 〈고백록〉〈삼위일체론〉〈신국론〉 등이 널리 알려졌다.

💎 사랑과 정의의 공동체를 만들다

그는 세계가 신의 이데아에 따라 그 의지에 의해 창조된 것이고, 원죄를 짊어진 인간은 악을 행하는 자유를 가질 뿐이며, 구원은 오로지 신의 은총에 의해 가능하고, 이 구원의 대상이 누가 되는가는 신의 영원한 예정에 의한 것이며(예정설) 교회가 이 은총을 매개한다고 주장했다.

〈신국론〉(413~426)에서 국가는 시민의 것이며, 시민의 안녕과 복지야말로 공화국의 본령이라고 말한다. 공화국은 사랑에 대한 합의에 따라 구성된 이성적인 존재들의 사회로서, 법에 관한 공통된 인식과 이해관계에 의해 연합된 결사체를 의미한다. 따라서 공화국에서 법은 반드시 정의와 평화를 전제한다.

'교회 외에 구원은 없다'라는 그의 신앙과 사상을 역사철학의 형태로 전개한 것이 만년의 저작인 〈신국론〉인데, 그는 여기에서 인간의 존재를 지상적인 측면과 천상적인 측면 양쪽에서 파악하고, 역사를 인간에 대한 신의 구원 계획의 실현 과정으로 보면서, 교회라는 보편적인 인간공동체의 확립을 통하여 영원한 기독교 공화국인 '신의 나라'가 최종적으로 실현된다고 주장했다. 그의 시대인 노예제의 붕괴와 게르만족의 침입에 의해 몰락하고 있던 로마 제국에 있어 이교도가 횡행하는 황폐한 현실이 '땅의 나라'였던 것이다.

그는 중세의 새로운 문화를 탄생하게 한 선구자였다. 그의 사상은 단순한 이론을 위한 이론이 아니라, 참된 행복을 찾고자 하는 활기찬 탐구를 위한 것으로써, 그가 살아온 생애에서 그것을 떼어놓을 수는 없다.

♦ 성찰과 공감: 이성보다는 믿음에 의해 신의 은총을 받을 수 있다

"주여, 당신께서는 나를 당신에게로 향하도록 만드셨나이다. 내 영혼은 당신 품에서 휴식을 취할 때까지 편안하지 못할 것입니다." – 〈고백론〉

태초에 피조물은 시간과 함께 운동을 시작했다. 인간은 회개와 구원이 필요하다. 아우구스티누스는 신앙과 이성의 조화를 강조했는데, 신앙을 통해 하나님의 뜻을 이해하고, 동시에 이성을 통해 믿음을 깊게 한다.

아우구스티누스 신학은 객관적 신앙의 관점에서 벗어나 개인의 주관성에서 신앙을 확인했다. 시간을 하나님의 피조물로 보고, 인간적 시간과 객관적 시간으로 나눈다. 하나님은 영원한 현재로 인간은 주체적 의지로 하나님을 닮고 향하는 의도와 의지가 있다.

34. 루터, 종교를 개혁하다

"나는 어떤 것도 철회할 수 없고 철회하지도 않겠습니다.
양심을 거슬러 행하는 것은 옳지도 않고 안전하지도 않기 때문입니다."

◆ 면죄부 판매에 '95개조 논제'로 대항하다

마르틴 루터(1483~1546)는 독일 아이슬레벤에서 태어났다. 그의 아버지는 엄격한 가톨릭 신앙의 소유자였고 자식 교육에도 관심을 가졌다. 광부로 일하다가 광산업을 경영하게 된, 성공한 시민계급이었다. 루터는 평민 집안 태생이지만 집안의 경제력을 바탕으로 수준 높은 교육을 받을 수 있었다.

도보여행 중 함께 가던 친구가 낙뢰(落雷)를 만나 죽은 것을 계기로, 아버지의 만류를 뿌리치고 학업을 중단하고 에르푸르트의 아우구스티누스 수도회에 들어갔다. 계율에 따라 수도 생활을 하며 1507년 사제(司祭)가 되고, 오컴주의 신학교육을 받아 수도회와 대학에서 중책을 맡게 되었다.

1511년 비텐베르크대학교로 옮기고 루터는 면죄부의 위험성을 지적했다. 1517년 2월 설교에서도 대중들에게 면죄부에 대해 비판했지만, 이때는 별 반응이 없었다. 4월부터 작센 근처에서 면죄부가 팔리자, 본격적인 아우구스티노회 수사들과 동료 신학 교수들에게 자신의 입장을 밝히고 지지를 얻어냈다. 9월에는 97개조의 〈스콜라 신학에 대한 논박〉을 저술하여 자신의 주장에 대한 이론적인 근거도 제시했다.

1517년 10월 31일, 비텐베르크 성 앞에 있는 '모든 성인 성당'의 문에 95개조 반박문을 내걸었다. 당시 교회의 문은 일종의 게시판 역할도 했다. 이것이 큰 파문을 일으켜 마침내 종교개혁의 발단이 되었다. 그는 교황으로부터 파문칙령(破門勅令)을 받았으나 불태워 버렸다.

제국에서 추방되는 처분을 받고, 9개월 동안 작센 선제후(選帝侯)의 비호 신약성서의 독일어 번역을 완성했다. 만년에 이르기까지 가톨릭교회와 종교개혁 좌파 사이에서 이들과 논쟁·대결하면서, 성서 강의·설교·저작·성서번역 등에 헌신했고 병을 얻어 조용히 죽었다.

♦ 신교(프로테스탄트)의 창시자

루터는 독일 표준어의 완성에 획기적인 공적을 남겼다. 로마 교황의 면죄부를 계기로 얼마 후 95개조 조문을 발표, 교회의 쇄신을 주장하고 1520년 파문되었다. 후에 신교 교회를 만들어 지도자가 되었다. 이 종교운동의 추진을 위하여 이해하기 쉬운 〈성서〉를 만들 계획을 하게 되었고, 통일적인 표준어(신고지 독일어)의 기본을 만들어 내어 그것을 사용하여 번역을 완성했다. 민중도 문필가도 모두 이것을 모범으로 했기 때문에 이 〈성서〉와 그 독일어와는 광범위하게 보급되어 독일 정신을 위하여 근대적 사고와 운율의 발단을 개척했다.

루터는 신학의 근거를 예수 그리스도를 통한 신의 철저한 은혜와 사랑에 두고, 인간은 이에 신앙으로써 응답하여야 한다고 강조했다. 인간은 태어나면서 하나님께 반항하고 자기를 추구하는 죄인이지만, 그리스도로 말미암아 죄를 용서받고 '자유로운 군주'이면서 '섬기는 종'이 되는 것이며 신앙의 응답을 통하여 자유로운 봉사, 이 세계와의 관계가 생겨나는 것이라고 주장했다. 모든 직업을 신의 소명(召命)에 의한 것이라고 설명했다.

더욱이 이러한 견해는 성서에만 그 바탕을 두어야 한다고 주장하고 또 실천한 것도 중요한데, 1525년 카타리나와 결혼한 것도 이런 실천 중 하나로 꼽을 수 있다. 당시의 정치적·사회적 정세 속에서 이러한 신앙적 주장을 관철했다는 것은 주목할 만한 사실인데, 칼뱅이나 다른 종교개혁자와 함께 종교개혁을 르네상스와 함께 근세로 가는 전환점으로 만들었다.

◆ 성찰과 공감: 내 주는 강한 성이요

루터는 '청빈, 정결, 순명'이라는 전통적인 수도 생활에 전력했다. 오히려 규율을 너무 철저히 지켜서 문제가 되었다. 철저하고 엄격하기 그지없는 수도 생활을 하면서도 "이 정도론 구원받기에 부족한 게 아닌가?" 하는 고민에 빠졌고, 근심과 걱정이 계속되었다. 사흘 동안 빵 부스러기도 먹지 않는 금식기도를 하거나, 일주일 동안 밤잠을 안 자고 철야기도로 밤을 지새울 정도였다.

중세의 신앙공동체에 대한 불만이 커지고, 흑사병의 공포를 겪은 유럽인들은 그토록 많은 인간이 죽도록 허용한 신을 이해할 수 없어 종교적 환멸을 느꼈다. 이때 전통적인 기독교 교리에 도전하는 르네상스 정신과 로마 가톨릭교회의 부패와 금품매수가 성행한 것에 루터는 이단이라는 비난과 죽음을 무릅쓰고 로마교황청에 반기를 든 것이다.

35. 노스트라다무스, 미래를 예견하다

"2024년은 메마른 땅은 더 메말라가고 큰 홍수가 일어날 것"
"전염병이 창궐해 매우 심각한 기근이 닥칠 것"
— 노스트라다무스가 1555년에 쓴 예언집

💎 의사이자 예언가

노스트라다무스(1503~1566)의 조상은 원래 유대인이었으나 할아버지 때 가톨릭으로 개종한 상인 집안에서 태어났다. 영민한 그는 상업 대신 학문의 길을 택해 15세 때 아비뇽 대학에 입학했으나, 2년 뒤인 1520년에 흑사병이 돌아 대학이 휴교하자 8년간 프랑스 전역을 방랑하며 견문을 넓히고 학문을 다듬었다. 이때 약재에 대한 지식을 배워 약종상으로 일하기도 했다.

이후 1529년에 당대의 명문 몽펠리에 대학 의대에 입학했지만 얼마 못 가서 교수들과 반목하다 과거 약종상으로 일한 전적이 발각되어 퇴학당한다. 그 뒤 당대의 명의 스칼리제 밑에서 수련을 했다. 아내와 자식들이 흑사병에 걸려 사망하는 비극을 겪고, 약 10년간의 행적이 묘연해졌다. 이 기간에 신비주의나 점성술 같은 오컬트에 정진했다고 묘사된다.

1546년 흑사병이 퍼졌을 때 새로운 치료법으로 흑사병을 치료하는 데 공헌했고, 다음 해에 있을 일들을 예언하는 달력(토정비결 비슷한 달력)을 발간하기 시작했고, 이게 잘 맞는다고 하여 예언가로서 명성을 쌓기 시작했다. 인쇄술의 보급, 당시 지식인들 사이의 오컬트 열풍 등을 타고 프랑스 전체로 퍼져나가게 된다. 오컬트 신봉자인 앙리 2세의 왕비의 아들들이 모두 프랑스 왕이 되지만 모두 요절한다는 예언이 들어맞으며 더욱 유명해졌다. 말년에는 통풍과 류머티즘으로 고생했으나, 그럭저럭 풍족한 노후를 보냈다.

♦ 의사로서 위생법을 실시

그의 예언은 매우 애매모호하게 작성되어 있어 해석이 여러 가지로 가능하며, 그 결과로 많은 사람 사이에서 토론 대상이 된다.

하지만 그는 의사로서 당시 시대를 꽤 앞서 나간 모습을 보였다. 그가 도입한 새로운 치료법으로는 거리에 널브러진 시체 전부 수습해 매장하기, 한 번 쓴 붕대는 재활용하지 않고 더러워진 붕대는 전부 태워 버리기, 도랑에 술이나 뜨거운 물을 뿌려 쥐가 다니지 못하게 하기, 죽은 환자가 사용했던 시트나 옷은 전부 불태우기, 물은 무조건 끓여서 마시고 신선한 공기 마시기 등이 있다. '위생'이라는 개념을 처음 도입한 셈이다.

사악한 마법사로 몰려 종교재판에 회부되기도 했던 그가 63세를 일기로 살롱의 자택에서 사망하자 그의 아내는 이런 비문을 지었다. "여기 그 유명한 미셸 노트르담의 유해가 묻혀 있다. 모든 인간의 펜 중에서 오직 그의 성스러운 펜만이 미래에 이루어질 전 세계의 사건들을 기록하는 영광을 가질 수 있었다."

♦ 성찰과 공감: 예언은 미래에 대한 경고

그의 예언집에는 "전투와 해전이 일어날 것"이라고 예측하면서 "붉은 적군이 두려움에 창백해진다. 대양을 공포에 떨게 할 것"이라는 내용도 있다. 여기서 붉은 적군이란 지금 대만해협에서 군사적 도발을 일삼고 있는 중국이라는 해석이 나오면서 올해 중국의 대만 침공이 현실화하는 것이 아니냐는 우려가 제기되고 있다.

36. 정약용, 백성을 위한 세상

"겸손은 사람을 머물게 하고, 칭찬은 사람을 가깝게 하고,
넓음은 사람을 따르게 하고, 깊음은 사람을 감동케 한다."

◆ 실학에 눈을 뜨다

다산 정약용(1762~1836)은 현재의 남양주시 조안면 능내리에서 태어났다. 정약용이 태어난 두물머리는 남한강과 북한강이 만나는 지점이다. 부친 정재원은 첫 부인 의령 남씨와 사이에 큰아들 약현을 낳고, 둘째 부인에서 약전, 약종, 약용 3형제와 딸 한 명을 낳았다.

정약용이 태어난 해에는 영조의 노여움을 산 사도세자가 뒤주 속에 갇혀 죽는 일이 벌어졌다. 부친 정재원은 벼슬을 내려놓고 낙향했고 그해 6월에 태어난 정약용의 아호를 귀농(歸農)이라 지었다. 벼슬을 탐하여 당쟁에 휘말리지 말고, 농촌에 귀의하라는 의미를 담은 것이었다.

다산은 나이 57세에 행정책임자들이 백성들을 다스리는 데 지침으로 삼을 만한 내용의 〈목민심서〉를 저술했다. 리더의 자질과 일을 처리할 때 관리들이 명심해야 할 일들을 정리했다. 1811년 황사영 백서사건으로 강진으로 유배되어 18년 동안 귀양살이를 했는데 그곳에서 경서를 연구하여 학문을 익혔다.

다산은 〈목민심서〉를 비롯하여 〈경세유표〉 등 수많은 실용적인 책도 집필했다. 〈마과회통〉이라는 의학서를 지어 관내에 창궐한 홍역을 물리치고자 했으며, 〈악서고존〉이라는 악서를 통해 음악 이론의 재정립을 시도했다. 〈흠흠신서〉는 범죄의 양상과 법률 적용을 적시한 실무적 형법서였다. '종두

법'으로 치정(治政)의 혁신을 주도하기도 했다.

〈목민심서〉는 모두 12편으로 구성되었고, 각 편은 6조로 나누었다. 이 책의 서문에서 "오늘날 백성을 다스리는 자들은 오직 거두어들이는 데만 급급하고 백성을 부양할 바는 알지 못한다. 이 때문에 하민(下民)들은 여위고 곤궁하고 병까지 들어 진구렁 속에 줄을 이어 그득한데도, 그들을 다스리는 자는 바야흐로 고운 옷과 맛있는 음식에 자기만 살찌고 있으니 슬프지 아니한가!"라고 개탄했다.

◆ 목민사상과 거중기, 활차 등 기술 발명

목민(牧民)은 백성을 기른다는 뜻이다. 목민관은 백성을 다스리는 관리로 고을의 원이나 수령 등의 문관을 지칭한다. 〈목민심서〉의 교훈은 다음과 같다.

첫째, 지방관은 백성과 가장 가까운 직책이며 그 임무가 중요하므로 덕행, 신망, 위신이 있는 적임자를 임명해야 한다. 둘째, 청렴과 절검을 생활신조로 명예와 부(富)를 탐내지 말고, 뇌물을 받지 말아야 한다. 셋째, 백성에 대한 봉사 정신을 바탕으로 국가의 정령을 두루 알리고, 민의를 상부에 잘 전달하며 백성을 사랑하는 애휼(愛恤) 정치에 힘써야 한다. 넷째, 리더는 침묵을 지키며 난폭하게 골을 내는 것은 삼가야 한다. 옛날부터 말을 함부로 하여 화를 재촉한 일이 많았다. 다섯째, 높은 자리를 탐하기 전에 절약하는 삶이 중요하다. 자신의 것을 먼저 베풀지 않으면 따르는 사람이 없다.

목민심서의 결론은 "군자의 학(學)은 수신(修身)이 그 반이요, 나머지 반은 목민(牧民)"이다. 경험과 책을 통해서 배우고 배운 만큼 이해하고 실천하는 진리를 가르친다.

다산의 생각은 당시 주자학을 절대시하여 이기설·예론 등의 논쟁에만 골몰하던 학계의 현실을 개탄하고, 보다 참되고 가치 있는 경세치용의 실학을 건설하길 바랐다. 유학의 본질을 파헤쳐 왜곡되고, 날조된 이론을 바로잡으려고 했다.

💎 성찰과 공감: 애민정신이 투철한 지식인

실학사상을 정립하고 유학자로서 평생토록 수신과 경세를 위해 온 힘을 다했을 뿐만 아니라 경제가, 과학자로서 대가의 면모를 드러냈다. 그는 무려 500여 권에 달하는 저서를 남겼고, 그 내용도 철학, 문학, 정치, 경제, 법률, 지리, 역사, 의학, 과학 등으로 매우 다양하다. 그는 변혁을 꿈꾼 사상가이자 애민정신이 투철한 지식인의 사표다.

37. 마르크스, 역사의 발전 동력

"모든 혁명은 낡은 사회를 해체시킨다. 그런 한에서 혁명은 사회적이다.
모든 혁명은 낡은 권력을 전복시킨다. 그런 한에서 혁명은 정치적이다."

◆ 세계 질서를 격변시킨 자본론

카를 마르크스(1818~1883)는 프로이센에서 태어났다. 아버지는 유대인 집안 출신으로 당시 유대인 차별 경향 때문에 마르크스가 태어나기 전에 루터교회로 개종한 변호사였으며 자유주의 성향을 가지고 있었다. 아버지가 17~18세기 프랑스의 계몽주의 사상(장 자크 루소, 볼테르)에 관심이 있어서 그 영향도 크게 받았다.

1830년 트리에에 위치한 김나지움에 입학했으며 라틴어, 그리스어, 작문, 수학 등에서 출중한 재능을 보였다. 자유주의 성향의 스승들을 만나면서 봉건주의와 전제정에 대한 반감을 키워나갔다. 사회개혁의 의지가 있어 1835년 졸업 논문 〈직업 선택에 대한 한 젊은이의 고찰〉에서 "인류를 위해 기여할 수 있는 가능성이 가장 큰 직업을 선택해야 한다."라고 기술했다. 마르크스는 베를린에서 법학, 역사와 철학 공부를 했고 예나 대학교에서 박사학위를 받았다.

당시는 산업혁명 직후로 수입이라고는 가끔 신문에 쓰는 기사 원고료가 고작이었고 옷을 전당포에 잡혀 외출 못 하는 일이 흔했다. 더 괴로운 것은 종이가 없어 저술 작업을 할 수 없었다. 그의 병든 아이들 세 명은 약값이 없어 차례로 죽어갔는데 막내딸 프란체스카가 죽었을 때는 2파운드가 없어 관도 못 사고 울어야만 했다. 그토록 처절한 빈곤 속에서 그가 얼마나 가진

자와 사회의 불평등을 저주했다.

마르크스의 역사 발전 단계는 원시공산제, 고대 노예제, 중세 봉건제, 자본주의, 공산주의 사회로 나뉜다. 공동으로 생산하고 똑같이 분배하는 평등한 세상, 공산주의 사회는 실질적으로 달성되기 어려운 사회다. 사유재산이 없으면 개인은 열심히 일하지 않고, 역사의 발전에서 계급 간의 갈등은 필연적이다.

그의 대표 저서 〈자본론〉에 예언한 노동자의 천국, 모두가 평등한 공산주의는 끝내 구현되지 못했고, 70년에 걸친 공산주의의 실험은 완전한 실패로 끝났다. 영국의 철학자 칼 포퍼(K.Popper)는 "젊어서 마르크스주의자가 되어보지 않은 자는 바보요, 나이 들어서도 마르크스주의자로 남아 있는 자는 더 바보다."라고 말했다.

◆ 전 세계의 프롤레타리아여, 단결하라!

실제로 마르크스가 살았던 시대의 노동자들은 처참했다. 당시 영국의 노동자들은 12~16시간씩 일을 해야 했고 심지어는 여섯 살이 되지 않은 어린 아이들조차 탄광에서 10시간 일을 해야만 했다. 런던 노동자들의 평균수명은 20대 초반으로 유산계급이 합법적인 방법으로 착취하기에, 인간이 자유를 얻기 위해서는 노동해방만이 유일한 방법이라 생각했다.

이런 배경에서 쓰인 〈공산당 선언〉은 크게 4장으로 구성되어 있다. 계급투쟁의 관점에서 역사를 되돌아보고, 부르주아와 프롤레타리아 두 계급의 등장과 충돌 그리고 변화를 살폈다. 현대의 국가 권력은 부르주아 계급의 배타적인 정치적 지배권일 뿐으로 규정한다. 부르주아 지배는 사회 유지 명목 등으로 과잉생산을 일삼아 주기적인 공황이 발생하며, 피지배층인 노동자는 생계를 유지하기 위해 노동력을 팔아야 한다.

마르크스는 〈공산당 선언〉을 다음과 같은 결연한 표현으로 마무리한다.

"프롤레타리아들은 공산주의 혁명에서 자신들이 묶고 있는 족쇄 외에는 잃을 게 없다. 그들에게 얻어야 할 세계는 만국의 노동자여 단결하라."

◈ 성찰과 공감: 사람을 학살하는 역사의 아이러니

마르크스 사상은 사회혁명의 본질적 원리로 그의 사상에 자극을 받아 레닌의 러시아 혁명과 사회주의 국가들의 등장으로 세계 3분의 1이 공산주의 깃발로 펄럭였다.

그러나 마르크스주의는 국제적 정통성을 상실했으며, 소비에트 모델의 몰락으로 빠르게 퇴조했다. 지상낙원을 만들겠다는 사상이 거꾸로 수많은 사람을 학살하는 명분이 되었으니, 역사의 아이러니다. 프랑스 지식인 레몽 아롱(Raymond Aron)은 마르크스주의를 '지식인의 아편'이라고 꼬집었다. 깨어 있는 자본주의, 경제적 자유주의가 꽃 피우길 기대한다.

38. 간디, 비폭력 불복종 투쟁의 원조

"나는 폭력을 반대한다. 왜냐하면 폭력이 선을 행한 듯 보일 때, 그 선은 일시적일 뿐이고, 그것이 행하는 악은 영원하기 때문이다."

◆ '아힘사(살아 있는 모든 것의 불살생)'

간디(1869~1948)는 상인 출신 계급(바이샤) 집안에서 태어났다. 조혼풍습에 따라 13세에 결혼하여, 16세에 아이를 낳았으나 4일 만에 죽었고 그해 아버지도 치루염으로 사망했다. 훗날 간디는 어린 시절 결혼 생활에 죄책감을 느꼈고 인도의 조혼풍습을 강도 높게 비판했다.

18살 때 사말다스 대학을 중퇴하고 영국 유학을 떠났다. 1891년 변호사 면허를 취득하고 남아프리카 뭄바이에서 변호사로 개업했다. 1893년 남아프리카 연방의 더반에서 인종차별 반대 투쟁단체를 조직 지도자로 활동했다. 1906년에는 트란스발 주에서 '아시아인 등록법'에 반대하는 운동을 벌였고, 1915년 인도로 돌아와 변호사로 개업하지만, 변호사로서 자질이 부족하여 자립에 실패했다.

그 후 간디는 1차대전에서 영국이 인도를 독립시켜준다는 약속을 지켜주지 않은 것에 저항하는 사티아그라하(Satyagraha, 진리를 위하여) 운동을 전개한다. 이를 위해 인도 여러 곳을 두루 순회했고 수방(手紡, charkha) 운동을 장려한다.

1919년 인도국민회의파의 연차대회에서는 영국에 대한 비협력운동 방침을 실시한다. 납세 거부·취업 거부·상품 불매 등 비폭력 저항이다. 이듬해에 반영·비협력 운동으로 성공했으나, 인도 각지에서 유혈사태가 일어나자, 1922년 간디의 호소로 운동은 잠시 중지되었다. 1929년 '소금세' 신설에 반대하는 소금 투쟁 행진을 지휘하다가 구금되기도 한다.

인도국민회의파의 수장으로 인도의 완전 독립을 선언하고 대대적인 반영운동을 벌인다. 아쉬람이란 곳에서 70명의 동지를 이끌고 출발하여 24일 동안 390km를 행진한다. 행진이 끝날 때에는 함께하는 사람이 6만 명으로 불어났다. 결국 그는 투옥되지만, 부당한 소금세는 철폐된다.

1946년 인도는 분할된 채로 독립되었고, 간디는 78세의 고령 나이에도 불구하고 싸움이 가장 격화된 벵골에서 힌두·이슬람의 융화를 위한 활동을 계속하다가 1948년 반이슬람 극우파인 청년의 흉탄에 맞아 사망했다.

♦ 폭력으로 얻은 일시적인 승리는 결국 패배다

간디는 객관적 관념론자로서 신과 진리를 동일시하고, 도덕적 자기 개선을 통한 진리를 추구했다. '불상해(不傷害)' '극기' '금욕' 등이 주장하는 도덕의 원리다. 제국주의자에 대한 비폭력 불복종 운동과 민족자본의 입장에서 농민 쟁의·노동 쟁의를 지도하고 인도 민족을 대중투쟁으로 결집해 인도가 독립할 수 있는 기반을 만들어냈다. 이런 무저항운동의 근저에는 톨스토이의 비폭력 사상을 이어받았기 때문이다. 간디의 비폭력 정신은 식민주의에 대한 혁명, 인종주의에 대한 혁명, 폭력에 대한 혁명 세 가지 혁명과업이다.

인도 수도 뉴델리의 간디 추모 공원기념석에는 '사회를 병들게 하는 일곱 가지 악덕(Seven Blunders of the world)'이 새겨져 있다.

"나는 가난한 탁발승(托鉢僧)이오. 내가 가진 거라고는 물레와 교도소에서 쓰던 밥그릇과 염소젖 한 깡통, 허름한 요포(腰布) 여섯 장, 수건, 그리고 대단치도 않은 평판(評判) 이것뿐이오. 사회를 병들게 하는 7가지 악덕을 열거한다. 첫째, 철학 없는 정치, 둘째, 도덕 없는 경제, 셋째, 노동 없는 부(富), 넷째, 인격 없는 지식, 다섯째, 인간성 없는 과학, 여섯째, 윤리 없는 쾌락, 마지막 일곱째, 헌신 없는 종교다."

◆ 성찰과 공감: 비폭력 저항운동, 자아희생과 자기 규율

간디는 인도의 독립과 평등 자유를 위해 끊임없이 투쟁했다. 당시 글도 모르고, 다민족 다종교로 갈가리 찢겨 있던 대중의 존엄과 역사를 바꾼 것이다. 간디는 물레를 돌리면서 영국 물품 배척 운동에 동참했다. 간디의 말 한 마디에 국민 전체가 통일된 행동을 보여 영국 식민 당국을 경악과 충격 속에 빠지게 했다.

간디의 비폭력적 저항과 사회적 책임감, 인간적 가치 존중 등은 인류의 마음에 기억된다. 정치나 종교는 타인을 위한 헌신과 희생, 배려와 봉사에 존재가치가 있다. 자기 행복만을 좇는 무분별한 쾌락은 타인에게 혐오와 수치를 준다.

39. 토인비, 새로운 역사학의 길을 열다

"좀 더 야심찬 목표를 향해 나아가는 것이라는 것은 역설적이지만 정말로 참되고 중요한 인생의 원칙이다."

❖ 독자적인 문명사관(文明史觀) 제시

아널드 토인비(1889~1975)는 런던에서 출생했다. 옥스퍼드대학에서 고전 고대사를 전공하고 왕립 국제 문제 연구소 연구부장, 런던대학 국제사 연구 교수, 외무성 조사부장을 역임하고 런던대학 명예교수가 되었다. 터키 독립 전쟁 당시 〈가디언〉지의 특파원으로 파견되었다. 전쟁이 끝난 뒤 그리스 정부를 비난하여 그리스인들의 반발을 샀다. 결국 1924년에 런던대학의 교수직에서 사임해야 했다.

그리스 이후 쇠퇴했던 역사의 반복성에 새로운 개념을 도입하여 고대와 현대 사이에 철학적 동시대성(同時代性)을 발견했다. 역사의 기초를 '문명'에 두고 문명 그 자체를 하나의 유기체로 포착하고 그 생멸에 일정한 규칙성, 즉 발생·성장·해체의 과정을 주기적으로 되풀이한다고 주장했다.

한편, 문명의 추진력을 고차문명(高次文明)의 저차문명(低次文明)에 대한 '도전'과 '대응'의 상호작용이라고 보았다. 이밖에 '내적·외적 프롤레타리아트' '세계교회' 등 특수한 용어를 사용하며 19세기 이후의 전통 사학에 정면으로 도전했고 새로운 역사학의 길을 개척했다.

❖ 역사의 연구 및 역사 순환설

〈역사의 연구〉에서 그는 문명이 탄생-성장-쇠퇴-붕괴의 과정을 거쳐 순환한다는 역사 순환설을 주장했다. 그리고 문명을 움직이는 원동력을 고차원 문명과 저차원 문명 간의 '도전과 응전' '내적 프롤레타리아트와 외적 프롤레타리아트' '창조적 소수와 대중의 모방' 등으로 분석했다.

특히 당시 주목을 받지 못했던 아시아 문명의 역사에도 주목하여 제1차 세계대전 후 서유럽 문명에 위기가 도래한 상황에서 아시아 문명으로부터 배울 점이 많다고 주장했다.

1987년에 인류에 학문적 공헌을 한 인물에게 수여하는 토인비상이 만들어졌다.

♦ 성찰과 공감: 효 사상과 경로 우대 사상에 감격하고 극찬

세상에 안전하고 평화로울 때를 찾기가 힘들다. 도전은 환경위기, 총칼을 앞세운 전쟁, 시기와 질투, 질병, 타락한 문화 등 형태가 여럿이다. 문명은 어떻게 대응하느냐에 따라 흥망성쇠가 좌우된다. 역사를 잊은 민족에게 미래는 없다는 경구도 아놀드 토인비를 통해 깨달은 이치다. 토인비는 다양한 역사적 사례를 연구하고 문명 발전을 비교했다. 한국의 효 문화와 경로사상을 듣고 감격하여 '인류에 가장 필요한 사상'이라고 극찬하면서 "역사는 과거와 현재의 대화이다."라고 말했다. 효 사상은 최 빈민국에서 선진국으로 오르게 한 소중한 유산이다. 그러나 전통 윤리의 덕목과 가치관이 점차 기억에서 사라지는 것을 보면서, 발전의 한계도 느낀다.

효(孝) 사상도 시대 변화에 맞게 재해석해야 할 것이다. 역사를 통한 성찰과 지혜의 열망이 자긍심을 높이고, 투명한 사회로 이끄는 병기가 되길 기대한다.

3장

정치와 경영,
부유한 노예로 살기보다는
영원한 자유인으로 죽는 것이 낫다

정치란 무엇인가? 한자로 정사 정(政), 다스릴 치(治)로 사람들 사이의 의견 차이나 이해관계를 둘러싼 다툼을 해결하는 과정을 의미한다. 특히 한 국가를 바르게 정치한다는 것은 그 나라에 속해 있는 모든 국민의 행복과 직결되기에 매우 중요한 일이다. 아리스토텔레스는 〈정치학〉에서 "인간은 정치적인 동물이다."라는 명제를 제시하며 정치란 권위 있고 다른 모든 것을 주도하는 예술이라고 한다.

경영이란 목표 달성에 필요한 제반 활동, 과정과 수단으로 사업을 하는 것이다. 따라서 정치와 경영은 매우 밀접한 관계다. 이해관계가 다른 사람들을 역할 분담, 공통적인 대화와 토론, 설득 등으로 조직을 관리해야 하는 공통점이 있다. 근본 목표는 구성원들의 행복일 것이다. 시대를 관통하고 있는 시대정신과 먹고사는 문제, 각종 패러다임의 변화를 녹여서 보여주어야 한다.

정치는 경영에 직접적인 영향을 미친다. 정부의 규제, 세금 정책, 경제 지원 방안 등은 기업의 성장과 투자 결정에 중요한 요소이다. 정치적 안정이 경제 성장과 기업의 안정성에 직결된다. 정치나 경영의 리더는 희망의 끈을 놓지 않는 명철한 정신과 유쾌한 얼굴의 소유자라야 한다. 여건의 다양성을 인식하고 분별력 있는 행동과 예리한 판단, 겸손한 마음 소유, 행동하는 지도자여야 한다. 리더십은 훈련의 산물이다.

와튼 스쿨의 마이클 유심 교수는 가장 훌륭한 리더십을 보여준 인물로 전 칠레 광업부 장관이었던 라우렌세 골보르네를 꼽았다. 골보르네 전 장관은 2010년 일어난 광산 붕괴 사건에서 광부 33인을 성공적으로 구조했다. 첫 번째는 슬픔에 오열하는 가족들에게서 신뢰와 정부 책임으로 감수하도록 대통령을 설득했다. 두 번째는 구체적인 액션플랜이다. 광부들 가족 문제만 담당하는 팀, 구조를 위해 드릴로 구멍을 뚫는 팀, 구체적으로 구출할 방법을 찾고 실행에 옮기는 팀, 광부들이 구조됐을 때 이들 생명을 유지할 팀 등으로 팀을 세분화했다.

좋은 리더가 되기 위한 몇 가지 팁을 제시한다. 첫째, 시대를 앞서는 네트워킹을 통해 바른 가치관과 리더로서 홀로 서는 훈련이 필요하다. 둘째, 뿌리 깊은 나무는 어떠한 바람에도 쓰러지지 않는다. 핵심 가치를 찾아내어 노력과 아이디어에 힘써야 한다. 조직의 강점과 약점을 파악하는 것도 중요하다. 셋째, 지속적인 학습과 개발에 투자하여 조직을 성공적으로 이끌어야 한다. 넷째, 조직원들의 역량을 인식하고 그들의 성장을 지원해야 한다. 꿈이 없는 조직은 망한다. 조직 내 상호 견제하는 적절한 긴장감, 선의의 경쟁이 사라진 침묵은 조직을 망하게 한다. 소통과 이해, 효과적인 소통이 리더십에서 핵심 요소이다. 다섯 번째, 변화에 대응하고, 리더의 도덕적인 행동과 윤리적인 원칙이 준수되어야 한다. 공정성과 투명성이 유지될 때 조직 내의 신뢰와 존경이 구축된다.

그밖에 리더는 말뿐만 아니라 행동으로도 예시를 보여야 한다. 올바른 생각대로 살지 않으면 사는 대로 생각하기 마련이다. 리더는 조직원에게 영감을 주고 인간적인 접근과 감정적 지능과 친밀한 관계를 통해 조직 내에 긍정적인 분위기를 조성해야 한다. 시간을 잘 관리하고 성과를 평가하고 필요한 조치를 할 때 조직의 성공이 다가온다.

40. 알렉산드로스, 위대한 정복자

"하늘에는 두 개의 태양이 있을 수 없듯이 지구에 두 명의 주인이 있을 수 없다."

◆ 불패의 신화로 동서양을 하나로 묶다

알렉산드로스(기원전 336~323)는 북부 그리스 마케도니아에서 태어났다. 아버지 필리포스는 호위병에 의해 피살되어 그의 아들 알렉산드로스가 왕위를 계승한다. 알렉산드로스는 그리스 지역의 각 국가를 평정한 후 그 연합체인 코린트 동맹의 맹주가 되었다.

알렉산드로스는 아버지의 꿈인 페르시아 정복을 이어받아 정복 원정을 시작하여 야망을 성취했다. 알렉산드로스는 지중해를 중심으로 펼쳐진 그리스 문화를 벗어나 33년이라는 짧은 생애 동안 그리스에서부터 이집트, 인도에 이르는 광대한 제국을 건설하고 헬레니즘을 전파했다. 그는 호메로스의 시를 애독하여 원정 때도 책을 지니고 다닐 정도였고 탐험과 측량 문화를 숭상했다.

고르디온이라고 하는 도시의 신전에는 전차가 산수유나무 껍질로 꼰 동아줄에 단단하게 묶여 있었다. 그 동아줄의 매듭을 푸는 자가 세계를 지배하는 왕이 된다는 전설이 전해지고 있었다. 그동안 아무도 그 매듭을 푸는 자가 없었는데, 알렉산드로스는 칼을 뽑아 단숨에 동아줄을 잘라버렸다.

◆ 마지막 순간까지 정복을 준비하다

여러 전투에서 승리한 알렉산드로스는 기원전 327년 봄, 7만 5천 명의 군사를 거느리고 힌두쿠시산맥을 넘어 인도 정복 길에 올랐다. 지구의 동쪽

끝이라고 생각한 인도 너머에 더 큰 땅이 있다는 것을 알고 많이 놀랐다. 계속되는 굶주림과 찌는 듯한 더위와 장마, 그리고 전염병 등으로 알렉산드로스는 부상을 입고, 어쩔 수 없이 발길을 돌렸다.

기원전 323년 아라비아 원정을 준비하던 중, 33세의 젊은 나이로 갑자기 죽었다. 그가 죽은 뒤 대제국 영토는 마케도니아·시리아·이집트의 세 나라로 갈라졌다. 폴 카틀리지 케임브리지대학 교수는 "다른 사람들이 모험적인 섹스에서 즐거움을 얻듯 알렉산더는 전투에서 스릴을 느꼈다."라고 평가했다.

그의 가장 큰 업적으로 그의 이름을 따서 만들어진 알렉산드리아 시(市)들을 이어준 도로망과 화폐들을 통해 문화, 교통, 상업 분야에서 놀라운 교류와 큰 발전을 이룬 것을 들 수 있다. 세계 역사상 육로를 통한 최초의 탐험이라고 할 수 있다.

♦ 성찰과 공감: 두려움을 정복하는 자는 이 세상까지도 정복할 수 있다

알렉산드로스가 페르시아 원정을 떠날 때 전 재산을 군사들에게 모두 분배했다. 이때 휘하 장수 중 하나가 "모든 재산을 나누어주면 왕은 무엇이 남습니까?"라고 물었다. 그러자 그는 "내가 가진 것은 희망이야."라고 당당하게 대답했다.

그가 전쟁에서 항상 승리할 수 있는 요인은 1. 탁월한 전략과 전술 2. 포용정책과 공포정책의 적절한 조화 3. 스스로 영웅화하여 신의 반열에 오르게 함. 4. 아리스토텔레스로부터 어릴 적부터 배운 역사, 문화, 자연과학, 철학 등의 지식과 지혜를 고스란히 물려받고 실행에 옮겼다.

41. 카이사르, 운명의 총아

"왔노라, 보았노라, 이겼노라."

💎 개혁 및 사회정책의 상징

가이우스 율리우스 카이사르(기원전 100~44)는 로마에서 태어났다. 영어로는 시저라고 읽는다. 유서 깊은 귀족 집안 출신으로 기원전 69년 재무관, 기원전 65년 안찰관(按察官), 기원전 63년 법무관 등 여러 관직을 역임하면서 민심 파악의 수완이 능하여 민중과 친근한 입장에 서서 로마와 기타 속주(屬州)에서 군무에, 그리고 실제의 정책 운영 면에서 착실하게 성과를 거두어 명성을 획득하고 대 정치가로서의 기반을 구축했다.

기원전 60년 폼페이우스, 크라수스와 함께 3두 동맹을 맺고, 기원전 59년에는 공화정부 로마의 최고 관직인 콘술에 취임했다. 그의 성인 카이사르는 라틴어의 동사로 '자르다(Tagliare)'에서 유래되었거나, '푸른 눈(celeste)'에서 유래되었다고 한다.

장군으로서 로마 공화국이 로마제국으로 변화하는 데 중요한 역할을 했다. 정치적으로는 민중의 노선에 섰다. 카이사르는 갈리아를 정복하여 로마제국의 영토를 북해까지 넓혔고 민중의 큰 지지를 얻었지만, 사랑하는 부하에 의해 사망하는 비운을 맞는다.

💎 주사위는 던져졌다

공화 정권의 파괴자 또는 반대로 제정의 초석을 굳힌 인물 등, 정치가로서의 카이사르에 대한 평가는 구구하다. 풍부한 인간성, 그 최후의 비극성

등 그 인간상에 대하여도 셰익스피어를 비롯하여 많은 문인의 손으로 다루어졌다.

카이사르의 정치는 귀족 중심의 공화정으로는 감당하기 어려웠던 대제국 로마의 발판을 마련했다. 1인 지배자가 된 그는 각종 사회정책(식민·간척·항만·도로 건설·구제 사업 등), 역서의 개정(율리우스력) 등 개혁 사업을 추진했다.

종신 독재관을 비롯한 각종 특권과 특전이 그에게 부여되었다. 카이사르가 취한 방향, 즉 도시국가에서 세계 제국으로 군림하게 된 로마를 지배·통치하는 데는 강력한 한 사람의 힘에 의하여서만 가능했다. 항상 운명의 여신과 함께 있다고 확신한 카이사르는 '운명의 총아'로 구가되었다.

콘술로서 국유지 분배 법안을 비롯한 각종 법안을 제출하여 크게 민중의 인기를 얻었다. 기원전 58년부터는 속주 갈리아의 지방 장관이 되어 갈리아 전쟁을 수행했다. 라인강을 건너 게르만족의 땅으로 침공하기를 두 차례, 영국해협을 건너 브리튼 섬으로 침공하기를 두 차례나 했다.

기원전 52년 베르킨게토릭스의 주도 아래 갈리아인의 대반란이 일어나자, 진압했다. 군대를 해산하고 로마로 돌아오라는 원로원의 결의가 나오자 기원전 49년 1월, 그 유명한 "주사위는 던져졌다."라는 말과 함께 갈리아와 이탈리아의 국경인 루비콘강을 건너 로마를 향하여 진격을 개시했다.

폼페이우스의 거점인 에스파냐를 제압하고 패주하는 폼페이우스를 쫓아 이집트로 향했다. 그가 알렉산드리아에 상륙하기 전에 폼페이우스는 암살을 당했고, 카이사르는 그곳 왕위 계승 싸움에 휘말려 알렉산드리아 전쟁이 발발했다. 전쟁에서 승리를 거두고 클레오파트라 7세를 왕위에 오르게 하여 그녀와의 사이에 아들 카이사리온(프톨레마이오스 15세)을 낳았다.

이어서 기원전 47년 9월에는 소아시아 젤라에서 미트리다테스 대왕의 아들 파르나케스를 격파하고, 이때 '왔노라, 보았노라, 이겼노라(veni, vidi, vici)'의 세 마디로 된 유명한 보고를 원로원으로 보냈다. 오랫동안 공화정의 실권을 쥐고 있던 원로원 지배를 완전히 타도하고 내란의 막을 내렸다.

카이사르는 23번의 공격을 받아 죽기 직전, 암살자 새르빌리우스 카스카를 향해 "이런 무례한 짓을 악당 같은 이놈."이라고 외쳤으며 브루투스에게는 "아이야, 너마저."라고 신음을 뱉었다. 카이사르가 죽은 후 공개된 유언장에서 브루투스가 2번째 카이사르의 후계자로 지정되어 있음을 알고 브루투스는 얼굴이 흙빛으로 변해 고개를 떨어뜨렸다.

카이사르가 암살당하자, 그동안 그를 지지했던 민중의 분노는 거셌다. 카이사르는 화장되었고 유해는 때마침 내린 비에 모두 씻겨 내려가 카이사르의 무덤은 없다.

💎 **성찰과 공감: 평범한 사람들은 자신이 믿고 싶은 대로 믿기에 급급하다**

돈을 빌리는 천재라고 일컬어진 카이사르는 또한 인간적 매력도 풍부하여 뛰어난 웅변술과 함께 인심을 모으기에 충분했다. 실전의 영웅일 뿐만 아니라 군사 전략을 짜내는 장군으로도 탁월한 재능을 보였다.

또 한편으로는 인심의 향방을 정확하게 파악할 줄 아는 민중파 정치가로서 사회개혁의 실효를 거두었다. 그는 뛰어난 정치적 비전으로 로마의 발전과 안정화를 위해 힘썼다. 뿐만 아니라 개혁과 혁신으로 사회적 질서를 개선했다.

그뿐만 아니라 1급 문인으로도 알려졌다. 카이사르의 독서량은 당대 최고 지식인으로 자타가 공인했다. 그가 쓴 〈갈리아 전기〉〈내란기〉는 간결한 문체와 정확한 현실 파악 등으로 라틴 문학의 걸작이라고 일컬어진다.

42. 범려(范蠡), 중국의 상신

"명철보신(明哲保身), 공을 이루면 그 자리에서 물러난다."

◆ '와신상담(臥薪嘗膽), 토사구팽(兎死狗烹)'의 선구자

범려(기원전 536~448)는 초나라 출신으로 자기 고향에선 미치광이로 손가락질을 받았지만, 대부 문종의 눈에 띄어 월나라에서 구천을 섬겼다.

오왕 합려는 뛰어난 전략가 손무와 오자서의 도움으로 월나라를 공격했다. 그때 범려는 당시 옥에 갇힌 사형수들로 조직한 자살특공대를 조직한다. "어차피 죽을 몸, 나라를 위해 죽어주면 남아 있는 가족들이 살아갈 수 있게 해주겠다."라고 설득했다. 칼을 들고 적진을 향하는 것이 아니라 칼끝을 자신의 목에 대고 할복자살하는 특공대의 소름 끼치는 모습에 오나라 군대는 그만 전의를 상실했다. 이 전투에서 오왕 합려는 죽고 아들 부차는 아버지의 복수를 맹세한다.

부차는 푹신한 잠자리를 마다하고 가시나무 위에서 잠을 자면서 원수를 잊지 않았다. 군대를 증강하고 백성들을 보살피면서 나라의 부도 축적하면서 때가 오기만을 기다린다. 구천은 범려의 만류에도 불구하고 먼저 공격을 하다 크게 패하여 회계산에서 포위당했다. 오왕 부차는 구천을 서서히 말려 죽이기로 마음먹는다. 치욕스러운 패배에 구천은 자결을 결심하지만, 범려는 구천을 만류한다.

"오왕 부차는 몇 년을 마구간에서 지냈습니다. 한 번 크게 졌다고 목숨을 내놓을 수는 없습니다. 부차에게 항복하고 후일을 기약해야 합니다."

이후 오나라 간신이자 재상 백비에게 뇌물을 주고 경국지색인 서시를 부차의 후궁으로 들여보내 여자를 좋아하는 부차의 혼을 빼앗는다. 이에 부차는 신하의 예를 갖춘 구천과 범려를 월나라로 돌려보낸다.

그 후 구천은 지난 치욕을 상기하기 위해서 항상 쓸개를 곁에 매달아 두고 앉아서나 누워서나 쳐다보고 음식을 먹을 때도 쓸개를 맛보면서 "너는 회계산의 치욕을 잊었느냐?"를 외쳤다. 결국 구천은 다시 군사를 일으켜 오나라를 쳐들어가서 부차를 굴복시켜 최후의 승자가 된다.

오나라 멸망이라는 과업을 쟁취한 순간에 범려는 제나라로 떠난다. 월왕이 나라의 반을 주겠다는 만류에도 불구하고 "공(功)이 많으면 화(禍)가 뒤따라온다."라며 뿌리쳤다. 월왕은 즐거움을 함께할 인물이 못 된다는 판단을 한 것이다. "하늘을 나는 새를 잡으면 좋은 활도 곳간에 처박히고, 토끼를 잡으면 사냥개는 삶아 먹는다."라는 토사구팽을 상기시키며 친구 문종에게도 떠날 것을 권했다. 월나라 왕 구천은 목이 길고 입은 새처럼 뾰족하니, 정녕 어려움은 함께할 수 있어도 즐거움은 같이 할 수 없다는 관상이었다. 그러나 문종은 떠나지 않았고 결국 구천의 미움을 사서 칼로 스스로 목숨을 끊어야 했다.

이후 범려는 제나라에서 목축업을 하여 천금을 벌어들이는 탁월한 이재(理財), 경영 능력을 발휘함으로써 손꼽히는 거부가 되었고 제나라에서 재상 자리를 제안받지만 내던진다.

◆ 뭔가를 지키려면 뭔가를 버려라

인질로 붙잡혀 있던 구천은 3년 동안 무덤지기로 오나라에서 온갖 치욕을 당한다. 어느 날 부차가 병에 걸리자 범려는 뇌물을 써 부차의 병명과 병세를 알아내고 곧 회복된다는 정보도 얻는다. 여기서 범려는 구천에게 한 가지 꾀를 낸다. 구천이 부차를 병문안할 때, 그 순간 부차가 변을 보자 구천은 그 변을 손으로 찍어 입으로 가져가 맛을 보고 이렇게 말한다. "대왕의 변을 맛보니 곧 병이 나을 듯합니다." 얼마 후 부차의 병은 다 나았고 부차는 구천의 행동을 되새기며 구천에 대한 의심을 풀었다.

제나라는 범려의 능력을 깨달아 재상 자리를 제의했지만 "관리로서 재상까지 오르는 것은 인간의 극치이지만 존명을 받는다는 것은 상스럽지 못하다."며 거절했다. 그의 처세학의 중심은 '명철보신' '공을 이루면 그 자리에서 물러난다'다.

◆ 성찰과 공감: 공존과 소통의 지혜

권력과 부는 공존할 수 없다. 어떤 한 가지가 최고조의 성공이 이르면 과감하게 버릴 줄 아는 것이 성공과 장수의 비결이다. 그러려면 권력과 재력에 대한 초연함, 가진 것을 모두 남기고 떠날 수 있는 배포가 필요하다.

범려의 나아갈 때와 들어갈 때, 바뀐 상황에 따라 달라지는 처세의 영리함은 전설 속 영웅과 같았다. 목적을 위해서는 머리를 숙일 용기가 필요하다는 것을 알았으며, 지금 당장 눈앞의 이해관계에 함몰되지 않고 오래 사는 길을 택했다. 수치를 참고 실패에서 교훈을 얻은 그는 후세에 인생의 귀감, 멋진 성공으로 기억된다.

43. 카롤루스 대제, 서유럽의 지배자

"이 전쟁은 우리 모두의 의지와 능력에 대한 시험이요, 고난이다. 프랑크 왕국의 병사들이여! 용감무쌍했던 우리 선조들처럼 다시금 힘을 내 진군하자!"

◆ 프랑크 왕국의 국왕으로 대통일 사업을 성취하다

카롤루스 대제(742~814)는 프랑크 왕국 카롤루스 왕조의 2대 왕이다. 768년 부친인 피핀이 죽은 뒤 동생 칼만과 왕국을 공동 통치하다가 771년 칼만이 죽자 프랑크 왕국을 통일 지배했다.

40여 년에 걸친 재위 동안 사방을 점령하여 대통일 사업을 성취했다. 작센을 병합하고, 774년에는 교황의 청으로 북이탈리아 랑고바르트 왕국을 멸망시켜 이를 합병했다. 778년 서쪽으로는 사라센족을 토벌하여 에스파냐 영토를 확장했다. 게르만족을 하나의 국가와 하나의 종교, 즉 프랑크 왕국과 그리스도교로 통합했다.

그밖에 이탈리아 영토의 일부를 교황에 헌납하여 교황 레오 3세로부터 인정을 받아 서로마 황제에 올랐다. 이로써 부활한 황제권과 교황권의 제휴로 비잔틴 제국으로부터의 해방이 실현되었다.

또한, 궁정 학교 설립과 교육사업을 장려하여 카롤링 르네상스 문화를 번영케 했다. 유럽을 형성하는 3대 문화 요소인 고전 문화, 그리스도교, 게르만 민족 정신의 완전한 통합을 이룬 것이다.

그는 은퇴하여 여생을 보내다가 병석에 누웠고, 814년 세상을 떠났다. 아헨 대성당 지하에 매장되었고, 성인으로 시성되었다.

💎 카롤링거 르네상스, 유럽의 아버지

그는 프랑크 왕국을 동로마제국과 비등한 하나의 제국으로 키워낸 유능한 군주이다. 당대 프랑크 제국은 문화나 경제력에 있어서 기독교 세계의 종주국이었던 동로마제국에 미치지 못했지만, 인구나 군사력에 있어서는 앞섰다는 평가를 받는다.

그의 군사적 확장으로 폐허나 다름없던 서방의 지적 풍토에 문화적 부흥을 일으켰다. 역사학자들은 카롤루스의 통치기를 카롤루스 르네상스라고도 불렀다. 당시의 문학, 예술 등을 발전시켰다. 그리스어와 라틴어 독해가 가능한 학자들을 양성하고 각지의 수도원에서는 로마와 그리스 고전들의 필사본을 대량으로 제작하게 했다. 이 시기 개혁된 카롤루스 문자에서 현존하는 알파벳 소문자가 유래되었다.

동로마제국과의 전쟁은 카롤루스가 800년 황제로 추대되면서 일어났다. 동로마제국 입장에선 아무리 제국이 어려운 상황이라도 글자를 몰라서 열십자를 긋는 걸 서명으로 대신하는 야만족을 황제로 받아들인다는 건 도저히 수용할 수 없었기 때문이다. 그러나, 두 나라는 지리적으로 멀리 떨어져 있었고 치열한 전투가 없이 807년 임시 휴전 조약을 맺었다.

카롤루스 왕조 치하에서 프랑크 왕국을 중심으로 하는 서유럽은 일시적으로 경제적인 부흥을 누렸다. 프랑크 왕국 중부 지역의 상업망은 고대~중세 초기까지의 주요 경제 지역이었던 지중해와 북해를 잇는 경제권을 형성했다.

카롤루스는 화폐도 개혁했다. 이 당시 이슬람 세력이 남부 지중해 일대를 장악하면서 금이 귀해졌기에 자체적인 금화 통용은 어려워져 이전까지 쓰이던 트리엔스 금화는 발행이 중지되었고, 그 대신 은을 단일 기축통화로 했다. 이로써 솔리두스를 중심으로 하는 지중해 경제권에서 벗어난 새로운 화폐 망을 구축했다.

카롤루스는 군사적 필요에 의해 친유력자적인 경제정책을 폈고, 이들 유력자는 막대한 토지를 소유하고 농노들을 소유하게 된다. 그리고 전시에 이들은 중무장한 기병대가 되어 정복 전쟁에 참전했다. 카롤루스의 치세는 봉건제도의 시작을 알렸다.

♦ 성찰과 공감: 질문할 줄 아는 것조차도 이미 학문이다

카롤루스가 글을 쓰지 못하는 문맹이었다는 이야기는 유명한데, 실제로 그는 죽기 직전까지도 침대 베개 밑에 서판을 놔두고 자기 전에 꼬박꼬박 연습했지만 성공하지 못했다. 그래서 그의 서명은 공문서에 2개의 줄을 열십자로 긋는 것이었다고 한다.

카롤루스 대제는 강력한 기독교적 신념으로 로마를 방문하고, 교황과의 동맹을 강화하는 등 기독교 교회를 지원했다. 교육과 문화의 발전을 촉진하기 위해 노력했는데 교육 기회를 확대하고, 문화적 교류를 증진하는 데 큰 관심을 가졌다. 알카인 대학교와 같은 학교를 설립하여 중세 유럽에서 학문의 중심지를 조성했다.

특히 통치 철학과 정치적 리더십으로 중세 유럽의 다양한 민족들을 통일하고 강력한 제국을 건설했다. 그는 공평성과 인간적 배려를 중시하여 신하들과 백성들을 존중받았다.

44. 리처드왕과 술탄 살라딘, 십자군 전쟁의 영웅

"세계가 창조된 이래로 우리는 그렇게 용감하고 그렇게 무기를 잘 다루는 기사를 결코 본 적이 없습니다." - 살라딘 부하

"짐은 야심을 성전 기사단에게, 탐욕을 수도자들에게, 그리고 쾌락을 고위 성직자에게 맡기노라." - 리처드 1세의 유언

◆ 힘으로 당해낼 자 없던 천하장사 사자왕

사자왕 리처드(1157~1199)는 역사상 가장 뛰어난 용장이다. 중세 유럽 최고의 전략가로 1188년, 아버지를 배신한 후 잉글랜드의 국왕이 되었다. 국왕에 오른 리처드 1세는 자기를 도와준 공신들을 대대적으로 숙청하고, 십자군 원정에 가고 싶어 군자금을 마련코자 왕가의 땅을 팔고 매관매직을 일삼았다.

리처드는 십자군 전쟁에서 전술과 전략의 대가였고, 공성전의 천재였으며 병참과 보급의 달인이었다. 당시 십자군의 건강을 위협했던 것은 ① 영양 결핍으로 인한 피로감, 괴혈병, 면역력 저하 ② 과밀집과 비위생 ③ 시신에 오염된 식수 ④ 홍수와 잦고 급격한 온도 변화 ⑤ 말라리아의 창궐 등이다. 이런 악조건에서도 리처드 1세는 십자군 지휘를 강행하여 승리를 거

두었다.
 용감하고 전략가였던 사자왕의 귀국길은 가시밭길이다. 리처드의 고집과 독선적인 성격으로 유럽 여러 왕이 그를 싫어했다. 심지어는 오스트리아 레오폴트 공작에게 붙잡혀 신성로마제국의 하인리히 6세에게 팔아넘겨졌다. 리처드는 게르만 민족의 포로가 되는 수모도 당했다. 잉글랜드는 국왕을 석방하기 위해 몸값 15만 마르크를 내고 2년 만에 풀려났다. 프랑스와 전쟁하던 중 리처드는 초저녁 갑옷을 입지 않고 성벽 가까이 거닐다가 석궁 화살에 맞아 42세의 젊은 나이에 세상을 떠났다.

◆ 십자군을 물리친 무슬림 세계의 영웅 살라딘

 살라딘(1137~1193)은 1137년 제2차 십자군 전쟁 때 다마스쿠스 방어군 사령관으로서 유럽군을 패퇴시키고 그 지역 총독이 된 아이유브의 아들로 태어났다. 당시 이집트는 파티마 왕조로 시리아, 수단, 아라비아반도까지 지배했었다.
 1174년, 살라딘은 260년간 이집트를 다스려 온 파티마 왕조를 무너뜨리고 이슬람권 전역을 지배하는 진짜 왕이 되었다. 살라딘은 1187년, 예루살렘에 입성해 보복 없이 예루살렘을 탈환했다. 이 도시가 십자군에게 점령되었을 때 기독교인들은 아랍인들을 마구잡이로 학살했던 것과는 정반대 현상으로 "기독교인들처럼 상대편을 죽인다면 이슬람교도가 다를 바가 없지 않은가."라고 말했다.
 패전에 충격을 받은 유럽은 리처드 왕을 내세워 3차 십자군 전쟁을 시작했다. 전쟁에서 적으로 만난 리처드와 살라딘은 상대방을 호적수를 넘어 영웅으로, 영웅을 넘어 친구처럼 생각했다. 서로를 향해 칼끝을 겨누는 와중에도 상대방에게 인간적인 호감을 갖고 있었다.
 살라딘의 기사도적인 행동은 단테의 〈신곡〉에서 소크라테스, 플라톤과 함께 가장 가벼운 벌을 받는 고결한 이교도로 그가 등장하는 것으로 알 수 있다. 살라딘 이름은 아랍어로 '정의와 신념'이다.

살라딘은 1193년, 전쟁을 끝내고 얼마 안 돼 눈을 감았다. 광활한 제국을 지배한 술탄답지 않게 검소했던 그의 수중에는 무덤 하나 세울 돈조차 없었다.

◆ 성찰과 공감: 참된 용기와 의로운 전쟁 영웅

"리처드는 자신이 준비되지 않은 것은 다른 병사에게도 시키지 않았다. 일반 병사들과 마찬가지로 솔선수범해서 일했다. 왕이든 귀족이든 기사든 종자든 모두 함께 손으로 돌과 바위를 나르며 일했다." - 앙브루아즈

너무 멀리 나가는 모험을 집행하는 자만이 얼마나 멀리 갈 수 있는지를 확인할 기회를 얻는다. 벼랑 끝에서 인생을 살아야 한다. 리처드 왕과 살라딘은 불가능을 넘어선 달인 같은 지도자였다.

45. 칭기즈칸, 역사상 가장 큰 제국

"말 위에서 세상을 정복하는 것은 쉽다.
어려운 것은 말에서 내려와 지배하는 것이다."

◆ 푸른 이리 테무친의 파란만장했던 인생 역정

12세기 말 몽골. 여러 부족이 한창 세력다툼을 벌이고 있을 때 예부터 전해 내려오는 구세주 '푸른 이리'가 나타나기를 고대하는 부족들의 간절한 열망은 그 절정에 달했다. 이때 보르지긴 부족의 우두머리인 예수게이의 막사에서 그를 낳은 어머니조차도 아이의 아버지가 누구인가를 정확히 모른 채 테무친이 태어났다. 이러한 그의 출생 비밀은 그가 이 세상을 떠날 때까지 항상 그를 괴롭힌다.

온갖 시련과 고난의 역경 속에서 눈물마저 메말라 버린 비정의 세월을 헤쳐나와 마침내 그는 전 몽골을 통일하여 왕 중의 왕인 '칭기즈칸'의 존칭을 받고 전설을 실현해 '푸른 이리'라는 찬양을 받게 된다. 그는 일생을 싸움터에서 보냈으며, 끝없는 꿈을 좇아 실현했던, 아시아가 낳은 위대한 영웅이다.

칭기즈칸은 〈뉴욕타임스〉의 세계를 움직인 역사적인 인물 가운데 첫 번째로 선정된 바 있다. 그것은 그가 동서양에 걸쳐 대제국을 건설한 최초의 인물이었기 때문만이 아니라 가장 열악하고 어려운 환경을 극복하고 이뤄 냈기 때문이다.

타타르족의 습격으로 아버지를 잃고, 그의 부족은 뿔뿔이 흩어지고 동족들은 추위와 배고픔에 지쳐갔지만, 칭기즈칸은 낙담하지 않고 흩어진 부족들을 한곳으로 모아서 행복한 삶의 꿈을 심어주었다. 절박한 환경에서 칭기즈칸은 동족들을 설득했고, 비전과 공동의 목표를 분명히 세웠다. 특히 정복한 나라의 지식인이었던 야율초재를 등용했는데 그는 세상 만물의 이치를 꿰뚫었고 이런 말을 남겼다. "하나의 이익을 얻는 것이 하나의 해를 제거함만 못하고, 하나의 일을 만드는 것이 하나의 일을 없애는 것만 못하다."

〈유언〉

집안이 나쁘다고 탓하지 마라!

나는 아홉 살에 아버지를 잃고 마을에서 쫓겨났다.

가난하다고 말하지 마라!

나는 들쥐를 잡아먹으며 연명했고, 목숨을 건 전쟁이 내 직업이고 내 일이었다.

작은 나라에서 태어났다고 말하지 마라!

그림자 말고는 친구도 없었고, 병사로만 10만, 백성은 어린애 노인까지 합쳐 2백만도 되지 않았다. 배운 게 없다고 힘이 없다고 탓하지 마라!

나는 내 이름도 쓸 줄 몰랐으나 남의 말에 귀 기울이면서 현명해지는 법을 배웠다.

너무 막막하다고, 그래서 포기해야겠다고 말하지 마라!

나는 목에 칼을 쓰고도 탈출했고, 뺨에 화살을 맞고 죽었다 살아나기도 했다.
 적은 밖에 있는 것이 아니라 내 안에 있었다. 나는 내게 거추장스러운 것을 깡그리 쓸어버렸다. 나를 극복하는 그 순간 나는 테무친에서 칭기즈칸이 되었다.

💎 성찰과 공감: 가장 큰 보물은 눈에 보이지 않지만 마음으로 발견하는 것

 유년 시절은 누구보다도 가혹했고 생사를 오가는 고난이 있었지만 이에 굴복하지 않고 뛰어난 전략가로서 몽골 제국은 엄청난 규모로 확장되었다. 강력한 군사 전략과 전술을 개발하여 다양한 문명을 정복했다. 다양한 문화와 종교적 배경을 가진 다양한 인구들을 통합하는 데 성공했다. 그는 종교적, 언어적 차이를 넘어서 제국을 통합했고, 효율적인 행정체계 구축으로 제국의 안정성을 유지했다.
 칭기즈칸은 전투에서 부담이 되는 부족의 노인들이라도 결코 소홀히 하지 않았고, 동족이라는 관계성에 최고의 가치를 두었다. 이것은 칭기즈칸이 쓰디쓴 인생의 체험을 통해서 배운 리더십의 원리이다.
 사람들은 성취할 만한 가치가 있는 공동의 목표가 있으면 단결하고 놀라운 힘을 발휘한다. 또한, 사람들은 공동의 목표인 비전이 클수록 더 큰 힘을 발휘한다는 점을 깨닫게 된다. 절망 중에서도 희망을 품고 리더십 전략으로 미래를 만들었던 칭기즈칸의 도전적인 리더십은 오늘 우리가 배워야 하는 역사의 교훈이다.

46. 세종대왕, 훈민정음을 창제한 성군

"영민하고 총명했으며 강인하고 과감했다. 무거우며 굳세고 점잖고 후덕했다. 크고 너그러웠으며 어질게 사랑했다. 공손하고 검소하며 효도하고 우애함은 태어날 때부터 그러했다." – 〈조선왕조실록 세종실록 총서〉

◆ 포용 리더십을 발휘하다

세종(1397~1450)은 태종 이방원의 셋째 아들로 태어났다. 어려서부터 눈병이 날 정도로 독서와 공부에 열중했고, 그런 습관은 임금이 된 후에도 계속되었다. 세종이 집현전 학자들을 모아놓고 "나는 한번 읽은 책은 절대로 잊지 않는다. 궁중에 있을 때도 책을 놓고 한가롭게 지낸 적이 한 번도 없다."라고 말했을 정도였다. 그의 성실함과 학문 탐구, 백성에 대한 깊은 애정 덕분에 수많은 업적이 만들어졌다.

세종은 학문 연구 기관인 집현전을 만들어 인재 기르기에 힘썼다. 집현전 학자들은 유교 정치의 기반이 되는 의례와 제도를 정비했다. 특히 세종은 훈민정음을 반대하는 글을 올린 사람들을 감싸고 세자 책봉을 반대한 황희를 포용하는 리더십을 발휘했다. 1446년에 만든 훈민정음은 가장 훌륭한 문화유산으로 꼽히고 있다.

세종 때에는 인쇄술에서도 큰 발전을 이루어 갑인자 등 새로운 활자와 인쇄기를 만들었고, 과학기술에도 관심을 기울였다. 노비였던 장영실을 등용해 간의나 혼천의 같은 천문 기구는 물론이고 앙부일구나 자격루 등 여러 가지 기구를 만들었다. 백성들의 생활을 나아지게 하기 위해 농사법 개량에 힘썼으며, 발전된 농사법을 전파하기 위해 〈농사직설〉을 편찬했다. 의약 서적인 〈향약집성방〉과 〈의방유취〉도 나왔다. 또한, 세종은 음악에도 관심이 깊어 박연으로 하여금 아악을 정비하게 하고, 편경과 편종을 대량으로 만들게 했다.

국방 분야에서는 화전, 화포를 개량하여 우리나라 무기사상 일대 혁신을 가져왔다. 군사 훈련과 화기의 개발, 병서의 간행 등에 힘을 기울여 이종무에게 왜구의 본거지인 쓰시마를 정벌하게 했다. 김종서를 두만강 유역에 보내 6진을 개척하고 압록강 유역 4군을 설치해, 두만강과 압록강 남쪽 지역을 조선의 영토로 삼았다.

조세제도를 정할 때 온 백성의 민의를 파악했으며 의료기관을 정비하고 향약을 개발했다. 당시 종교는 유교였지만 선종, 교종 등 불교 발달에도 노력하여 유교와 불교 내지 도교가 조화된 찬란한 문화를 이룩하게 되었다.

세종은 육식을 즐겨 하고 운동을 하지 않아 비만에 각종 성인병을 달고 살았다. 1442년부터 국정에서 물러나고, 좋은 온천에 들러 안질을 치료하거나 요양을 하고 유명 사찰을 찾아 먼저 떠난 자식들의 명복을 비는 불사를 일으켰다. 연이은 가족들의 사망 이후 건강은 더욱 악화되어 1450년(세종 32년) 향년 52세에 승하했다.

❖ 한글 창제, 애민정신과 부국 강경의 꿈을 이루다

"우리나라 말이 중국과 달라 한자와 서로 통하지 않으므로 이런 까닭에
어리석은 백성이 이르고자 하는 바가 있어도 마침내 그 뜻을 능히 펴지 못하는
사람이 많다. 내가 이를 불쌍히 여겨 새로 스물여덟 글자를 만들었으니
사람마다 하여금 쉽게 익혀 날로 씀에 편안하게 하고자 할 따름이니라."
– 〈훈민정음 언해〉 서문

세종 25년(1443) '훈민정음'을 창제하고, 세종 28년(1446) 〈훈민정음〉이란 책을 만들어 반포했다. 또 이과와 이전 시험에 〈훈민정음〉을 시험 과목으로 정하는 등 훈민정음 보급에 크게 힘썼으며, 우리 문자 생활에 일대 혁신을 가져오게 했다.

♦ 성찰과 공감: 정적까지도 포용해 성과 내는 정치[成效之政·성효지정]

세종은 즉위 후, 나라와 백성을 잘살게 하는 데 온 힘을 쏟았다. 과학기술의 발전과 훌륭한 인재를 만드는 것이 나라와 백성을 구하는 길임을 깨달았다. 세종은 백성의 어려움을 풀어주고 경제적 풍요를 누리게 하는 걸 리더십의 원동력으로 삼았다. 세종 사후 작성된 행장에 '세종은 정치적 이유로 누구도 죽이지 않았던 임금'이라고 적혀 있다. 세종의 리더십을 요약해보면 다음과 같다.

- 사람의 마음을 이끌고 다스려라
- 의제에 있어 먼저 주도권을 잡아라
- 솔선수범하여 리더의 모범을 보여라
- 때로는 호되게 때로는 관대하게 명령하라
- 사람에 대한 편견을 갖지 마라
- 먼저 말하지 말고 먼저 들어라
- 문제를 일으키는 부하부터 다스려라
- 훌륭한 인재는 반드시 우대하라
- 재능 있는 부하에게는 관대하라

"백성은 나라의 근본이니, 근본이 튼튼해야만 나라가 평안하게 된다. 내가 박덕한 사람으로서 외람되이 생민의 주가 되었으니, 오직 이 백성을 기르고 무수(撫綏)하는 방법만이 마음속에 간절하여, 백성에게 친근한 관원을 신중히 선택하고 출척(黜陟)하는 법을 거듭 단속했는데도, 오히려 듣고 보는 바가 미치지 못함이 있을까 염려된다." – 〈세종실록〉 21권 중에서

47. 이순신, 나라와 민족을 역경에서 구한 영웅

"신에게는 아직 12척의 전함이 남아 있습니다."

💎 살신성인한 구국의 장군

이순신(1545~1598)은 서울에서 태어났다. 28세 때 훈련원 별과 시험을 보았으나, 말에서 떨어져 불합격했다. 국난에서 이순신을 적극 추천한 동네 친구 유성룡의 〈징비록〉에서 어린 시절의 이순신을 회고했다.

"이순신은 어린 시절 영특하고 활달했다. 다른 아이들과 모여 놀 때면 나무를 깎아 화살을 만들어 동리에서 전쟁놀이했다. 마음에 거슬리는 사람이 있으면 그 눈을 쏘려고 해, 어른들도 그를 꺼려 감히 군문 앞을 지나려고 하지 않았다. 자라면서 활을 잘 쏘았으며 무과에 급제해 관직에 나아가려고 했다. 말 타고 활쏘기를 잘했으며 글씨를 잘 썼다."

1576년 32세 때 3년마다 정기적으로 보는 무과 시험의 병과에 합격하고, 43세 때 녹둔도의 둔전관으로 여진족을 무찔렀다. 47세에 전라 좌수사가 되고 이듬해 거북선을 완성한다. 거북선을 만든 실제 책임자는 나대용이다. 1883년 영국 해군 기록에서는 철갑선 거북선을 다음과 같이 표현하고 있다. "조선의 전함은 쇠 판자로 배 몸뚱이를 감싸서 그때 일본의 나무 병선을 깨뜨렸던 것이니, 세계에서 가장 오랜 철갑선은 실로 조선 사람이 처음으로 발명한 것이다." 또한, 거북선의 앞부분은 거북의 머리 모양(길이 1.3m, 넓이 91cm)을 하고 있었는데, 그 속에서 유황과 염초를 태워 입으로 연기를 토하여 적을 혼란스럽게 했다. 좌우 갑판 아래의 방에는 대포, 활, 창이 있는 군사들의 쉼터였다.

1592년 4월 13일 임진왜란이 일어나자 보름여 만에 서울이 함락되고(5월 2일) 선조는 급히 몽진해 압록강 변의 의주(義州)에 도착했다(6월 22일). 개전 두 달 만에 조선은 멸망 직전의 위기에 몰렸다. 조정에서는 전쟁 준비를 하지 않았고 일본 조총의 위력에 맞설 만한 무기도 없었다. 1597년 일본 첩자의 말을 믿고 가토를 공격하라고 이순신에게 명령했지만, 이순신은 적의 간사한 꾀라며 명령에 가볍게 움직이지 않았다. 이에 선조는 이순신을 해임하고, 결국 죄인이 되어 잡혀갔다.

그러나 도원수 권율의 진언으로 통제사가 되어 다시 명량 대첩에서 큰 승리를 거둔다. 명량은 빠른 물살이 흘러가는 소리가 울음소리 같다고 하여 '우는 바다'라는 뜻의 '명량' 혹은 '울돌목'이라고 불렸다. 이순신은 1597년 9월 15일 전함 12척을 거느리고 울돌목으로 거슬러 올라간 후 비장한 목소리로 말했다.

"병법에 말하기를, 반드시 죽고자 하면 살고 살려고만 하면 죽는다. 또 한 사람이 길목을 잘 지키면 천 명도 두렵게 할 수 있다는 말이 있다. 이 말은 지금의 우리를 두고 하는 말이다. 한 사람이라도 군령을 어기면 군법에 따라 작은 일이라도 용서하지 않겠다."

1597년에 정유재란이 일어나기 전까지 바다에서는 별다른 싸움이 일어나지 않았다. 왜군들이 이순신의 이름만 들어도 벌벌 떨면서 아예 싸우려 들지 않았기 때문이다. 1598년 11월 19일 노량·관음포 해전에서 전사하고 1643년 '충무공'이라는 시호를 받았다.

💎 성찰과 공감: 자신과 나라의 역경을 극복하다

나라가 위기에 처했을 때 살신성인한 이순신 장군의 삶에서 많은 것을 배운다. 장군은 수많은 역경과 난관을 치열한 고뇌와 노력으로 돌파했다. 장군의 충효와 애민 정신, 리더십, 불굴의 투지, 인내력 등은 영원히 기억될 것이다.

이순신 장군은 명량해전을 앞두고 선조에게 올림 장계로 "신에게는 아직 12척의 배가 있습니다."라고 자신감을 표했다. 이순신 장군의 승리 비결은 군사와 백성의 마음을 하나로 묶고, 평소 많은 병사 훈련과 대비 태세의 철저함이다.

48. 프랭클린, 인생 허투루 낭비하지 않기

"실천이 말보다 낫다. 교육 없는 천재는 광산 속의 은이나 마찬가지이다."

◆ **경험은 소중한 스승, 바보는 경험해도 배우지 못한다.**

벤저민 프랭클린(1706~1790)은 아메리카 식민지의 보스턴에서 13남매 중 막내로 태어났다. 아버지는 수지를 이용해 비누와 양초 만드는 일을 했으며, 자녀를 다섯이나 둔 상황에서 상처하고 재혼했다.

프랭클린의 정규 교육은 8세 때부터 2년간 학교에 잠깐 다니며 읽고 쓰기와 산수를 배운 것이 전부였다. 이후로 그가 터득한 지식은 모두 책이나 경험을 통한 독학이었다. 프랭클린은 체계적인 공부를 하지 못한 까닭에 독창성에도 불구하고 깊이가 없다는 지적을 종종 받는다. 그러나 항상 자유롭고 참신한 시각을 유지하여 심오한 이론보다는 실용적 가치를 더욱 중요시했다.

10세 때부터 아버지의 도제로 일했던 프랭클린은 인쇄소를 직접 차렸고, 성실한 태도와 뛰어난 실력으로 성공을 거둔다. 그는 훗날 과학과 정치 분야의 명사가 된 뒤에도 유언장에 '필라델피아의 인쇄업자 벤저민 프랭클린'이라고 적었을 만큼 그 직업에 자부심을 갖고 있었다.

인쇄업으로 부와 명성을 얻은 프랭클린은 지역사회를 위한 도서관과 소방대와 대학교 등을 설립했다. 1729년에는 〈펜실베이니아 가제트〉를 인수해서 발행인이 되었으며, 1743년에는 미국 철학회를 결성해서 당대의 지식인들을 한자리에 모았다. 42세 때인 벤저민 프랭클린은 사업에서 은퇴하고 과학 연구에 매진, 이전의 난로에 비해 열효율을 크게 높인 일명 '프랭클린 난로'를 발명했다. 그 외에도 다초점 안경(일반 렌즈와 돋보기 렌즈를 안경테에 함께 끼운 것), 유리잔 가장자리를 손가락으로 문질러 소리를 내는 원리를 이용한 악기 '글라스 하모니카'도 만들었다.

집필 18년 만인 1788년에 비로소 〈자서전〉을 완성한 프랭클린은 1790년 4월 17일 밤에 자신의 집에서 흉막염으로 84세 일기로 사망했다. 장례식에는 약 2만 명이 참석했으며 필라델피아의 크라이스트 처치 묘지에 묻혔다. 그의 사망 소식을 접한 프랑스 혁명의 제헌 의회는 3일간의 애도에 들어갔고, 프랭클린을 기리는 추모식이 전국에서 거행되었다.

◆ 뭉치면 살고, 흩어지면 죽는다

프랭클린은 대출 도서관, 대학교, 의용 소방대, 보험 협회 등 다양한 도시 발전 프로그램을 만들었다. 외교 정책 분야에서는 힘의 균형을 꾀하는 현실주의와 이상주의의 결합 방식을 개발했으며, 정치 분야에서는 식민지 연합과 단일 정부를 위한 연방 모델을 제안했다.

프랭클린은 1751년에 처음 의원이 되면서 본격적으로 정치 무대에 나섰다. 1753년에는 프렌치 인디언 전쟁을 앞두고 인디언 지도자들과의 동맹 회담에 참석했고, 영국 정부에 의해 식민지 전체를 관장하는 체신장관 대리로 임명된다. 이듬해 5월에 조지 워싱턴이 이끄는 식민지군이 프랑스군에 패배하자, 프랭클린은 식민지의 분열이 패배의 원인이라며 "뭉치면 살고, 흩어지면 죽는다."라는 유명한 말을 했다.

프랭클린은 최고령 대의원(당시 70세)으로 제2차 대륙회의에 참석했으며, 이듬해에는 토머스 제퍼슨과 함께 독립선언서 작성 5인 위원 가운데 한 명으로 선임되었다. 독립선언서는 거의 제퍼슨의 초안대로 채택되었지만, 그 가운데 "자명한 진리"라는 유명한 구절은 프랭클린의 첨언이었다. 프랭클린은 독립선언서(1776), 프랑스와의 동맹 조약(1778), 영국과의 평화 조약(1782), 미국 헌법(1787)에 모두 서명한 유일무이한 인물이 되었다.

💎 성찰과 공감: 경험은 같은 실수를 되풀이 하지 않게 하는 놀라운 능력

프랭클린은 '세계 최초'로 불리는 팔방미인이다. 죽기 전까지 미국 최고의 과학자, 발명가, 외교관, 저술가, 비즈니스 전략가로 활동했다. 연날리기를 통해 번개가 전기라는 사실을 증명했고, 흔한 질병인 감기의 전염성에 대한 이론 등도 찾아냈다.

프랭클린은 평생을 통해 자기 계발을 중시했다. 그는 시간 관리, 독서, 문해력 향상 등을 위해 큰 노력을 기울였고, 공공도서관 설립과 같은 교육 기회 확대를 추진했다. 많은 실용적 발명을 했으며, 그의 대표적인 발명으로는 피뢰침을 꼽을 수 있다.

49. 애덤 스미스, 보이지 않는 손

"산업을 운영하는 것도 자기 자신만의 이득을 염두에 두기 때문이다. 그리고 다른 많은 경우와 같이, 개인은 바로 그때 보이지 않는 손에 이끌려 자신이 의도치 않았던 목표를 달성하게 된다."

◆ 현대 경제학의 아버지

애덤 스미스(1723~1790)는 스코틀랜드에서 태어났다. 아버지는 법률가였고 상처한 뒤 새로 얻은 아내가 애덤 스미스의 어머니였다. 스미스는 네 살 무렵 집시들에게 납치당했다가 구출되었다는 일화가 있고 건강이 좋지 않았고, 겸손하고 수줍음이 많았다.

스미스는 14살 때 글래스고 대학에 입학해 도덕철학을 공부했고 1740년 장학금을 받아 옥스퍼드 벨리올 칼리지로 갔지만, 옥스퍼드의 교육에 실망했다. 교수들의 열의와 수준, 학문적 개방성에서 글래스고 대학에 못 미친다고 보았다. 예컨대 그가 데이비드 흄의 〈인식론〉을 읽는 것을 대학 당국이 공공연히 금지했다.

1751년 스미스는 글래스고 대학 논리학 담당 교수가 되었다. 이후 10여 년간 계속된 교수 생활을 스미스는 '가장 유익했고 행복했으며 명예로운 시기였다'고 회고했다. 1778년 스코틀랜드의 관세청장으로 임명되었고 5년 뒤에는 에든버러 왕립협회 창립회원이 되었다. 1787~89년에는 글래스고 대학의 학자로서는 최고위직인 렉터 명예직에 재임했다.

스미스는 〈국부론〉에서 일을 단순한 작업으로 나눠주는 분업으로 인해 생산성이 높아지고, 누구나 특별한 기술을 배울 필요 없이 노동할 수 있는 환경이 갖춰지면 모두 부를 얻으리라 기대했다.

그는 에든버러에 있는 자택, 팬뮤어하우스에서 세상을 떠났다. 그는 병상에서 자신이 더 많은 것을 성취하지 못한 것을 아쉬워했다. 스미스는 많은 노트와 미출간 원고를 남겼는데, 출간하기에 적합하지 않은 것들은 모두 폐기하라는 유언을 남겼다. "지적으로는 모험을 즐기고 사회적으로는 조심스럽게 처신했다."라는 평가가 그의 삶을 잘 요약해준다.

♦ 철학과 경제학을 넘어 위대한 고전을 남기다

스미스의 도덕철학은 오늘의 윤리학과 유사하며, 인간 사회의 원리를 탐구하는 학문이다. 〈국부론〉의 핵심은 도덕(공정한 관찰자)이 허용하는 범위 내에 개인의 이기심만을 허용되어야 한다는 것이다. 스미스는 글래스고에서 행한 강의를 일부 반영한 〈도덕감정론〉을 1759년에 출간하면서 사람들이 각자의 이익에 따라 행동할 때 사회를 분명히 이롭게 한다는 주장을 펼쳤다.

자연적인 이기심에도 불구하고 제3의 입장에서 타인을 평가할 수 있는 공감 능력으로 스스로 자신을 일깨우고, 자기 행동의 도덕성을 인식하게 된다. 공감 능력은 사회관계에서 도덕적 판단과 행동의 근원이라고 보았다. 〈도덕감정론〉은 큰 인기를 끌며 스미스의 명성을 높여주었고 1762년 글래스고 대학은 스미스에게 법학 박사 칭호를 수여했다.

〈국부론〉은 오늘날 거시경제학의 밑바탕에 깔린 명제로 시작된다. "한 나라 국민의 연간 노동은 그들이 연간 소비하는 생활필수품과 편의품 전부를 공급하는 원천이며, 이 생활필수품과 편의품은 언제나 이 연간 노동의 직접 생산물로 구성되고 있거나, 이 생산물과의 교환으로 다른 나라로부터 사들여 온 생산물로 구성되고 있다." 스미스에 따르면 자기 이익을 추구하는 열정과 행위는 사회 전체의 이익과 조화를 이루는 방향으로 나아가며, 그런 방향을 이끄는 것이 이른바 '보이지 않는 손'이다. 보이지 않는 손의 요약은 다음 문장으로부터 알 수 있다.

"우리가 저녁 식사를 기대할 수 있는 건 푸줏간 주인, 술도가 주인, 빵집 주인의 자비심 덕분이 아니라, 그들이 자기 이익을 챙기려는 생각 덕분이다. 우리는 그들의 박애심이 아니라 자기애에 호소하며, 우리의 필요가 아니라 그들의 이익만을 그들에게 이야기할 뿐이다."

그는 노동 분업의 양면성과 독점 및 집중의 폐단을 피하면 생산량을 늘릴 수 있다고 하며 옷핀 만드는 예를 들었다. 한 사람의 노동자가 제조 공정 전체를 맡으면 하루에 핀 스무 개 정도를 겨우 만들 수 있지만, 10명의 노동자가 제조 공정을 18단계로 나누어 작업하면 하루 4만 8천 개를 만들 수 있다는 것이다.

💎 성찰과 공감: 이기심 덕분에 부유해질 수 있다

그가 이해하는 인간은 다층적이고 복합적인 존재이다. 공동체에서는 인간의 본성이 이타심에서 시작되지만, 자신의 상황을 개선하고자 하는 개인의 노력으로 사회 전체의 부가 향상된다. 따라서 돈을 위한 경제학이 아니라 '인간과 사회를 위한 경제학'을 주장했다.

〈국부론〉은 경제체제의 의미와 작동 방식에 대한 최초의 체계적이고 광범위한 서술이다. 당시 중상주의 경제정책을 비판하고 도덕적으로 선한 '노동생산성 향상과 시장 기능의 자율성에 따른 합리적 선택'을 제시했다.

자유 시장 경제를 옹호하며, 경제활동의 자유와 경쟁이 보장될 때 경제가 발전하고 사람들의 복지가 증진될 수 있다. 그는 결국 사람들이 서로 협력하고 상호 작용함으로써 사회적 조화와 질서가 유지될 수 있다고 믿었다.

50. 나폴레옹, 유럽 전역을 통치하다

"신뢰하는 나의 장병들이여! 우리는 헐벗음과 굶주림을 잘 참고 이겨냈다. 여러분들의 위대한 용기와 희생을 국가는 그 어떤 영광으로도 되돌려주지 못했다. 그러나 나는 이제 지구상에서 가장 풍요롭고 비옥한 평원으로 여러분들을 인도할 것이다. 그리고 빛나는 영광과 부와 희망을 안겨줄 것이다. 용기와 인내가 충만한 여러분, 나를 따르라!"

◈ 사람의 형상을 한 절대정신

"말 위에서 도시를 살펴보는 황제를 그 절대정신을 나는 보았다." - 게오르크 헤겔

보나파르트 나폴레옹(1769~1821)은 집안의 가세가 기울고 어려운 상황에서 프랑스에서 최하위 군사학교인 브리엔 군사학교에 입학한 것을 시작으로 하여, 뛰어난 군사전략과 정치력으로 35세에 황제까지 된 입지전적인 인물이다. 사상적인 측면에서 유럽 대부분을 지배하면서 그 스스로가 갖춘 사상과 철학인 법치주의, 능력주의, 시민 평등사상을 온 유럽에 퍼트렸고, 나폴레옹 법전 등 여러 업

적을 남겨 세계사에 한 획을 그었다. 기본적으로 근대 세계는 프랑스 혁명으로 시작해서 나폴레옹 전쟁으로 끝난 정치 혁명 그리고 영국 산업혁명이 발판이 된 것이다.

나폴레옹은 당대 최고의 군사 전략가로서 전 유럽을 벌벌 떨게 했다. 또한, 프랑스 육군의 모든 부분을 선진화시켜 세계 최강으로 자리매김한다. 60만 병력으로 러시아 침공했는데 당시 대륙봉쇄령에 비협조적인 러시아를 한 달 만에 정복하겠다는 야심으로 떠났지만, 고작 3만 명만 살린 채 실패하고 말았다. 그후 오스트리아 러시아 프러시아 등의 군대 공격으로 1814년 4월 황제 자리에서 물러났고 엘바섬으로 유배되었다. 엘바섬에서 탈출하여 재기를 노리다가 1815년 워털루 전투에서 패배하면서 완전히 몰락했다.

💎 비범하고 놀라운 사람

"나폴레옹의 생애는 1천 년 내 가장 비범한 생애였다. 나폴레옹은 분명
위대하고 특출한 인물로서 생애만큼이나 자질도 비범했다. 나폴레옹은 확실히
내가 본 인간 중에서 가장 대단했고, 우리 세대에 살았던, 아니 여러 세대 동안
살았던 인간 중 가장 놀라운 인물이라고 나는 믿는다."
– 샤를모리스 드 탈레랑페리고르

나폴레옹은 잠을 효율적으로 자는 자의 대명사로 꼽히고 독서광으로 알려졌다. 재능 있는 사람들이라면 과거의 인물도 배제하지 않았고 능력에 따라 승진시켰다. 그밖에 나폴레옹 법전으로 전 세계 민법의 기초를 세웠다. 가톨릭을 프랑스 종교로 인정하고, 미터법 채택, 공공 도로와 하수도를 건설했다. 특히 중등 교육 시스템과 단일 통화를 도입했다.

💎 성찰과 공감: 내 사전엔 불가능이 없다

"세상에는 오직 두 가지 힘만 있다. 검과 기백이다. 길게 보면 검이 언제나 기백에 패한다." "승리는 가장 끈기 있는 자에게 돌아간다. 숙고할 시간을 가져라, 그러나 행동할 때가 오면 생각을 멈추고 뛰어들어라."

나폴레옹은 프랑스의 군사적 팽창에 가장 큰 공로자이자 역사상 위대한 인물로 존경받는다. 뛰어난 군사적 능력과 통치력으로 자신의 목표를 위해 열정적으로 싸웠으며, 전략적인 지도력으로 유럽 전역을 정복했다. 특히 국민 복지 증대와 교육, 인프라 개발, 과학과 예술 장려에 힘써 국가의 발전에 기여했다. 비록 유럽 강국들의 견제에 패배했지만 그는 불가능에 도전한 불세출의 영웅이었다.

당신이 힘들다면 이 말을 기억하라. "승리는 노력과 사랑에 의해서만 얻어진다. 승리는 가장 끈기 있게 노력하는 사람에게 간다. 어떤 고난의 한가운데 있더라도 노력으로 정복해야 한다. 그것뿐이다. 이것이 진정한 승리의 길이다."

51. 링컨, 노예 해방의 아버지

"국민에 의한, 국민을 위한, 국민의 정부." – 게티스버그 연설

◆ 실패가 없으면 성공도 없다

에이브러햄 링컨은 1809년 토머스 링컨의 둘째 자녀로 태어났으며, 그의 생가는 시골 통나무집이었다. 링컨의 어머니는 독초를 먹은 소에서 짠 우유가 매개체인 우유병으로 34세에 삶을 마감했다. 아내의 죽음으로 집안을 돌볼 사람이 없게 되자, 아버지는 어린 시절부터 알고 지냈으며 링컨이 '엄마'라고 불렀던 친구 사라 존스턴과 재혼했다.

사라는 아이들을 따뜻하게 돌보았고, 책을 좋아하는 링컨의 편을 들어준 덕분에 링컨은 풍부한 학식을 얻을 수 있었다. 그의 부친 토머스는 배움은 없었지만, 말을 재미있게 하는 재주가 있는 훌륭한 이야기꾼으로 아버지가 들려주는 이야기를 들으며 링컨은 연설을 배웠다.

여러 직업을 전전하던 링컨은 23세의 나이로 정계의 문을 두드렸다. 1832년 일리노이 주 의회 선거에 출마했으나 낙선했지만 2년 후 주 의회 진출에 성공했다. 주 의원을 4차례 연임한 후 연방 하원의원에 도전했지만, 낙선의 고배를 마셨다. 1846년 하원의원에 당선됐지만 2년 단임에 그치고 고향에서의 변호사 생활로 돌아갔다.

1858년 연방 상원의원 선거전에 뛰어들어 민주당의 거물 정치인 스티븐 더글러스와 경쟁을 벌였고 노예제 폐지를 주장했지만, 선거에 패한다. 그러나 일약 전국적인 유명 인사가 되어 1860년 공화당의 후보 지명을 받아 제16대 미국 대통령에 당선됐다. 켄터키의 변방 태생으로 대통령이 된 것은

링컨이 최초였다.

대통령 당선 직후 노예제 폐지에 반발한 남부 주들의 연방 이탈로 분열의 위기 속에 남북전쟁이 발발하자 링컨은 북부의 여러 세력을 조정하면서 점진적으로 노예 해방을 단행하고 전쟁을 승리로 이끌었다.

게티즈버그에서 막대한 전사자가 발생하면서 전세가 한때 위기로 몰리고 북부 내에서도 강건파와 온건파 간의 격렬한 대립 속에 정치적 파국의 위기를 맞았다. 1863년 11월 게티즈버그 묘지에서 행한 "국민에 의한, 국민을 위한, 국민의 정부는 이 땅에서 영원히 사라지지 않을 것이다."라는 명연설로 단합을 끌어내고 전세의 승기를 잡을 수 있었다.

1864년 재선에 성공한 후 이듬해 남북전쟁이 종결되는 상황을 지켜봤으나 남군이 항복하고 이틀 후에 워싱턴의 포드 극장에서 남부 출신 배우 존 윌크스 부스에 의해 암살당했다.

♦ 노예 해방의 아버지

링컨은 가난한 농민의 아들로 태어나 학교 교육을 거의 받지 못했지만, 독학으로 27세에 변호사가 되었고, 13번의 도전 끝에 대통령이 된 후에는 노예제를 폐지하고 지금의 미합중국을 탄생시켰다. 링컨이 노예 해방을 하지 않았다면 과연 지금의 미국이 존재할 수 있을까?

링컨은 오하이오 강의 나룻배 사공에서부터 잡화점의 점원, 우체국장, 측량기사 등의 여러 직업을 전전했다. 훗날 링컨은 "겨울에도 팔꿈치가 드러난 해진 옷을 입었고 발가락이 튀어나오는 낡은 구두를 신었다."라고 궁핍했던 젊은 시절을 술회했다.

숱한 선거에서 패했지만, 선거 유세 중 노예제 폐지를 주장하는 연설로 전국적인 명성을 얻었고 직접 작성한 연설 내용으로 청중을 사로잡았다. 교통수단이나 미디어가 제대로 발달하지 않았던 19세기 중반, 보잘것없는 경력의 링컨이 전국적인 유명 정치인으로 성장할 수 있게 한 것은 빈틈없는 논리로 무장한 토론 실력과 청중을 사로잡는 언변이었다.

💎 성찰과 공감: 목적을 이루기 위해선 타협과 협상이 필요하다

링컨은 오랫동안 정적이었던 스탠튼을 국방장관으로 임명했다. 당연히 링컨 주변의 참모들은 반대했지만, 그럼에도 링컨은 당시의 남북전쟁을 해결하고 미국에 닥친 어려움을 극복하기 위해서 그를 믿었고, 그는 훗날 링컨을 지키는 동반자가 되었다. 1865년 4월 15일, 링컨은 존 부스로부터 저격당했다. 링컨의 기다란 몸은 침대가 짧아서 대각선으로 누워 있었다. 그 모습을 지켜보던 스탠튼은 길이 남을 유명한 말을 남겼다.

"여기에 세상에서 가장 완전하게 세상을 다스렸던 사람이 누워 있습니다.
사람과 나무는 누워 있을 때만 진정한 크기를 알 수 있습니다."

인간의 동등한 권리와 자유를 중시하여 노예 해방 선언을 발표하며 미국 내전을 통해 국가의 단합을 추구했다. 타협과 협상을 중요시하며 경청과 정직함이라는 윤리적 가치를 드높였다.

"노동을 소중히 여기자. 노동의 빛은 아름다운 것이다. 노동은 온갖 덕의
원천이기 때문이다."

"모든 사람을 얼마 동안 속일 수는 있다. 또 몇 사람을 영원히 속일 수도 있다.
그러나 모든 사람을 영원히 속일 수는 없다."

"나는 계속 배우면서 나는 갖추어 간다. 언젠가는 나에게도 기회가 올 것이다."

52. 비스마르크, 독일 제국을 건설한 철혈 수상

"비록 군비가 우리의 빈약한 몸에 비해서 지나치게 크다고 할지라도 그것이 우리에게 유익하다면 우리들은 그것을 몸에 지니는 정열을 지녀야 할 것이며, 또한 감히 그와 같이 하기를 바라는 것이다. 독일이 착안해야 할 것은 프로이센의 자유주의가 아니라 군비다. 지금의 문제는 언론이나 다수결에 의해서가 아니라 오로지 철과 피(血), 곧 병기(兵器)와 병력에 의해서만 해결할 수 있다."

💎 전쟁을 외교의 강압적 수단으로만 사용

오토 폰 비스마르크(1815~1898)는 프로이센 쉰하우젠에서 융커의 아들로 태어났다. 그의 아버지는 예비역 장교로 별 볼 일 없는 가문이었고, 어머니는 사교적이었지만 가정에 무심했다. 어린 나이의 자녀들을 기숙사 달린 학교로 보내 명절에도 집에 돌아오지 못하게 했다.

비스마르크는 어린 시절 학업에 별다른 재능이나 흥미를 보이지 않았지만, 언어능력만큼은 탁월했고 고전에 심취했다. 영어와 프랑스어, 러시아어, 이탈리아어, 스페인어를 구사하여, 훗날 외교관으로 성장하는 데 큰 도움이 되었다. 대학 시절에는 술, 총, 주먹, 도박을 즐긴 다혈질이었다.

공무원으로 근무하다가 1847년 프로이센 의회 의원에 당선되어 정계에 진출해 반(反)혁명파로 활동한다. 러시아 주재 대사와 프랑스 주재 대사를 거치면서 국제적 외교 감각을 지닌 정치인으로 성장했다. 그 후 독일제국의 수상으로서의 유럽 외교무대를 주도하면서 강대국 간의 세력 균형을 활용했다.

1872년부터 남부 독일의 가톨릭교도를 억압하기 위한 문화투쟁도 벌였다. 또 사회주의를 억압하면서 수상 취임 후 첫 연설에서 군비확장을 주장한 '철혈정책' 연설로 큰 반향을 일으켰다. 그는 독일의 자본주의 발전과 식민지 획득을 장려하여 아프리카에 독일 식민지를 획득하는 데 공헌했다.

그는 대외적으로는 철혈 재상이라는 강인하고 냉혹한 이미지를 갖지만, 실제로는 상당히 감수성이 풍부했다. 신경쇠약으로 자주 과식했고, 사망원인도 과식이었다고 한다.

그리고 의외로 눈물도 많았다. 아들의 결혼을 반대하는 과정에서 울면서 자살하겠다고 말린 적도 있고, 보오전쟁의 보상 조약 체결을 둘러싸고 빌헬름 1세와 대립이 생겼을 때는 울면서 자살 소동을 벌여 빌헬름 1세의 뜻을 꺾은 적도 있었다. 비스마르크가 "신의 말을 들어주지 않으면 사임하겠습니다!"라고 외치자 빌헬름 1세도 "제국에는 나보다 비스마르크가 더 필요하니 내가 퇴위하겠다!"라고 맞받아쳤다.

딸이 지켜보는 가운데 1898년 7월 30일 사망했고 시신은 그의 희망에 따라 집에서 멀리 떨어지지 않은 장소에 묻혔다.

♦ 냉철한 현실주의자

비스마르크는 독일 역사에서 최초로 통일을 이룩했던 정치가로 독일을 강대국 반열에 올려놓았다. 수백 년간 지속된 독일권의 지역주의를 타파하고 강력한 민족국가로서의 독일 제국을 탄생시켰다.

또한, 통합 과정에서 적지 않은 장애 요인이 있었지만, 자신의 정치적 역량을 발휘하여 장애 요인들을 제거했다. 특히 '세계 최초로 의료보험, 산재보험, 노인복지법' 등 정책을 실행하여 사회보장제도의 기틀을 마련했고 독일이 복지국가로 도약하는 기틀을 만들었다.

그는 프랑크푸르트 독일 연방 의회 외교관으로 활약하면서 오스트리아의 주도권에 맞서서 북독일의 프로이센 위주의 복수 주도권을 주장했다.

그 당시 주목할 만한 일화로 소위 '위신 투쟁' 사건이 있었다. 당시 연방회의 의장국이자 실질적인 맹주였던 오스트리아 제국 대표만이 회의 석상에서 담배를 피울 수 있는 전통이 있었다. 비스마르크가 '왜 담배를 피우면 안 되는가?'라며 의장에게 직접 불을 청해 담배를 피웠다. 돌발적인 행동으로 각국 대표들은 '조국을 위해 담배를 피우는 희생'을 했고, 프로이센이 더는 오스트리아의 아래가 아니라는 것을 만천하에 알리는 계기가 되었다.

비스마르크는 대러 친선을 유지했고 프로이센 수상에 취임하자마자 징병제 기간 연장과 군대를 증강하여 프로이센-오스트리아 전쟁, 프로이센-프랑스 전쟁에서 승리했다.

취임사에서 한 "언론이나 다수결이 아닌, 철(=무기)과 피(=전쟁)만이 문제를 해결할 수 있다."라는 말에서 '철혈 재상'이라는 별명을 얻었다. "전쟁터에서 죽어가는 병사의 멍한 눈빛을 본 적이 있는 사람이라면, 전쟁을 일으키기 전에 깊이 생각해볼 것이다."

♦ 성찰과 공감: 독일인은 신을 두려워할 뿐, 세상의 그 무엇도 두려워하지 않는다

"청년들에게 해줄 말은 단 세 마디뿐이다. 일하라, 더욱 일하라, 죽을 때까지 일하라!"

비스마르크는 현실을 직시하고, 현재의 정치적 조건과 상황을 분석하여 전략을 세웠다. 그는 국가 이익과 평화를 최우선으로 놓고 전략적으로 행동한 결과 독일 통일을 추진할 수 있었다. 비스마르크의 외교적 솜씨, 강력한 리더십, 결단력은 독일의 정치적 변화와 발전을 이루었다.

53. 카네기, 미국 최초의 근대 자본가

"때를 놓치지 말라. 사람은 이것을 그리 대단치 않게 여기기 때문에 기회가 와도 그것을 잡을 줄 모르고 때가 오지 않는다고 불평만 한다. 기회는 누구에게나 온다."

♦ 성공의 비결은 포기하지 않는 것

앤드루 카네기(1835~1919)는 영국 스코틀랜드 귀족 가문의 후예로 태어나 1848년 12살 때 미국으로 건너왔다. 어머니가 구멍가게를 운영했지만 좀처럼 가난에서 벗어나지 못했다. 카네기는 어려서부터 방적공장 노동자, 기관 조수, 전보 배달원, 전신 기사 등 여러 직업을 전전하다가, 1853년 펜실베이니아 철도회사에 취직하게 된다.

남북전쟁에 종군한 후 1865년까지 장거리 여행자를 위한 침대차와 유정사업 등에 투자하면서 큰돈을 벌었다. 1892년에는 카네기 철강회사(후에 카네기 회사로 개칭)를 설립했다. 미국 자본주의 발흥기의 전형적인 산업자본가로 대 철강 트러스트를 형성하고 생애 후반에는 교육과 문화 사업에 전념했다.

그의 묘비에는 "자신보다 우수한 사람을 어떻게 다루는지 아는 사람이 여기 누워 있다."라고 새겨져 있다.

♦ 과학적 기업관리법으로 강철왕에 오르다

카네기는 부자들을 끌어들여 사업을 확장하는 뛰어난 재주를 가지고 있었다. 그러면서도 회사 경영만은 절대 양보하지 않았다. 사업이 어느 정도 궤도에 오르자, 재정이 악화된 경쟁사들을 사들이고 원료와 상품 수송을 위해 독자적인 철도망을 구축하기도 했다. 1890년에 카네기는 미국 제철 사업의 실질적인 지배 인물이 되었다.

카네기는 이윤을 위해서라면 때로 비도덕적 행위도 서슴지 않았던 전형적인 자본가였다. 회사 물품을 운송하는 철도회사에 리베이트를 강요하고 비록 얼마 동안이기는 하지만 제철업자들끼리 독점 담합을 맺어 엄청난 부당 이익을 챙기기도 했다. 외국 경쟁회사가 국내시장에 뛰어드는 것을 막기 위해 정치인들을 매수하여 자신에게 유리한 보호관세법을 통과시키기도 했다. 임금을 형편없이 깎아내리고 이에 항의하는 노동단체는 무슨 수를 써서라도 없애고야 말았다.

그러나 그의 사업 성공의 비밀은 무엇보다도 기업 경영에 과학적 기업 관리법을 도입한 데 있었다. 즉 최소 비용으로 최대의 생산성을 얻기 위해 생산라인과 인적 관리 방식을 획기적으로 개혁했다. 그가 최초로 도입한 과학적 기업 경영법은 후일 프레드릭 테일러의 이론화 과정을 거쳐 이른바 '테일러 주의'라는 이름으로 미국 기업들에 정착되었다.

카네기는 철저한 자본가 정신과 과학적 기업경영으로 미국 자본주의 발전에 결정적 이바지를 했다. 때로는 이윤을 위해 물불을 가리지 않는 냉혹한 자본가이면서 동시에 부를 공익에 돌릴 줄도 아는 인간적 자본가이기도 했다. 카네기는 사업을 확장하면서 채용한 고급 제철 기술자들에게 사업이 성공을 거둘 때마다 주식을 나누어주곤 했다. 이렇게 해서 그가 만들어낸 백만장자만 40명이 넘었다.

카네기는 여생을 교육사업과 사회사업에 헌신했다. 피츠버그에 있는 카네기멜론 대학이 그의 재정적 후원에 의해 설립된 대학이다. 평생 그가 자선 명목으로 기부한 돈만도 수억 달러에 달했다고 한다.

💎 성찰과 공감: 'Work Hard'에서 'Think Hard'로 패러다임의 전환

카네기는 자신의 삶을 '재산을 쌓는 시기'와 '재산을 나누는 시기'로 나눴다. 그는 "돈을 잔뜩 짊어진 채 죽는 것은 미련한 짓."이라면서 말년의 재산 4억 8,000만 달러의 3분의 2가 넘는 3억 5,000만 달러를 사회에 환원했다. 카네기 공대(현 카네기멜론대)를 설립해 인재를 양성했고, 카네기홀을 지어 음악을 발전시켰으며, 2,500여 개의 도서관을 지어 미국에 지식의 토양을 구축했다.

철강왕 카네기의 사무실에는 볼품없는 그림이 하나 걸려 있었다. 노 하나만 있는 나룻배가 모래사장에 뒹굴고 있는데, 썰물이라 온갖 쓰레기와 함께 모래사장에 방치된 그림이다. 카네기는 이 그림을 아주 귀중한 보물처럼 아꼈다고 한다. 이 그림은 춥고 배고팠던 청년 시절을 잊지 않게 했기 때문이다. 화가는 그림 아래에 다음 글귀를 적었다.

"반드시 밀물이 밀려오리라. 그날 나는 바다로 나아가리라."

비록 오늘 초라하고 버려졌을지라도 언젠가 밀물이 밀려오면 드넓은 바다로 나아가 당당하게 항해하리라.

54. 샤넬, 패션계의 신화

"패션은 복장에만 있는 그 무엇이 아니다. 패션은 하늘에도 거리에도 있으며, 우리가 살아가는 방식 그 자체이자 늘 새롭게 일어나는 그 무엇이다."

♦ 고아 소녀 출신, 자유분방이 오늘날 나를 만들었다

코코 샤넬(1883~1971)은 프랑스 오벨뉴 지방 출생으로 12세에 모친이 사망하는 바람에 아버지에게 버려져 보육원과 수도원을 전전하면서 불우한 어린 시절을 보냈다. 수도원에서 도망친 샤넬은 친구와 함께 도시로 올라와서 '코코'라는 애칭으로 바느질 가게를 열었다.

샤넬은 여성들의 불편한 복장을 개선하려는 노력에 힘썼다. 특히 발장의 후원으로 영감 있는 모자를 만들어 팔았다. '샤넬 모드'라는 모자 전문점에서 모자가 잘 팔리자, 이번에는 복장 사업을 시작했고 그녀가 만들어낸 바지는 편하다며 여성들에게 극찬을 받았다.

샤넬은 조향사 에른스트 보와 함께 첫 향수인 'No.5' 'No. 22'를 발표하여 대성공을 거둔다. 이때부터 샤넬은 사교계의 거물이 되었다. 1924년에는 모조 보석을 사용한 쥬얼리를 발표했다.

1934년에 기업가로 순탄한 성장을 한 샤넬 브랜드는 약 4천 명의 노동자가 파업하는 바람에 충격으로 일부 점포를 제외하고는 사업을 접고 일시 은퇴했다.

제2차 세계대전이 발발해 프랑스가 독일군에게 점령당하고 프랑스에 친독계열의 비시 괴뢰정부가 들어섰다. 샤넬은 독일군 장교와 애인 관계로 지내면서 나치의 스파이 노릇도 했다. 이후 프랑스가 해방되자 샤넬은 나치에

협력했다는 비판에 직면해 고국을 탈출해 수년간 스위스의 로잔에서 망명 생활을 했다.

1955년 샤넬은 울 소재의 새로운 샤넬 슈트를 발표했고, 미국에선 "과거 50여 년간 큰 영향력을 가진 패션디자이너"라 하여 오스카상을 수여하기도 했다. 1971년, 거주하던 파리의 리츠 호텔에서 콜렉션을 준비하던 중 88세로 사망했다.

◆ 사랑과 일, 영욕(榮辱)과 부침(浮沈)의 사연

샤넬은 20세기 여성 패션의 혁신을 선도한 패션 디자이너였다. 간단하고 입기 편한 옷을 모토로 디자인 활동을 시작하여 답답한 속옷이나 장식성이 많은 옷으로부터 여성을 해방하는 실마리를 만들었다.

어린 시절 보육원에서 배운 바느질 기술로 여성 의상을 디자인하여, 활동성과 우아함을 동시에 지닌 의상들로 유명세를 탔다. 코르셋 등 답답한 속옷이나 장식성이 많은 옷으로부터 여성을 해방시켰다.

검정색 가죽 퀼팅 가방은 샤넬을 대표하는 아이템으로 꼽힌다. 패션계의 '샤넬 스타일'를 만들었고, '내가 곧 스타일이다'라는 말도 남겼다.

◆ 성찰과 공감: 나는 취향을 타협하지 않는다

"무엇과도 바꿀 수 없는 존재가 되려면, 늘 달라야 한다."

향수와 옷은 제품이지만, 인간의 마음이 담겨 있다. 패션은 사라지지만 스타일은 영원하다. 그녀의 말이다. "사람들은 나의 옷 입는 모습을 보고 비웃었지만, 그것이 바로 내 성공의 비결이었다. 나는 그 누구와도 같지 않았다." 이런 자신감을 가져야 한다.

디자이너로 성공하고 싶은가? 무엇과도 바꿀 수 없는 존재가 돼라. 단순하고 세련된 디자인을 추구하며, 자유롭고 실용적인 옷을 제시하라. 샤넬은 전통적 사고를 깨고 패션과 인생의 독립과 자유를 중시했다. 그녀의 일생을 한마디로 요약하면 '사랑하고 일했다.'

"일할 시간과 사랑할 시간, 그 밖에 또 다른 어떤 시간이 필요하단 말인가."

55. 호찌민, 외세를 물리친 국부

"나를 이끈 것은 공산주의가 아니라 애국심이었다."
- 1946년 9월, 프랑스 장 생트니 소령을 만난 호찌민

◆ 뛰어난 독서 능력과 강한 독립성

호찌민(1890~1969)은 북부 베트남 킬 리엔에 작은 마을에서 태어났다. 그의 아버지는 농민 출신으로 가난한 유학자였고, 어머니는 서당 훈장의 딸이었다. 그의 부친은 프랑스 식민지 치하에서 명맥을 유지하던 응우옌 왕조의 관리가 되었지만, 자신의 일이 식민지 경영의 주구에 지나지 않는다는 허무주의와 불복종으로 해직된다. 호찌민은 열 살 때 어머니를 잃고 정규 교육을 받지 못했다. 하지만 독서와 여행을 통해 영혼을 알차게 만들었다.

호찌민은 늘 베트남 사람들의 독립을 생각했다. 영국, 미국을 비롯한 여러 나라를 떠돌면서 정원사, 청소부, 웨이터, 사진 수정자, 화부(火夫), 빵 가게 등에서 일했고, 흑인 인권운동에도 참여했다. 그 밖에도 신문물과 사상 등을 배워 영어, 중국어, 러시아어, 프랑스어를 유창하게 구사했다.

호찌민은 잠시 민족주의자 학교에서 교사로 일했고 매우 인기 있는 교사였다. 학생들을 항상 존중했고, 다른 교사들에게도 때리거나 윽박지르지 말라고 충고했으며, 당시 유행하던 하얀 파자마와 나무 샌들 차림으로 소크라테스와 같은 방법을 사용하여 학생들이 스스로 생각하게 만들었다. 호찌민은 공산국가로 베트남을 통일했지만, 독재자가 아닌 '호 아저씨'라 불리기를 좋아했다.

그는 일생의 목표인 베트남의 자주독립을 위해, 개인적인 삶을 모조리 내

버린 채 평생을 헌신했다. 실리주의를 중시하고, 냉철하고 치밀한 정치적 행보를 걸었으며, 공산주의 이념에 치중하지 않고, 여러 국가들 사이에서 절묘한 외교를 통해 베트남의 독립을 이루었다.

평생 청빈한 삶을 살아 그가 죽을 때 남긴 것은 옷 몇 벌과 낡은 구두가 전부였다. 그는 국민을 "다스림"의 대상으로 삼지 않고, 항상 "함께, 더불어"의 대상으로 보았다. 그의 사상 근저에는 "함께 산다, 함께 먹는다, 함께 일한다."가 자리 잡고 있었다.

호찌민은 죽기 전 유언으로 "화장하여 베트남 전국에 뿌리고 무덤도 만들지 말아달라."라고 했지만, 베트남 국민들은 그의 시신을 미이라로 처리해 영구 보존하고 있다.

♦ 민족주의자, 남들에게 친절하고 소박한 성품

호찌민은 예리한 통찰력과 성실성 그리고 놀라운 문장력으로 프랑스 좌익계 인사들의 관심을 끌었다. 그는 단순히 말로만 떠들지 않고 개방적이고 국제적 안목을 갖추고 최선을 다해 베트남인들의 신뢰를 얻었다. 1918년에는 베르사유 회의에 베트남인의 자유·민주·평등권을 요구하고, '안남 민족의 요구'라는 8개 조항을 제출하기도 한다.

1920년에 호찌민은 프랑스 공산당에 창당 관여 및 가입을 하여 활동하면서 사회주의에 입문한다. 1923년에 식민지 농민 대표 자격으로 소련에 건너가 국제공산당에서 일했다. 홍콩으로 건너가 인도차이나 공산당을 창당했기에 스탈린의 대숙청을 피했다.

1938년 중국으로 들어가 중국 팔로군 지역 본부에서 기자로 일하다가 1941년 30년 만에 고국인 베트남으로 귀국했다. 그는 베트민을 통해 전국적인 총봉기와 전국 국민회의를 주최해 주석으로 선출되어 임시정부를 수립했다. 하노이 봉기에서만 총 10만 명이 봉기에 참여하여 일본군 철수와 프랑스 식민 통치 종결, 바오다이 황제 폐위를 요구했다.

제2차 세계대전 이후 베트남에는 북위 16도선을 기점으로, 북에는 중국의 국민당군과 남에는 영국군과 프랑스군이 같이 들어왔다. 1946년 11월 프랑스가 베트남의 항구도시 하이퐁을 무차별 포격하여 민간인 6,000명이 학살당하자 제1차 인도차이나 전쟁이 일어났다.

1949년 마오쩌둥과 스탈린의 지원으로 프랑스를 몰아내고, 호찌민은 베트남 국민들의 영웅이 된다. 프랑스는 베트남에서 철군했고, 제네바 협약에 따라 1954년 베트남은 17도선을 기점으로 분단됐다. 북베트남에는 호찌민이 국민들로부터 절대적인 지지를 받아 초대 국가주석이 된다.

남베트남의 응오딘지엠 정권은 우익 반공 독재를 시작한다. 토지 개혁을 마무리한 호찌민에 비해, 남베트남의 권력 기반은 불안정했다. 결국 1960년 남베트남 안에서 남베트남 민족해방전선 이른바 베트콩이 독재정권 타도라는 목표하에 전쟁이 시작되었다. 미국은 도미노 이론에 따라 남베트남에 군사고문단을 파견하고, 남베트남 정권을 지원했다.

호찌민은 1969년 "자유와 독립보다 소중한 것은 없다."라는 유명한 말을 남기고 심장병으로 생을 마감한다. 그가 죽고 5년 후인 1975년 남베트남은 망하고 베트남 민주 공화국으로 통일된다.

◆ 성찰과 공감: 국민의 자주성과 독립을 최우선 과제로 삼은 혁명가

1965년 미국의 참전으로 베트남 전쟁이 격화되자 학생들은 전쟁터 대신에 해외로 유학 보내면서 다음과 같은 말을 남겼다.

> "정부가 어려워서 너희들을 빈손으로 떠나보내지만, 너희들은 지금 전쟁으로 고통받으며 죽어가는 인민들에게 크나큰 빚을 지는 것이다. 반드시 그 빚을 갚아야 한다. 이 전쟁에서 우리가 승리할 것은 분명하지만 시간이 좀 많이 걸릴

것이며 그 과정에서 조국의 많은 인재들이 희생될 것이고 너희들의 부모 형제들도 죽어갈 것이다. 조국을 대신해서 이 할아버지가 너희들에게 받아두어야 할 약속이 꼭 하나 있다. 무슨 일이 있더라도, 너희들은 학업을 마치기 전에는 돌아와선 안 된다는 것이다. 우리가 승리한 다음, 너희들이 전쟁으로 파괴된 조국의 강산을 과거보다, 세계의 어느 나라보다 아름답게 재건해야 한다. 너희들은 공부하는 것이 전투다."

호찌민은 매우 친절한 사람이었고 자기를 자랑하지 않는 사람이었다. 검소한 생활로 낡은 옷을 기워 입기가 일쑤였고 폐타이어를 잘라 신발을 만들어 신었다고 한다. 또한, 식사는 3찬만을 하며 살았다고 하는데 왜 3찬만 먹냐고 물으니 "내가 반찬 하나를 더 먹을 때마다 우리 국민 하나가 더 죽는다."라고 대답했다.

56. 드골, 자부심에 걸맞는 위대함

"내 생각에, 위대하지 않은 프랑스는 프랑스가 아니다." - 〈전쟁 비망록〉 중에서

♦ 위대한 프랑스 만세

샤를 드골(1890~1970)은 프랑스 공업지대에서 교사의 둘째 아들로 태어났다. 1909년 생시르 육군사관학교에 입학했으나, 자부심 강한 성격과 큰 키 때문에 동기들에게 '꺽다리 황제' '아스파라거스' 등으로 불리며 놀림받았다. 그가 군인의 길을 선택한 이유는 보불전쟁(프로이센-프랑스 전쟁)의 패배를 갚기 위해서였고, 강경 프랑스 민족주의자로 성장했다. 독단성으로 일관한 그는 결국 자유의 투사와 독재자라는 평가를 동시에 받고 있다.

드골은 국가 재정을 생각해서 "가족장으로 할 것, 대통령이나 장관들이 참배하지 못하게 할 것, 다만 제2차 세계대전의 전쟁터를 누비며 프랑스 해방을 위해 싸웠던 전우들의 참배는 허용할 것, 장지는 사랑하는 딸 안느가 잠들어 있는 고향마을 콜롱베의 공동묘지로 할 것, 비석에는 이름과 출생. 사망 연도만 새기라."라고 유언을 남겼다. 그래서 그의 묘비에는 "Charles de Gaulle, 1890-1970"만 적혀 있다.

♦ 자부심과 오만의 결정체

보병 소위로 임관한 드골은 베르됭 전투에 참가했으나 부상을 입고 32개월 동안 독일군의 포로로 잡혔고, 이때 5번의 탈출을 시도한다. 1차 세계대전 종전 직후 육군 원수 페탱의 부관과 육군대학의 교관을 맡았다. 그러나, 자부심이 강하다 못해 오만하다고도 평가받는 성격 탓에 근무 고과가 나빠 10년 이상을 대위에 머물러 퇴역 위기에 몰리기도 한다.

하지만 제2차 세계대전 발발 직전 기갑사단을 창설하고 지휘하여 큰 공을 세운다. 훗날 NATO 중부 유럽군 사령관이 된 킬만스에크 장군은 당시 드골의 공세를 "시간적, 공간적으로 완벽한 역습."이라 극찬했다.

1940년 6월 프랑스 정부는 나치 독일에게 항복을 선언했다. 이에 드골은 불복하여 몇몇 동지들과 함께 영국으로 망명한 후 망명 정부 자유 프랑스를 조직했다. 당시 드골은 오만한 성격 탓으로 연합국 지도자들과 심각한 갈등을 겪었다.

파리 해방으로 드골은 프랑스 전체를 손에 쥐는 통치자가 되었고, 다른 연합국에게 인정받게 된다. 1945년 11월 헌법제정의회에 의해 내각 수반으로 임명된 드골은 프랑스 공산당을 내각에서 제외하고 우파만의 정부를 세웠으나, 공산당이 제1당으로 올라서자 정계에서 은퇴하고 1950년대 중반까지 전쟁 회고록 집필 등으로 소일하며 칩거했다.

당시 프랑스는 수에즈 전쟁에서의 패퇴, 제1차 인도차이나 전쟁 패배, 알제리 전쟁의 장기화 등 경제적 어려움과 프랑스 식민지의 독립요구로 엉망진창이었다. 궁지에 몰린 제4공화국은 헌법 개정안을 상정해 1958년 9월에 국민투표 76% 찬성으로 드골 대통령이 되었다.

💎 성찰과 공감: 내가 곧 프랑스다

드골은 제2차 세계대전 중 독일에 점령된 프랑스를 떠나 런던에서 자유 프랑스를 선포하고, 저항 운동을 이끌었다. 이는 프랑스의 독립과 자유를 위한 중요한 첫걸음이었다.

전쟁이 끝나고 난 후에는 정치적 리더십을 발휘하여 프랑스 제정과 공화국의 재건을 위해 노력했다. 할 수 있다고 믿는 사람은 결국 그렇게 된다.

57. 마쓰시타, 경영의 신

"마쓰시타는 제품을 만들기보다는 인간을 만드는 회사다."

◈ 가난함을 극복한 인간 승리

마쓰시타 고노스케(1894~1989)는 와카야마 현에서 8남매(3남 5녀) 중 막내로 태어났다. 부친은 선조로부터 물려받은 토지로 비교적 부유했지만, 그가 5살이 되는 해 쌀의 선물거래를 하다가 큰 손해를 보고 가세가 갑자기 몰락했고, 형제들 모두가 결핵과 전염병으로 사망하고 혼자 살아남게 되었다.

9살의 어린 나이에 오사카로 상경한 마쓰시타는 '미야다'라는 화로를 제조, 판매하는 상점에서 기숙하면서 심부름을 하거나 일을 배웠다. 자전거 점포인 '고다이 상점'에서 자전거 수리나 심부름을 하기도 했다. 오사카 전등회사에서 근무하면서 5시간 정도만 일하고 나머지 시간을 전기기구 발명에 힘을 썼고, 그 결과 '개량소켓'의 시제품을 개발했다.

1918년, 오사카 오오히라키쵸의 조그만 2층집을 빌려 '마쓰시타 전기기구 제작소(현재 ㈜마쓰시타 전기산업)'를 만들어 '어태치먼트(연결) 플러그'를 생산하기 시작한다. 종래의 소켓에 비해 모양이 새롭고, 독창적인 제작 방법으로 값도 싸면서, 사용도 간편하자 도매상들의 호평을 받으며 입소문을 타게 된다.

여기에서 출발해 내쇼날, 파나소닉 등의 브랜드로 대표되는 세계적 기업으로 성장시켰다. 자전거포 점원으로 시작해 세계적 기업 마쓰시타전기(파나소닉)를 전기 한 품목만으로 570개 계열사와 13만 명의 종업원을 거느리는 그룹으로 일궈냈다.

1979년 (재)마쓰시타 정경숙을 설립했으며, 1981년에는 일본 정부가 수여하는 '일등욱일대장훈장(一等旭日大綬勳章)'을 수상했고, 1989년 94세 나이에 폐렴으로 사망했다.

❖ 인간중심의 기업문화

마쓰시타는 경제불황으로 경영이 어려워질 때마다 기발하고 새로운 발상으로 위기를 돌파했다. 1930년대 세계적인 경제공황으로 재고가 쌓이자 마쓰시타는 인건비 압박으로 직원들을 구조조정하기보다 오후 근무시간에 전 직원이 외판사원으로 나서 재고를 해결하게 했다. 1964년 다시 불황이 왔을 때는 대리점 점주들을 모두 소집해 깊이 사죄를 한 후 1박 2일 동안 직접 문제점을 듣고 기록한 후 해결책을 제시했다.

실제로 그는 '회장님'이 된 후에도 경기가 어려워 기업이 위기에 처할 땐 '영업본부장'으로 직함을 바꾸고 직접 생산을 지휘하고 판매를 독려하며 현장을 누볐다. 이런 과정 속에 한 브랜드 내에서도 각 제품에 따라 독립적으로 경영하는 '사업부제' 같은 독창적인 경영 기법을 개발했다고 한다. 당시 인사이동이 많았는데, 마쓰시타 고노스케는 연공서열제(경력에 따라 승진을 시키는 인사제도)와 종신고용제로 해결했다.

그의 경영 철학은 첫째, 경영은 단순한 돈벌이가 아니다. 둘째, 회사를 키우려면 사람을 키워야 한다. 셋째, 직원들을 나보다 훌륭하게 만든다. 넷째, 주 5일 근무제를 실시하여 직원들이 적당한 휴식으로 노동 의욕을 높였다.

한 일본 가전회사 대표가 "마쓰시타 전기는 어떤 회사입니까?"라고 질문하자 그는 "마쓰시타는 사람을 만듭니다. 그리고 전기제품도 만듭니다."라고 답했다.

💎 성찰과 공감: 고난을 행운으로 바꿔라

마쓰시타는 하늘의 큰 은총 중 세 가지를 받았다고 한다. 그 세 가지는 바로 '가난한 것' '허약한 것' 그리고 '못 배운 것'이었다.

마쓰시타는 사비를 들여 마쓰시타 정경숙이라는 학교를 세워 각계각층의 인재들을 배출했다. 그곳에 선발된 학생들은 4년간 기숙하며 짜여진 프로그램대로 생활한다. 그런데 재미있는 것은 선발기준이다. 그들이 중요하게 보는 두 가지는 학력이나 스펙이 아닌 '운이 좋은 사람'과 '유머가 있는 사람'이다.

58. 디즈니, 아이들에게 꿈과 희망을 주다

"인간에게는 새로운 것을 알고자 하는 호기심이 있으므로 일단 전진하면 언제나 새로운 문이 열리고 새로운 일을 할 수 있게 된다."

◈ 작은 것에서 꿈을 이루다

월트 디즈니(1901~1966)는 미국 일리노이 주 시카고에서 스페인계 농부의 아들로 태어났다. 그는 어릴 때부터 그림에 관심이 많았고 재능을 보였다. 미술학교에 다니고 싶어했지만, 당시 그의 집은 가난하여 그럴 형편이 되지 못했고, 아버지 역시 반대했다.

하지만 아버지를 설득하여 근처의 미술학원에 다니기 시작했다. 일설에 따르면 불행히도 그의 아버지는 경계성 인격 장애로 자녀를 아무 이유 없이 혼내거나 때리는 사람이었다. 하지만 월트 디즈니는 맨바닥에서 일어선 자수성가의 삶을 가졌다.

1923년 지금의 디즈니사를 만들고 광고 만화 〈미키마우스〉를 제작하여 인기를 높였다. 그 뒤에도 〈돼지 삼형제〉를 비롯하여 많은 걸작 만화를 만들었다. 1937년 세계 최초의 장편 애니메이션 〈백설 공주〉를 제작하여 개봉하여, 당대에 엄청난 화제를 모았다. 이 밖에도 자연과학 영화, 기행 단편 영화, 기록영화 등 수많은 우수한 영화를 제작했다. 1955년 로스앤젤레스 교외에 디즈니랜드라는 거대한 어린이 유원지를 설립하여 영화 제작자 이상의 사업가로서도 자리를 굳혔다.

그가 영화 업계와 세계 오락 산업에 미친 영향력은 아직까지도 방대하게 남아 있다. 〈새터데이 이브닝 포스트〉는 그를 통틀어 '세계에서 가장 유명한 엔터테이너이자 가장 유명한 비정치적 공인'이라고 일컬었다. 1966년에 폐암 말기로 진단받고 65세의 나이로 사망했다.

♦ 세계에서 가장 유명한 엔터테이너

19세 때 캔자스에서 친구와 종이 애니메이션 영화를 제작하여 파산한 후 1923년 할리우드로 나가 형 로이와 손잡고 〈이상한 나라의 앨리스〉 〈토끼와 오즈월드〉 등의 시리즈를 만들었다. 그 뒤 〈미키마우스〉 시리즈 가운데 하나인 〈증기선 윌리〉(1928)를 최초의 유성 만화영화로 발표하여 크게 성공했다. 이후 1930년대 만화영화 부문의 상을 독점하는 등 누구도 생각지 못했던 일을 이루었다.

♦ 성찰과 공감: 꿈은 현실이 될 수 있다

디즈니는 많은 사람들에게 영감과 교훈을 준다. 항상 새로운 이야기를 만들어내고 캐릭터를 창조해내는 데 뛰어났다. 이는 상상력과 창의성을 통해 가능하다.

디즈니 영화와 콘텐츠는 긍정적인 메시지와 가치를 전달한다. 예를 들어, 노력과 희망을 통해 꿈을 이루는 이야기들로 관객에게 용기를 주고 자신의 꿈을 추구하도록 격려한다. 뿐만 아니라 작품에 있어서 품질과 완성도를 엄격하게 추구한다.

디즈니의 창립자인 월트 디즈니는 여러 번의 실패와 도전 끝에 성공을 거두었다. 그의 이야기는 실수와 실패에서 배우고, 그것들을 극복해나가는 과정에 큰 영감을 준다. 그는 자신의 일에 대해서 다음과 같이 말했다.

"돈을 벌기 위해 영화를 만드는 것이 아니라 영화를 만들기 위해 돈을 법니다."

59. 리카싱, 능력·운·겸손의 리더십

"미래의 세계는 아무리 많은 돈이 있어도 지식이 없으면 사업을 발전시킬 수 없다. 나는 언제나 최고의 부자가 된 나 자신을 상상했다. 비결이라면 그것뿐이다."

◆ 실패를 성공의 발판으로 삼다

리카싱(1928~)은 중국 광동성 출신으로 그의 아버지는 가난한 교원이었고, 중일전쟁 때 홍콩으로 이주했다. 아버지가 결핵으로 사망하자 리카싱은 불과 15세의 어린 나이에 집안의 생계를 책임지는 가장이 되었다. 중학교 1학년 때 중퇴하고 외삼촌의 시계공장에 취직하여 청소를 했다.

17세의 리카싱은 플라스틱 공장에 취직하여 죽을힘을 다해 일을 배웠고, 2년 만에 능력을 인정받아 과장으로 승진했다. 그는 하루에 16시간씩 일을 했다. 22세 때 회사를 나와 독립했는데, 종잣돈 7,000달러를 들여 청쿵실업이라는 플라스틱 제조업체를 차렸다. 리카싱의 청쿵은 타고난 능력과 성실함으로 당시 홍콩 내 300여 개의 플라스틱 공장 중에서도 탄탄한 회사로 자리 잡았다.

1958년 부동산 산업에 진출했고 1963년 결혼할 때 지은 가옥에서 현재까지 거주하고 있다. 1972년 청쿵그룹(당시 청쿵실업)은 홍콩증시에 상장되면서 그해에만 회사 가치가 65배 이상 증가했다.

이후 운수회사 허치슨 왐포아를 비롯하여 1980년대부터 여러 운수 기업을 인수하여 항만산업에 진출했고 홍콩전력을 인수하기도 했다. 당시 주요 투자처였던 중국이 덩샤오핑의 개혁개방정책 덕분에 크게 성장하여 글로벌 대기업으로 가는 발판을 마련하게 되었다.

2018년 장남인 빅터 리 부회장을 후계자로 결정하고 은퇴했다. 2019년 중국의 코로나바이러스 유행 때 1억 홍콩 달러(대한민국 원화로 약 153억 원)를 기부했다.

💎 거상, 포용과 신뢰로 조직을 이끌다

리카싱은 항상 낮은 자세로 부하 직원들을 한 사람씩 보살폈으며, 특히 직급에 상관없이 일 잘하는 사람들과 회사 구내식당에서 식사를 같이한다.

청쿵 그룹은 전 세계 54개국에 500여 개 계열사, 22만 명의 직원을 거느리고 있다. 대부분의 홍콩 사람은 청쿵 그룹이 지은 아파트에서 잠을 자고, 그들이 건설한 도로와 교량, 지하철역을 통해 출퇴근하고 청쿵 그룹이 서비스하는 전화나 전기, 인터넷을 이용하고 필요한 물품을 산다. 이처럼 홍콩인들에게 청쿵 그룹은 의식주의 최대 제공자이다. 청쿵 그룹의 홍콩 주식시장에서의 비중이 거의 25%대를 차지하여 오죽하면 "홍콩인들이 1달러를 쓰면 이 중에서 5센트는 청쿵 그룹 리카싱 회장의 호주머니로 들어간다."라는 말까지 있다.

리카싱 회장은 검소하고 청빈한 생활, 적극적인 기부와 교육 및 의료 자선 활동 등으로 홍콩인들의 존경을 한 몸에 받고 있다. 10년이 훨씬 지난 양복을 아직도 즐겨 입으며 손목에는 3만 원짜리 싸구려 시계를 차고 있다. 뿐만 아니라 지금도 회사에서 식사할 때면 구내식당에서 직원들과 똑같이 줄을 선다.

리카싱 회장의 리더십은 많은 사람들에 의해서 연구되고 있다. 혹자는 그를 '한 손에는 〈논어〉를, 다른 손에는 주판을 든 거상' 또는 '재신'이라 부르기도 하지만 리카싱 회장의 리더십의 본질은 포용력이다. 그는 비록 자신에게 불편하고 불리한 여건이 조성되더라도 부하직원이나 조직원에게 절대로 손해를 끼치지 않는 경영을 원칙으로 삼고 있다.

또한, 그는 "친분을 핑계로 사람을 쓰기 시작하면 그 회사는 망한다."라고 말한다. 즉 친분에 있어서도 공과 사를 구분한다. 포용과 신뢰를 바탕으로 조직을 이끌어 통합의 힘을 발휘한다.

리카싱은 중국의 홍콩 반환 20주년을 맞은 지난 2017년 한 인터뷰에서 "간절하게 이루고 싶은 것은 절대로 포기해서는 안 된다. 거대한 꿈을 가진 사람은 단순히 사실을 늘어놓는 사람보다 강하다."라는 아인슈타인의 말을 인용해 젊은이들을 격려하기도 했다.

◆ 성찰과 공감: 멀리 보는 사람만이 할 수 있다

리카싱은 학업을 중단할 만큼 형편이 어려웠지만 꾸준히 영어 공부와 잠들기 전 30분 동안 독서를 했다. 삶의 태도에 대해 그는 이렇게 말했다. "다른 사람이 여덟 시간을 일하면 나는 열여섯 시간을 일한다. 부지런함으로 부족한 것을 메우는 수밖에 달리 다른 방법이 없다."

그는 직장에 다니면서도 늘 창업을 생각했다. 결국 스물두 살 되던 1950년 모아놓았던 몇천 홍콩 달러를 가지고 청쿵 플라스틱 공장을 세웠다. 청쿵은 "양자강은 작은 시냇물을 가리지 않기 때문에 만 리까지도 도도히 흐를 수 있다."라는 옛말에서 따왔다. 그의 좌우명은 다음과 같다.

"멀리 보는 사람만이 할 수 있는 것, 다른 사람들이 물러날 때 나는
나아가고(人退我進), 다른 사람이 얻으려 할 때 나는 포기한다(人取我棄)."

60. 잡스, 다르게 생각하라

"여러분의 시간은 한정되어 있습니다. 그러므로 다른 사람의 삶을 사느라고 시간을 허비하지 마십시오. 과거의 통념, 즉 다른 사람들이 생각한 결과에 맞춰 사는 함정에 빠지지 마십시오. 다른 사람들의 견해가 여러분의 내면의 목소리를 가리는 소음이 되게 하지 마십시오. 그리고 가장 중요한 것은, 마음과 직관을 따라가는 용기를 가지라는 것입니다. 진정으로 되고자 하는 것이 무엇인지 이미 알고 있을 것입니다. 다른 모든 것들은 부차적인 것들입니다." - 스탠퍼드 대학에서의 축사 연설 중에서

💎 **Think Different**

스티브 잡스(1955~2011)는 미국 샌프란시스코에서 미국인 어머니와 시리아계 아버지 사이에서 태어났다. 부모의 반대로 그들은 결혼하지 않고 잡스가 태어나자마자 입양시켰다. 그렇게 잡스는 친부모와 헤어져 폴 잡스 부부에게 입양되었다. 폴 잡스 부부는 스티브 잡스를 친아들처럼 생각하고 열심히 키웠다.

어렸을 때 잡스는 부모 속을 많이 태우는 아이로 천재성은 보이지 않았고 학교 공부에 관심이 없었다. 고아라고 아이들이 놀리는 바람에 아이들과 노는 대신 차고에서 안 쓰는 부품을 모아 뭔가를 만드는 걸 좋아했다.

1972년에 고등학교를 졸업한 후, 휴렛팩커드에 여름 인턴으로 채용된다. 그곳에서 애플을 같이 세운 동업자인 스티브 워즈니악과 만나는 행운을 얻는다. 인턴이 끝나고 오리건 주 포틀랜드에 있는 리드 칼리지 철학과에 입학하지만, 한 학기 만에 전공이 맘에 들지 않고 대학 생활에 흥미가 없다는 이유로 중퇴한다. 중퇴한 진짜 이유는 부모님의 저축을 몽땅 투자할 만큼

자신의 대학 생활이 가치 있다고 생각하지 않았기 때문이다. 하지만 대학 중퇴 후에도 많은 교양 수업을 청강하여 훗날 많은 도움이 되었다.

1976년 21세 나이로 스티브 워즈니악과 함께 애플을 창업하고 애플 I을 만들었다. 조악한 나무 상자에 담긴 컴퓨터광을 위한 기계로, 이 컴퓨터는 잡스의 부모 집에서 손으로 조립돼 666달러 66센트에 팔렸다. 둘은 환상적인 콤비로 워즈니악은 컴퓨터를 만들고, 잡스는 시장을 창조했다. 1984년 Mac 시리즈의 첫 번째 제품인 매킨토시를 출시했다.

1985년 애플은 6개의 공장 중 절반이 폐쇄되고 직원의 5분의 1이 해고되는 큰 손실을 봤다. 그 결과로 잡스는 펩시에서 영입한 존 스컬리 CEO와 갈등을 빚었고, 혁신 제품들의 실패하면서 회사에서 쫓겨났다.

잡스는 1986년 새로운 회사 넥스트(NeXT)를 세웠고 기업과 고등교육 프로그램 이용자들을 위한 유닉스(UNIX) 기반 워크스테이션을 생산했다. 넥스트에서 애플로 복귀하고 CEO 아멜리오를 축출한 다음 iMac으로 회사를 살려놓았고 연봉 1달러를 받았다.

잡스는 2001년 10월 아이팟(iPod)을 선보였고 2003년 4월에는 아이튠즈 뮤직 스토어를 내놨다. 그로 인해 애플은 성장 가도를 달렸다. 2007년 첫 아이폰을 출시해서 애플을 세계 최대 시가총액을 가진 가치 있는 기업으로 만들었다.

그는 새로운 제품을 시장에 소개하는 데에 아주 간결하면서도 효과적인 발표 방식을 사용한 프레젠테이션의 귀재로 유명하다. 제품개발에 일조하고, 애플의 광고 전략 등 독특한 마케팅 전략을 구사했다. 창의적인 생각과 행보로 디지털 시대를 상징하고, 다소 자기중심적이고 성격적 결함이 있음에도 대중적으로 인지도가 높다. 바로 그만이 가진 장점이자 배울 점이다. 최고의 자리에 있을 때 췌장암으로 사망했다.

◆ 'Good Artists Copy, Great Artists Steal'

잡스는 단순히 능력 있는 CEO를 넘어 IT계를 주도한 인물이다. 실적이 부진하거나 제대로 빛을 보지 못한 회사들을 뛰어난 창의력과 적극성으로 기업 가치를 크게 끌어올렸다. 애플을 창업할 때 '마케팅 철학'으로 열정과 지향해야 할 가치관 및 차별화 전략을 통합시켰다. 스마트폰의 둥근 모서리 등 세부적인 부분에 이르기까지 강박적일 정도로 집착했다.

애플의 리더십을 세 가지 포인트로 요약해본다. 첫째는 공감(empathy). 고객들의 감정을 이해하고 고객과 연결한다. 고객의 욕구가 어디에 있는지 최고 의사결정권자가 제대로 이해하는 것이 매우 중요하다는 뜻이다. 두 번째는 집중(focus), 애플이 목표로 하는 일을 훌륭하게 완수해내기 위해서는 리더와 회사가 해야 할 일뿐 아니라 중요하지 않은 것들에도 과감히 눈을 돌린다. 세 번째는 강한 인상(impute)이다. 디테일을 통해 제품을 특별하게 느끼도록 만든다.

◆ 성찰과 공감: 항상 갈망하라, 항상 우직하게. 한 가지만 더

"세상을 바꿀 수 있다고 믿을 만큼 미친 사람들이 결국 세상을 바꾸는 사람들이다." - Think Different 광고 중에서

스티브 잡스는 애플을 창립하고 이끌었던 혁신적인 기업가로서, 항상 새로운 아이디어를 모색했다. 비전을 설정하고 목표를 달성하기 위해 제품의 사용자 경험을 최적화하는 데 중점을 두었다.

잡스는 사업에서 여러 번의 실패와 도전을 겪었지만, 그는 이를 극복하고 다시 일어서서 실패를 긍정적인 학습 기회로 바꿨다.

4장

과학과 예술,
아름다움이 선사하는
기쁨과 상상력으로 위로받는다

과학의 정의는 보편적인 진리나 법칙의 발견을 목적으로 한 체계적인 지식으로 넓은 뜻으로는 학(學)을 이르고, 좁은 뜻으로는 자연과학을 이른다. 따라서 과학은 인간을 둘러싼 사회 과학과 자연계의 현상에 대한 특정한 법칙을 건져낸다.

프랑스의 과학철학자 쥘 앙리 푸앵카레는 〈과학의 가치〉라는 저서에서 "과학은 실용적이기 때문에 가치 있는 것이 아니라 진리이기 때문에 실용적이다. 과학의 가치는 그 자체로 예술처럼 미학적 목적을 가지고 있어서, 인간은 과학 활동 자체에서 가치를 찾는다."라고 보았다.

과학의 발전은 놀랍다. 수많은 법칙들이 과학자들의 연구와 헌신 덕분에 발견되었고, 그럴 때마다 인류는 획기적인 도약을 이루어냈다.

과학지식을 이해하거나 이해 못 하는 것과 관계없이 과학자는 감동과 영감을 준다. 문제는 과학은 세상의 원리를 체계적으로 밝혀내고 정리된 지식일 뿐, 인생의 의미와 가치를 부여하는 예술과 통합되지 못할 때 과학지식으로만 남게 된다.

뉴턴은 떨어지는 사과를 보고 운동법칙과 만유인력론을 설명하고, 빛의 본질을 해명했다. 세계 최초로 반사망원경을 제작하고 미적분 연산을 제창한 현대물리학의 아버지다. 멘델은 부모생물체에서 자손으로 특성이 어떻게 전달되는지 결정하는 '멘델의 유전법칙'을 발견하여 유전학의 기반이 되었다. 고대 과학자 아리스토텔레스는 "자연은 불필요한 것을 만들지 않는다."라고 최초로 생물학 영역을 언급했다.

근대 과학의 탄생시킨 르네상스 시대의 천재 레오나르도 다빈치는 "새는 수학 법칙에 따라 움직이는 기계다."라는 명언을 남겼다. 레오나르도 다빈치는 어린 시절부터 날아다녔던 새를 자세히 관찰하고 스케치한 결과 새의 비행 메커니즘을 알아냈다. 과학은 단순한 지식이 아니다. 살아가는 태도, 즐거움, 깨달음, 그리고 힘이다.

예술은 마음의 언어다. 우리의 감정을 표현할 수 있는 최고의 수단이다. 피카소는 관찰력과 상상력이 뛰어났던 화가다. 버려진 자전거로 조각품을 만들 정도였고, 쓰레기도 위대한 가능성을 가진 예술작품의 소재가 될 수 있다고 통찰했다. 따라서 관찰력과 상상력을 늘리기 위해서는 일반적인 통념을 깨고 눈에 보이지 않는 것을 인식하는 능력을 키워야 한다. 다양한 사고, 세심한 관찰, 창조적 상상력 발휘가 중요하다.

과학과 예술은 모두 인간이 세상을 이해하고 표현하는 방법이다. 과학은 관찰, 실험, 이론을 통해 자연현상을 설명하고 예측하려는 논리적이고 체계적인 접근을 취한다. 반면 예술은 감정, 상상력, 창의력을 통해 인간의 감정과 경험을 표현하고 전달한다. 두 분야 모두 창의적인 접근과 사고가 중요하며, 새로운 아이디어와 발견을 추구한다. 동시에 과학과 예술은 인간의 행복추구를 목적으로 한다. 과학이 단지 앎에 그치기보다는 예술과 통합 조화되어 전 지구적 안녕과 평화를 가져와야 한다.

61. 다빈치, 르네상스 시대의 천재

"아는 것이 적으면 사랑하는 것도 적다."

◆ 스승의 붓을 꺾게 만든 재능

레오나르도 다빈치(1452~1519)는 피렌체 근교 빈치에서 공증인 세르 피에로의 서자로 태어났다. 어머니는 카타리나(Catarina)라는 이름을 가진 농사꾼의 딸로, 신분의 차이로 아버지와 공식적인 혼인 관계를 맺지 못했다. 다 빈치가 태어날 당시 그의 아버지는 다른 여자와 결혼한 상태였다.

그는 어릴 때부터 수학을 비롯한 여러 가지 학문을 배웠고, 음악에 재주가 뛰어났으며, 그림 그리기를 즐겨 했다. 1466년 피렌체로 가서 부친의 친구인 안드레아 델 베로키오에게서 도제 수업을 받았으며, 이곳에서 인체 해부학을 비롯한 자연현상의 예리한 관찰 및 묘사를 습득하여 사실주의의 교양과 기교를 갖추게 되었다.

그의 예술적 특징은 정신적 내용의 객관적이고 사실적 표현 기교의 구사이다. 15세기 르네상스 화가들의 사실 기법을 집대성하여, 명암에 의한 입체감과 공간의 표현에 성공했다. 그 후에 주관과 객관의 조화로 최고봉의 예술적 단계에 이르렀다.

만년에 이르러 과학적 관심을 갖고, 수많은 소묘를 남겼다. 인체 해부를 묘사한 그의 그림들은 의학 발전에도 영향을 끼쳤다. 과학적 연구는 수학·물리·천문·식물·해부·지리·토목·기계 등 다방면에 이른다.

오늘날 우리가 자연과학으로 분류하는 해부학·기체역학·동물학 등에도 깊은 관심을 가졌다. 과학적인 천재성으로서 23권의 책을 남겼다.

1516년 프랑수아 1세의 초청으로 앙부아즈 궁에 기거하면서 〈모나리자〉를 완성한다.

그러나 말년에는 건강이 갈수록 악화되었고, 1519년 4월 23일 죽음을 직감한 그는 유언장을 작성하고 자신의 저택에서 숨을 거두었다. 다빈치는 독신이었기에 그가 자식처럼 아낀 제자 프란세스코 멜지에게 모든 재산을 상속했다.

♦ 위대한 예술가이면서 과학자

르네상스 예술의 가장 훌륭한 업적으로 원근법과 자연에의 과학적인 접근, 인간 신체의 해부학적 구조, 이에 따른 수학적 비율 등을 꼽는다. 다빈치는 르네상스를 대표하는 가장 위대한 예술가일 뿐만 아니라, 지구상에 생존했던 가장 경이로운 천재 중 하나다. 그는 조각·건축·토목·수학·과학·음악에 이르기까지 모든 분야에 재능을 보였다. 레오나르도는 미술뿐만 아니라 과학에도 뛰어난 재능을 보였다. 쪽지에 이런저런 글과 스케치를 남겼는데 그가 쪽지에 남긴 그림들 중에는 오늘날의 낙하산, 비행기, 전차, 잠수함, 증기기관, 습도계에 해당하는 것들을 볼 수 있다.

다빈치는 사람과 동물의 해부도를 평생 끊임없이 그렸다. 당시 의학에 종사하던 사람들이 그린 것보다 훨씬 더 세밀하고 훌륭한 그림들이었다. 그는 "화가는 해부학에 무지해서는 안 된다."라고 말했고 나이를 가리지 않고 남자와 여자의 시체를 30구 넘게 해부해보았다. 시체를 냉동시킬 방법도 방부제도 없던 그 시절, 그는 썩는 냄새를 참아가며 시체 한 구당 적어도 일주일 동안의 시간을 함께 보냈고 장기를 세밀하게 관찰하고 스케치로 남겼다. 어떤 이는 〈모나리자〉의 저 신비로운 미소는 어쩌면 표정과 관계된 안면 근육의 구조를 나타내려다 보니 필연적으로 나올 수밖에 없었던 모양이라고 주장하기도 했다.

💎 성찰과 공감: 창의적으로 사고하려는 끊임없는 노력

어릴 때부터 비행 기계를 만들고 싶었던 다빈치는 새를 면밀하게 관찰하고 이런 결론을 도출했다. "새는 수학 법칙에 따라 움직이는 기계다." 이렇게 그는 주변의 모든 것을 깊이 관찰하고 탐구하여 과학적 실험과 연구를 통해 지식을 넓히는 데 열정을 쏟았다.

그는 예술, 과학, 공학, 수학 등 다양한 분야에서 뛰어난 지식과 기술을 가지고 있었다. 자연의 아름다움과 인간의 해부학적 구조를 연구하면서, 그들 사이의 조화로움을 중시했다. 다빈치는 무한한 탐구와 창의력으로 지식의 경계를 넘어서 끊임없이 탐구하고, 창의적으로 사고했다. 그의 탐구 정신, 문제 해결과 혁신적인 아이디어는 오늘날까지 큰 영향을 미친다.

62. 미켈란젤로, 천재의 노력

"천재는 곧 끝없는 인내이다."

💎 천재를 믿지 않는다면 미켈란젤로를 보라

미켈란젤로 부오나로티(1475~1564)는 이탈리아 카프레세에서 출생했다. 아버지는 읍의 행정관이었고, 어머니는 그가 여섯 살 때 세상을 떠나 어느 석공의 아내에게 맡겨졌다. 아버지는 미켈란젤로가 공부하여 집안을 일으키기 바랐지만 미켈란젤로는 학교에서 오직 데생만을 했다. 13세 때 당시 피렌체의 뛰어난 화가인 도메니코 기를란다요의 제자로서 도제 수업을 받았는데, 스승도 그의 재능을 질투할 정도였다. 예술가들을 후원한 것으로도 유명한 메디치가 로렌초 공의 배려로 높은 식견을 갖추게 되었다.

현대의 휴머니즘을 대표하는 프랑스 로맹 롤랑은 미켈란젤로를 이렇게 묘사했다. "천재를 믿지 않는 사람, 혹은 천재란 어떤 것인지를 모르는 사람은 미켈란젤로를 보라."라면서 덧붙였다. "약간의 빵과 포도주를 들고 나면 일에 파묻혀 잠도 몇 시간밖에 자지 않았다. 볼로냐에서 율리우스 2세의 동상을 만들 때, 그와 세 사람의 조수를 위하여 마련된 침대는 하나뿐이었다. 이때 옷도 갈아입지 않고 장화를 신은 채 잤기 때문에 한때 다리가 부어 장화를 칼로 찢어야만 했다. 무리하게 장화를 빼면 다리의 살점까지 함께 묻어나올 지경이었다."

미켈란젤로의 〈다윗〉〈피에타〉 등의 조각 작품들과 시스티나 성당의 회화 작품 〈천지창조〉와 〈최후의 심판〉은 경탄을 자아내기에 충분하다. 미켈란젤로는 자신을 조각가라고 주장하면서도 화가가 되어 붓을 들고 고개를 위로 쳐들고 천장에다 그림을 그렸다.

시스티나 성당의 둥근 천장에 그림을 그리면서 교황이 돈을 지급하지 않아 경제적 어려움을 겪었다. 여기에 자꾸 돈을 요구하는 아버지와 동생들과의 문제로 죽어버리고 싶은 절망감에 시달렸다. 그는 "영혼은 신에게, 육체는 대지로 보내고 그리운 피렌체로 죽어서나마 돌아가고 싶다."라는 유언을 남기고 폭풍우 같은 인생을 마쳤다.

💎 성 베드로 대성당의 설계자

순례자들이 가장 가고 싶어하는 성지는 단연 베드로 성당일 것이다. 1대 교황으로 여기는 베드로의 무덤 위에 지어졌기 때문이다. 성 베드로 대성당은 세계 최대 성당 건축물로, 미켈란젤로를 비롯한 당대 최고의 건축가들이 수차례의 설계 변경을 거쳐 힘들게 완성된 바로크 시대를 대표하는 건물이다.

미켈란젤로에게 조각 작업은 '불필요한 부분을 제거하는 과정'이다. 미켈란젤로는 자연에서 얻어온 대리석 덩어리를 응시하고 돌 안에 가두어져 있는 위대한 형태를 보았다. 그러고선 작품 주위를 둘러싸고 있는 돌을 조금씩 뜯어냈다.

💎 성찰과 공감: 주여, 제가 이룬 것보다 항상 더 많이 갈망하게 하소서

미켈란젤로는 삶과 작품을 통해 다양한 교훈을 전달했다. 평생 지식을 넓히고 기술을 개선하기 위해 지속적으로 노력했다. 그는 예술적 기법과 과학적 지식을 접목해 혁신적인 작품을 창작했기에, 시대를 넘어서 지속적인 성장과 발전을 추구하는 데 좋은 영감을 제공한다.

63. 갈릴레이, 지동설의 아버지

"자연의 문제는 성경에 의해서가 아니라, 실험이나 논증에 의해 다루어져야 한다."

💎 의학이 아닌 수학의 길을 가다

갈릴레오 갈릴레이(1564~1642)는 이탈리아 피사의 몰락 귀족인 피레네 가문에서 7남 중 장남으로 태어났다. 그의 아버지는 의류 교역업자이자 음악이론가였지만 그가 태어났던 때는 가세가 기울고 생활이 극히 어려운 형편이었다.

갈릴레오는 10살 때 가족과 함께 피렌체로 이사했고, 베네딕토회 수도원에서 3년 동안 생활했다. 그는 수도자가 되기를 원했지만, 아버지는 집안의 재정난을 극복하기 위해 갈릴레이가 보수가 많은 직업인 의사가 되기를 원했고, 의학 공부를 시키기 위해 피사 대학으로 보냈다.

하지만 갈릴레이는 의학보다 수학에 흥미를 느껴 수학자가 된다. 갈릴레이는 경제적 궁핍함으로 인해, 대학을 중퇴하고 피렌체로 돌아가 개인적인 연구와 학생들에게 수학을 가르쳐 생활비를 벌어야만 했다. 그는 피사의 모교에서 수학 교수직을 제안받았지만, 보수는 형편없었다.

그의 아버지가 세상을 떠나자 장남인 그가 가족들을 부양해야만 했다. 1592년 갈릴레오는 파도바 대학교의 수학 교수가 되었지만 그의 경제적 궁핍은 해결되지 않았고, 추가 수입을 얻기 위해 유럽 전역의 귀족 자제들을 가르쳤다.

1609년 갈릴레오는 망원경의 개량에 착수했고, 자신이 개발한 망원경을 가지고 밤하늘을 관찰하면서 인류 최초로 목성의 위성들을 발견했다.

늘그막에는 노환으로 실명이 되었고, 찾아온 두 제자와 이야기하던 도중 갑자기 쓰러져 영원히 눈을 감았다.

❖ 종교재판을 받게 된 과학자

갈릴레이는 목성의 위성과 그 밖의 발견들을 책으로 정리하여 피렌체의 명문가인 메디치 가문의 수장인 코시모 2세에게 헌정했는데, 그 과정에서 목성의 4개 위성을 메디치 가문에 전해오는 상징과 결합시켜 '메디치 성'이라고 명명했다. 이는 메디치 궁정의 막강한 후원을 얻기 위한 계산적인 행동이었다. 그는 메디치 가문의 수석 수학자이자 철학자라는 새로운 지위를 얻고 엄청난 수입과 사회적 지위를 손에 쥐었다.

갈릴레오는 수년 동안 코페르니쿠스의 가설을 공공연히 가르치고 옹호하는 것을 자제했다. 〈천문 대화〉를 저술했으나 교황청으로부터 6개월 만에 발행을 금지당했고 끝내 1632년 9월 23일, 종교재판소에 출두하라는 편지가 왔다.

갈릴레오는 베네치아 공화국으로의 망명도 고려했으나 결국 출석을 결심하고 1633년 2월 로마에 도착, 최종 판결을 6월에 받았다. 그는 혐의를 인정하면서 그때껏 연구한 것과 정반대로 지동설을 비난했고, 교황청은 그를 완전히 믿지 못해 감금령을 내렸지만, 건강이 나쁘고 고령이라는 점을 감안해서 곧 가택연금으로 감형을 받았다.

아이작 뉴턴이 말하길, "내가 남들보다 멀리 볼 수 있었던 것은 거인의 어깨 위에서 봤기 때문이다."라고 했는데, 여기에 나오는 그 거인 후보 중에서 가능성이 가장 큰 사람이 바로 갈릴레이이다. 특히 유일무이하게 뉴턴에게 관성에 대한 힌트를 주는 논문을 쓴 사람이다.

♦ 성찰과 공감: 의심은 발명의 아버지

"모든 진리는 일단 발견하기만 하면 이해하기 쉽다. 중요한 것은 진리의
발견이다."

갈릴레이는 천문학적 현상을 직접적으로 관찰하고 실험을 통해 검증하는 과학적 방법론을 발전시켰다. 그는 망원경을 개발하고 천체의 운동을 연구함으로써, 지구가 태양 주위를 돈다는 것을 밝혔다. 관찰된 사실과 데이터를 바탕으로 당시 지구 중심의 비틀린 우주관을 뒤엎고, 천문학의 기초를 마련한 것이다.

64. 렘브란트, 빛의 화가

"작가가 의도를 깨닫게 되면 작품이 완성된다."

💎 빛과 그림자의 화가

렘브란트 반레인(1606~1669)은 암스테르담 출생으로 그의 아버지는 풍차 돌리는 방앗간을 가진 제분업자였다. '반레인'이란 가문 이름은 '라인 강가의'라는 뜻이다. 렘브란트는 부유해진 부모 덕분에 기술 교육을 받은 형제들과는 달리 7살부터 라틴어 학교에 들어갔다.

그런데 그는 학과 공부에 흥미를 느끼지 못하고 미술에 소질을 보여 대학 진학을 포기하고 암스테르담에 진출하여 네덜란드에서 손꼽히는 역사화가 페테르 라스트만 밑에서 도제 생활을 했다.

1625년부터 독립화가가 된 렘브란트는 1628년에 〈자화상〉을 그렸다. 그의 얼굴은 어둠에 가려져 있고, 오른쪽 볼과 귀 부분만이 밝다. 렘브란트는 인맥이 넓은 화상 윌렌부르크를 만났고 그의 도움으로 부유한 상인과 직업 전문가의 초상화 주문에 바쁜 시간을 보내면서 그의 이름을 알렸다. 이 시기 네델란드는 민주주의와 은행과 주식시장 등 자본주의가 꽃피웠다.

1631년에 그린 〈니콜라스 루츠의 초상화〉는 러시아와 무역거래를 하는 암스테르담 부자 상인 루츠를 그린 것이다. 1632년에는 외과의사 길드 회원들의 주문으로 단체 초상화 〈툴프 박사의 해부학 강의〉를 그렸는데, 이 그림으로 렘브란트는 하루아침에 명성을 날렸다.

초년엔 부와 명성을 얻고 화려하게 살다가 아내가 죽은 후에 끼니마저 거를 정도로 비참하게 살았고, 파산까지 당하며 쓸쓸히 죽었다.

💎 17세기의 사진가, 바로크 미술을 대표작가

렘브란트는 암스테르담에서 제일가는 초상화가였다. 인간애라는 숭고한 의식과 종교적 구성으로 자신만의 특징을 유지했다. 두터운 신앙심을 바탕으로 종교화에 많은 걸작을 남겼다. 남긴 작품 수는 유화·수채화·동판화·데생 등을 포함하여 2천여 점이나 된다. 성서·신화·역사·풍경·풍속·위인 등 각 방면에서 광범위하게 소재를 구했다.

그는 사진기가 없었던 1600년대에 카메라 렌즈로 바라보는 듯 일상의 풍경을 현실적이고도 정밀하게 묘사했다. 렘브란트는 동판에 금속 바늘로 형태를 새기고 부식시키는 '에칭'(Etching)도 자주 사용했는데, 판화는 디테일한 표현이 어렵지만 그의 작품들은 섬세한 표현이 두드러진다.

그는 자신의 상을 포착하기 위해 두 개의 거울을 사용하여 다양한 표정을 지어보곤 했고, 자화상뿐만 아니라 다양한 극적인 장면에서도 이런 감정들을 전달했다. 이는 자아에 대한 탐구, 미술에 대한 탐구 과정의 일환이었다.

렘브란트는 붓, 분필, 에칭용 조각칼을 사용하여 최고의 솜씨로 인간의 형상과 감정을 정교하게 묘사해냈다.

💎 성찰과 공감: 빛과 그림자가 표면까지 솟구쳐 나왔다

렘브란트는 20대 중반 이후 초상화가로 명성을 쌓아 부와 명예를 누리며 살았지만 경매중독자가 되어 50세 나이에 파산 선고를 받았다.

렘브란트는 100점 이상의 자화상에서 그가 경험한 인생의 다양한 굴곡을 가감 없이 그려냈다. 진솔한 영혼의 고백과 같은 깊은 울림과 대충 살지 말고 둥글게 살며, 진정한 행복을 맛보려면 말년이 좋아야 한다고 조심스럽게 판단해본다.

"모든 현재의 순간은 그 이전에 경과된 삶의 전체에 의해 규정되고 모든 선행하는 순간들의 결과이며, 따라서 이미 그러한 이유만으로도 모든 현재적 삶은 그 안에서 주체의 전체적 삶이 현실이 되는 형식이다."
– 게오르크 지멜, 〈렘브란트: 예술철학적 시론〉 중에서

65. 뉴턴, 근대 이론 과학의 선구자

"내가 다른 사람보다 더 멀리 앞을 내다볼 수 있다면,
그것은 거인의 어깨를 딛고 서 있기 때문입니다."

❖ 조산아에서 고전역학과 만유인력 발견

뉴턴(1642~1727)은 잉글랜드 출생으로 아버지는 그가 태어나기 전에 사망했고, 어머니는 그가 3세 때 재혼하는 등 불우한 소년 시절을 보냈다. 1661년 케임브리지대학교 트리니티칼리지에 입학해서 수학자 아이작 배로의 지도를 받아 케플러의 〈굴절광학〉, 데카르트의 〈해석기하학〉, 월리스의 〈무한의 산수〉 등을 탐독했다.

1664년에서 1666년까지 페스트가 크게 유행하자 대학이 일시 폐쇄되었고, 뉴턴도 고향으로 돌아와 대부분의 시간을 사색과 실험으로 보냈다. 1687년, 수학과 철학 공부에 미쳐 있던 뉴턴은 고전역학의 완성판이라 불리는 위대한 저서 〈프린키피아〉를 저술했다. 이 책에서 천체 운동에 관한 논의, 공리, 법칙, 명제 등을 분류해서 체계적이고 이론적으로 전개했다.

명예혁명 때는 대학 대표 국회의원으로 선출되고, 1691년 조폐국의 감사가 되었으며, 1699년 조폐국 장관에 임명되어 화폐 개주(改鑄)라는 어려운 일을 수행했다. 1703년 왕립협회 회장으로 추천되었고, 1705년 기사 칭호를 받았다. 한편 신학에도 관심을 보여 고대사 해석을 검증하고, 천문학적 고찰을 첨가한 연대기를 작성했다.

그가 주장한 '자연은 일정한 법칙에 따라 운동하는 복잡하고 거대한 기계'라고 하는 역학적 자연관은 18세기 계몽사상의 발전에 지대한 영향을 주

었다.

뉴턴은 잠자던 중 평안하게 세상을 떠났다. 그의 유해는 민간인으로서 처음 웨스트민스터 사원에 안장되었다. 시인 알렉산더 포프가 뉴턴을 이렇게 평가했다.

"자연과 자연의 법칙이 밤의 어둠 속에 감춰져 있었다. 신께서 말씀하시길 뉴턴이여 있으라 하시니 어둠이 모든 빛이 되었다."

💎 근대 과학 성립의 최고의 공로자, 마지막 르네상스인

뉴턴은 반사망원경 제작 및 중력을 발견하여 천문학에 크게 공헌했다. 수

학에서는 오늘날 미적분에 해당하는 이항정리, 무한급수 등을 발견했다.

뉴턴의 최대 업적은 역학으로 지구의 중력이 달의 궤도에까지 영향을 미치며, 행성의 운동 중심과 관련된 힘이 거리의 제곱에 반비례한다는 사실을 수학으로 풀어내어 '만유인력의 법칙'을 확립했다.

그는 진리의 힘으로 우리의 정신을 지배했으며, 정통 금융 관료이자 인류 역사상 위대한 과학자로 지금까지 꼽힌다.

♦ 성찰과 공감: 나는 가설을 만들지 않는다

"나는 내가 세상에 어떻게 비칠지 모른다. 하지만 나 자신에게 나는 아무것도 발견되지 않은 채 내 앞에 놓여 있는 진리의 바닷가에서 놀며, 때때로 보통보다 매끈한 조약돌이나 더 예쁜 조개를 찾고 있는 어린애에 지나지 않는 것 같다."

오늘 할 수 있는 일에 전력을 다하면 내일에는 한 걸음 더 진보한다는 신념을 가졌던 뉴턴은 자서전에서 이렇게 술회했다.

"분발하라. 분발하면 약한 것이 강해지고 적은 것이 풍부해질 수 있다. 나의 소년 시절은 신체적으로나 정신적으로 허약하고 빈약했다. 나는 가장 건강하고 공부 잘하는 아이를 보고 결심하고 분발한 결과 몸이 건강해졌을 뿐만 아니라 학교 성적도 상당히 올라갔다."

66. 헨델, 음악의 어머니

"헨델은 지금까지 살았던 작곡가 중 가장 위대한 작곡가이다. 나는 모자를 벗고 그의 무덤 앞에 무릎을 꿇을 것이다." – 루트비히 판 베토벤

◆ 영국에 귀화해 활동한 독일계 영국인

게오르크 프리드리히 헨델(1685~1759)은 프로이센의 작은 도시에서 태어났다. 이발사 겸 궁정 외과의사인 아버지 밑에서 태어나 자라면서 음악에 관심과 두각을 나타냈다. 헨델의 어머니는 후처로, 헨델을 낳았을 때 아버지는 자그마치 63살이었다.

아버지가 죽기 전에 아버지의 고용주이자, 작센 바이센펠스 공국의 공작에게 재능을 인정받아 빌헬름 차흐의 문하에 들어갔다. 11세 때에는 이탈리아 음악과 프랑스 음악을 익혔지만, 헨델의 아버지는 음악을 단순한 위안거리나 오락에 불과하다고 생각하여 음악가의 길을 걷고자 하는 아들을 못마땅하게 생각했었다.

아버지는 헨델에게 '법관이 되라'는 유언을 남겼기에 그는 할레 대학의 법학과에 진학했다. 하지만 자신의 적성에 따라 할레 대성당의 오르간 주자로 들어가며 음악가의 인생을 시작한다.

헨델은 음악가로 활동하면서 46곡의 오페라와 우수한 오라토리오를 비롯하여 오케스트라, 바이올린, 쳄발로, 오르간에 이르기까지 많은 작품을 남겼다. 그의 음악은 명쾌하고 호탕하며 신선하여 리듬이 생생하고 성악적이라고 평가된다. 바흐가 '음악의 아버지'로 불린 것은 탄탄한 화성과 대위법 구조로 승부를 걸었고, 헨델이 '음악의 어머니'로 여겨진 것은 감미로운 선

율 작법에 뛰어났기 때문이라는 말이 있다.

헨델의 말년은 불운의 연속으로 1750년 독일 여행에서 돌아오던 중 네덜란드에서 마차 사고로 큰 부상을 입는다. 설상가상으로 1751년에는 백내장으로 한쪽 눈의 시력이 급격히 나빠졌고 실명했다. 하지만 실명 후에도 그는 좌절하지 않고 작품 활동을 계속했다. 74세에 사망했으며, 사망 후에는 웨스트민스터 사원에 안장되었다.

💎 천재적인 오르간 연주 솜씨와 탁월한 작곡 능력

영국인들에게는 헨델의 음악에 대한 사랑이 아예 애국심과 동일시되기도 한다. 그는 이탈리아풍 오페라를 영국식 오라토리오로 만들어 다음 세대의 하이든과 멘델스존 같은 후진에게 지대한 영향을 주었다. 통상 3대 오라토리오를 꼽자면 바로크기 헨델의 〈메시아〉, 고전기 하이든의 〈천지창조〉, 낭만기 멘델스존의 〈엘리아〉를 든다.

헨델은 음악 말고도 경영에도 수완을 보였는데 중간 휴식 시간에 오르간 즉흥연주를 끼워 넣어 관객들이 지루하지 않게 배려하고 예약 연주회 방식을 버리고 한 번 공연에 표 한 장을 파는 '콘서트 방식'을 최초로 도입했다. 그는 동갑내기 바흐와는 달리 대중적이고 세속적인 음악을 많이 썼으며 그의 음악은 우선 웅장하고 이해하기 쉽다.

당시 헨델의 공연 횟수 62회는 유럽을 전역을 통틀어 거의 최고 수준으로 죽을 때까지 주기적으로 오라토리오 작품을 내놓는 역량을 발휘했다.

"시대를 막론하고 가장 뛰어났던 음악가, 그의 음악은 단순한 소리를 뛰어넘은 감성의 언어였고, 인간의 수많은 열정을 표현하는 언어의 힘마저도 모두 초월한 것이었다." – 헨델의 비문

💎 메시아께서 '메시아'를 통해 헨델을 변화시켰다

한때 사랑과 명성을 한 몸에 받았던 헨델도 연주회마다 실패를 거듭하면서 빚만 쌓여가고 있었다. '돈을 위해 음악을 팔아먹은 사기꾼'이라는 비평가들의 혹평도 들었다. 좌절감과 실의에 병까지 들어버린 최악의 상태에 아일랜드 더블린의 한 자선 음악 단체로부터 작곡 의뢰가 들어왔다.

1741년, 51세의 헨델이 오라토리오 '메시아'의 작곡에 착수한 이후 놀라운 일이 일어났다. 육체적으로 황폐했던 그는 갑자기 무엇인가에 사로잡힌 듯 열광하며 먹지도 자지도 않은 채 오로지 작곡에만 몰두하기 시작해서, 불과 24일 만에 위대한 오라토리오 '메시아'를 완성했다. 그리고 6백 석 규모 극장에 7백 명이 들어찬 더블린 초연에서 이 세상은 음악으로 '메시아'의 강림을 지켜보았다.

이 곡을 쓸 당시 헨델은 독실한 신앙인이 아니라 대중의 인기만을 추구하던 음악가였다. 그런데 오라토리오가 헨델을 살렸다. 돈과 명성만을 쫓던 속물적인 그는 '메시아' 공연을 통해 들어온 수익금 전액을 가난하고 어려운 사람들을 위해 기부했다.

💎 성찰과 공감: 영감과 창의성으로 작곡하다

헨델은 사람들을 즐겁게 하기 위해서가 아니라 실패한 사람들의 마음을 이끌기 위해 음악을 만든다고 한다. '할렐루야 코러스'를 작곡할 때는 하늘에서 찬양 소리가 들려와 미친 듯이 눈물을 쏟으며 오선지에 옮겼다는 일화가 있다. 헨델은 할렐루야를 작곡하면서 이렇게 술회했다. "오, 그분이 강림하신 것 같았다."

67. 최북, 조선의 고흐

"천하 명인 최북은 천하 명산에서 마땅히 죽어야 한다."

◈ 여항인 출신 직업화가

최북(1712~1760)은 조선 후기 여항인(閭巷人) 출신 직업 화가이다. 여항인이란 조선 후기 서울을 중심으로 중인·서얼·서리 출신 하급 관리와 평민들 등 양반이 아니면서 문학을 주도했던 이들을 가리킨다. 양반 사대부들의 한자를 빌려 그들의 정서와 생활감정을 표현한 상층계급의 예술 활동이라 할 수 있다.

최북은 기술직 중인인 계사(計士) 최상여의 아들로 서울에서 태어났다. 그의 본관은 무주(茂朱)이고, 자는 성기(聖器)이다. 최북은 사의적인 남종화풍의 그림과 전통 산수화를 그렸다. 만년에는 북학적인 지식인들과 화원 김홍도, 이인문, 여항 시인 이단전, 김득신 등과 가까웠다. 이들과는 어린 시절에 표암 강세황의 문하에서 만났을 것이다. 1747년(영조 23년)에 통신사를 따라 일본에 다녀오기도 했다.

최북은 술을 무척이나 좋아했다. 하루에 대여섯 되의 술을 마셨다고 전해진다. 술이 떨어지면 집에 있는 모든 것들을 팔아서 술을 받아왔다. 그래서 살림살이는 늘 옹색했다. 최북은 조선팔도를 비롯해 북으로는 만주까지, 남으로는 일본까지 다니면서 그림을 그렸다.

그는 술버릇이 심하고 행동이 매우 기이하여 많은 일화를 남겼다. 금강산의 구룡연을 구경하고 즐거움에 술을 잔뜩 마시고 취해 울다 웃다 하면서 "천하 명인 최북은 천하 명산에서 마땅히 죽어야 한다."라고 외치고는 투신했다. 어떤 귀인이 그에게 그림을 요청했다가 얻지 못하여 협박하려 하자 "남이 나를 손대기 전에 내가 나를 손대야겠다."라고 하며 눈 하나를 찔러 멀게 해버렸다.

그래서 당시의 사람들은 그를 광생이라고까지 지목했다. 그러나 그가 평양이나 동래 등지로 그림을 팔러 가면 많은 사람들이 그의 그림을 구하기 위하여 모여들었다.

그는 49세 나이에 열흘을 굶고 그림 한 폭을 팔고는 술에 취해 밤늦게 집으로 돌아오다가 성곽 모퉁이에 쓰러져 얼어 죽었다.

💎 호생관 '붓으로 사는 사람'

당시 조선은 청을 오랑캐라고 무시하고 숭명배청의 사대외교와 성리학의 명분론에 사로잡혀 있었다. 하지만 최북은 봉건적 틀에서 벗어난 변화와 돈과 권력에 얽매이지 않는 실존적 자유를 추구했다. 그의 삶은 비주류 변방이었지만 생각은 깨어 있었다. 그의 작품들은 산수·초충·채과 등 다방면에 걸쳐 있으며, 파격적이고 분방했던 기질과 상통하는 대담하고도 거칠고 파격적인 화풍을 보였다.

최북의 산수화들은 크게 진경산수화와 남종화 계통의 두 가지 경향으로 나눈다. 진경산수화에 대해서 최북은 "무릇 사람의 풍속도 중국 사람들의 풍속이 다르고 조선 사람들의 풍속이 다른 것처럼, 산수의 형세도 중국과 조선이 서로 다른데, 사람들은 모두 중국 산수의 형세를 그린 그림만을 좋아하고 숭상하면서 조선의 산수를 그린 그림은 그림이 아니라고까지 이야기하지만, 조선 사람은 마땅히 조선의 산수를 그려야 한다."라고 그 중요성을 크게 강조했다.

최북은 눈에 보이는 그대로를 그리는 것이 아니라, 마음속의 느낌을 표현한 남종화도 구사했다. 대가들의 화풍을 계승하여 변화시키면서 대담하고도 파격적인 자신의 조형 양식을 이룩하여 조선 후기 회화의 발전에 기여했다.

최북은 붓의 강약이나 먹의 농도에 따라 그리기보다는 점으로 찍는 미점, 후춧가루와 같은 호초점, 손가락에 먹을 찍어 그리는 지두화법 등 다양한 화법을 구사했다.

또한, 부친이 기술직 중인 계사인 중서층 출신으로서 지배층의 문화적 관습과 정서를 계승하여 이를 직업 화가와 여항 문인화가들에게 전파하는 데 앞장섰던 선도적 역할을 했다.

사람들은 최북의 그림을 사기 위해 돈과 비단을 들고 줄을 섰다. 그럴 정도로 그의 그림은 인기가 높았다. 들락날락하는 사람들이 많아 문지방이 다 닳을 정도였다. 최북은 자기 마음에 드는 그림을 그렸는데 그림값을 적게 받으면 무척 화를 내며 그 그림을 찢어버렸다. 반면에 그린 그림이 마음에 들지 않았는데도 부탁한 사람이 그림값을 후하게 쳐주면 그 돈다발을 집어던지며 "그림값도 모르는 놈"이라고 욕설을 해댔다.

♦ 공감과 성찰: 시대 변화를 받아들이면서 상황을 풍자

인생은 얼마나 오랫동안 살았느냐보다는 얼마나 훌륭하게 살았느냐가 중요하다. 살아갈 시간이 짧아서라기보다는 낭비하는 시간이 많기 때문에 후회한다. 인생은 충분히 길고 모든 시간을 제대로 투자하기만 해도 고귀한 업적을 달성하기에 넉넉한 만큼의 세월을 우리는 선물로 받았다.

68. 베토벤, 운명을 스스로 개척한 작곡가

"음악은 모든 지혜와 철학보다 더 높은 계시다."

♦ 역경을 이겨낸 불굴의 사나이

베토벤(1770~1827)은 본에서 태어났다. 같은 해 독일 관념론의 대성자 헤겔이 태어났고, 영국에서는 산업혁명이 시작되는 시기였다. 아버지 요한은 궁정의 테너 가수로 자녀가 일곱 명이 있었지만, 술꾼인 두 동생과 벌이가 없는 아버지는 베토벤에게 신세를 지게 된다.

베토벤은 처음에 아버지로부터 피아노를 교육을 받았는데, 아버지의 꿈은 아들을 모차르트와 같은 천재 음악가로 만드는 일이었다. 그러나 베토벤은 모차르트와 같은 신동은 아니었고 노력형이었다. 흔히 어린 베토벤을 이야기할 때 "아이를 건반 악기 앞에 세워놓았고 그 아이는 대개 울고 있었다."라고 회자하며 그의 아버지를 가혹한 선생으로 묘사한다.

1782년부터 네페의 보조 오르가니스트로 일하기 시작했는데, 처음에는 무급으로 일하다가 1784년부터 궁정 예배당에서 임금을 받는 직원으로 일했다. 1783년에 세 개의 피아노 소나타를 작곡해서 출판하며 작곡가로 활동하기 시작했다. 베토벤은 작은 키에 빛깔도 검고 풍류가 없는 메마른 느낌이어서, 하이든은 '몽고 대왕'이라는 별명을 붙였다. 그는 귀족 사회의 우아함과는 인연이 멀었지만, 그의 인품은 매력적이었다.

베토벤의 과감하고 고집불통인 성격은 비단 그의 작품에만 나타나는 것이 아니었고 그의 성격과 삶 자체도 그러했다. 사교성 있게 친절하고 순진하면서도 엄격하고 냉혹하며 무도할 정도의 행동도 서슴지 않는 등 기분의 흔들림이 심한 괴짜로도 소문이 났었다. 와인을 즐겨 마셨고 커피도 좋아해서 커피를 먹을 때는 반드시 한 잔에 60알의 원두를 고집한 것으로 유명하다.

젊어서는 옷을 차려입는 등 외모에도 신경을 썼고 목욕과 빨래를 선호했고 결벽증처럼 손을 집요하게 씻는 버릇도 있었다. 하지만 나이가 들어서는 외모에 신경도 쓰지 않고 아무렇게나 거리에 뛰쳐나와 노숙자로 오해받거나 미치광이 취급을 받기도 했다.

베토벤은 청력을 잃은 후에도 작곡을 계속하기 위해 진동과 시각적 단서를 사용하여 음악을 작곡했다. 장애를 극복하려는 강인한 성격과 인내에 대한 증거이다. 청력을 잃게 된 원인은 매독이라는 설과 납 중독이라는 설이 있다.

그의 임종 때 천둥과 번개가 치는 날씨였는데, 한쪽 주먹을 불끈 쥐어 올리며 "제군들이여 갈채하라. 희극은 끝났다."라는 말을 남겼다. 또한, 출판사로부터 포도주가 도착했을 때 "섭섭하구나, 섭섭해. 너무 늦었어!"라고 중얼거렸다고 한다.

그는 음악의 성인(聖人), 악성(樂聖)이라는 별칭으로도 불리며, 잘 알려진 작품으로 〈교향곡 3번〉〈교향곡 5번〉〈교향곡 6번〉〈교향곡 9번〉〈비창 소나타〉〈월광 소나타〉 등이 있다

◆ 운명의 전차, 음악의 성인(聖人)

베토벤은 1804년(34세) 교향곡 제3번 〈영웅〉을 완성했다. 처음에는 나폴레옹에게 바칠 예정이었으나 그가 황제에 취임하자 분노하여 이것을 파기했다. 1806년의 〈바이올린 협주곡〉, 피아노 소나타 〈열정〉(독주곡)(1805), 교향곡 제5번 〈운명〉, 교향곡 제6번 〈전원〉(1808) 등의 명작이 잇따른다.

1809년(39세)의 피아노 협주곡 제5번 〈황제〉로 제2기의 명작 시대가 승

리의 정점에 도달한다. 그러나 이 해에 나폴레옹 군이 빈을 점령하고, 이듬해에는 테레제와의 약혼도 파혼되어 그의 생활은 새로운 위기가 찾아오기 시작했으며, 그토록 왕성했던 창작 활동도 침체되었다.

친밀하게 교제했던 루돌프 대공에게 바친 피아노 3중주곡 〈대공〉(실내악곡)과, 대공과의 잠깐의 빈 이별을 동기로 작곡된 피아노 소나타 〈고별〉(1810)에서는 빛나는 승리감을 찾을 수 없고, 고독한 내성적 경향이 나타나더니 이윽고 찾아오는 제3기의 작품이 깔리기 시작한다.

♦ 공감과 성찰: 영웅의 시대

베토벤은 고전주의와 낭만주의 음악의 다리 역할을 했다. 어린 시절 알코올 중독자였던 아버지의 폭력을 극복하고 기존 관습에서 벗어나 음악의 성인으로 불렸다. 그는 췌장염, 간경변증으로 악화되는 건강상태와 청력 상실에도 불구하고 음악에 영혼과 사랑을 심어놓았다.

베토벤은 자신의 감정을 깊이 있게 탐구하며 그 감정을 음악으로 표현하는 데 중점을 두었다. 그의 음악은 개인적인 경험과 내면의 갈등을 반영하며, 청중들에게 감정적 호소를 하기 위한 노력을 보여준다. 또한 그의 작품에는 철학적 사유와 인간성의 탐구가 숨어 있다. 인간성과 인간의 존엄성에 대한 깊이 있는 고찰과 인간의 삶과 죽음, 무한한 영광과 실패의 갈등을 담고 있다.

베토벤은 전통적인 음악 형식을 혁신하고 새로운 음악적 기법을 도입하여 자신만의 고유한 스타일을 발전시켰으며, 그 음악은 시대를 초월하는 가치를 지니고 있다.

69. 브람스, 고독한 베토벤의 후계자

"아! 리슬링 이건 언제나 훌륭한 맛이야!"

💎 평생 독신으로 산 낭만주의 청년

브람스(1833~1897)는 함부르크의 중산층 가정에서 태어나 여러 악기에 능한 아버지로부터 음악 교습을 받았다. 8살 때 피아노 접한 뒤 2년 만에 자선콘서트에서 할 정도로 놀라운 재능을 보였다. 하지만 가난으로 돈벌이에 나서야만 했고, 학교도 14살까지 다녔고 낮에는 피아노 레슨, 교회 오르간 반주, 밤에는 술집에서 연주하며 청소년기를 보냈다.

그런 그의 인생에 반전의 기회가 찾아왔다. 슈만이 가난한 작곡자 지망생인 브람스를 '새로운 길'이란 제목의 칼럼을 써서 그의 출연을 알리고 그의 작품을 정식으로 출판하게 도와줘서 그를 주류 음악계에 데뷔시켰다. 그러나 조현병에 시달리던 슈만이 자살을 시도하고 정신병원에 입원하면서부터 은인으로 존경하던 슈만 집안을 정신적 재정적으로 돌보았다. 슈만의 아내 클라라 슈만을 40년 동안 짝사랑하여 구설수에 시달리기도 했다.

독신자 브람스는 지극히 검소하고 간소했다. 빈에 입성한 후 허름한 호텔과 하숙집을 전전했다. 무뚝뚝하고 냉소적으로 불평쟁이라는 나쁜 평판을 받기도 했으나, 순수한 마음으로 연주 여행과 자연을 사랑했고, 친척과 젊은 음악가들에게 이름을 숨기고 도와주기도 했다.

1896년 임종을 앞두고 평생 흠모했던 연인이자 친구였던 클라라를 마지막으로 만난 후 '4개의 엄숙한 노래'를 작곡했다. 가사는 모두 성서에서 가져온 것으로 '가곡 역사상 최고의 보물'로 여겨진다. 그리고 브람스 자신도 간암으로 사망했다.

💎 고전파적인 양식 위에 중후하고 아름다운 서정성을 표현

그는 완벽주의를 유지하면서 세레나데, 교향곡 네 곡, 피아노 협주곡 두 곡, 바이올린 협주곡 한 곡, 바이올린과 첼로 이중 협주곡 한 곡, 관현악 서곡(대학축전 서곡, 비극적 서곡) 등 수많은 관현악 작품을 남겼다. 실내악으로 〈클라리넷 5중주곡〉이 많이 연주되고 있다.

1868년 브레멘에서 그의 최대 합창곡 작품인 〈독일 레퀴엠〉의 초연으로 전 유럽에 명성을 얻었다. 그가 작곡한 교향곡 1번은 베토벤의 제9에 이어지는 제10 교향곡이라고 할 만큼 베토벤의 영향을 받고 있다. 피아노 음악에서도 피아니스틱한 화려한 기교를 배격하고 중후한 작품을 작곡하는 등 죽기 전까지 수많은 명작을 내놓았다.

브람스는 재정적으로 크게 성공했지만, 스승인 슈만을 도왔으며 정작 본인은 방 셋짜리 아파트에 하녀 한 명을 두면서 검소한 생활을 즐겼다.

💎 성찰과 공감: 난 음악과 결혼했다

브람스는 심오한 감정을 다양한 표현과 내면의 탐구로 깊은 감동을 전달했다. 브람스는 클래식적인 형식과 구조를 중시하면서도 로맨틱한 감정을 풍부하게 표현하는 작곡가로 평가받는다. 음악의 미학적 가치와 사람들 사이의 연결을 강조하며, 그의 작품은 인간적 고뇌와 미의 전달을 목표로 했다.

70. 노벨, 노벨상으로 인류에 기여

"오해되거나 오용되지 않을 수 없는 것은 이 세상에 아무것도 없다. 다이너마이트 역시도 도구에 불과하며, 거기에 선악의 기준을 적용할 수는 없다."

◆ 발명가 겸 기업가·노벨상 창설자

알프레드 노벨(1833~1896)은 스웨덴 스톡홀름에서 출생한 후 4세 때 핀란드로 이주했다. 8세 때는 러시아 상트페테르부르크로 이주하고 이곳에서 초등교육을 받았다. 1850년, 미국으로 유학하여 4년 동안 기계공학을 배웠다.

그는 어려서부터 머리는 좋았지만, 몸이 약해 자주 학교에 결석했다. 집에서 책을 읽거나 기계를 만들고 아버지가 운영하는 화약공장에서 화약을 가지고 놀며 어린 시절을 보냈다. 이후 가정교사 밑에서 공부해 16살에 화학자가 되었고, 크림전쟁 이후 아버지의 사업이 힘들어지자 폭탄 제조 실험을 시작했다.

1862년, 노벨은 '액체' 화약 니트로글리세린을 이용한 폭약을 만들어 특허를 얻었다. 이후 그는 스톡홀름에 공장을 세워 폭탄을 만들었다. 폭탄은 불티나게 팔려나가서 그는 막대한 돈을 벌어들였다. 하지만 엄청난 폭발력만큼 사고도 많았고 노벨 자신의 공장에서도 동생과 직원들이 목숨을 잃는 사고가 발생한다.

이후 노벨은 '액체' 상태인 니트로글리세린을 '고체'로 만들면 운반이 쉬워져 폭발사고를 최소화할 수 있다는 것을 발견했고, 1866년 다이너마이트를 발명했다. 세계적인 부자가 된 노벨은 자신이 발명한 다이너마이트가 사람들에게 도움을 주기도 하지만, 한편으로는 많은 사람의 목숨을 빼앗아 간다는 사실에 늘 가슴 아팠고, 다이너마이트로 번 돈을 인류를 위해 쓰기로 결심했다.

노벨은 다음과 같은 유언을 남겼다. "유언 집행인에 의해 안전한 유가증권에 투자된 재산으로 기금을 만들고, 거기에서 매년 나오는 이자를 지난해에 인류에게 가장 큰 유익을 가져다준 사람들에게 상금으로 수여한다." 이자는 모두 5등분해서 물리학, 화학, 생리학/의학, 문학, 평화 분야의 수상자에게 각각 나눠줄 예정이었다.

◆ 죽음의 상인이란 오명을 벗다

노벨이 받은 정규교육은 여덟 살 때 스톡홀름의 어느 학교에 1년간 다닌 것이 전부였다. 러시아에서 가정교사를 두고 공부를 재개해서 러시아어, 독일어, 영어, 프랑스어를 익혔고 특히 과학에 재능을 보였다.

크림전쟁 후 스웨덴에서 폭약의 제조와 그 응용에 종사하고 있던 아버지의 사업을 도와 폭약의 개량에 몰두한 결과 뇌홍을 기폭제로 사용하는 방법을 고안하여 아버지와 동생과 함께 이의 공업화에 착수했다.

1886년 고형 폭약을 만드는 세계 최초의 '노벨 다이너마이트 트러스트사'를 창설한다. 그의 형인 로베르트와 루트비히는 카스피 해의 서안에 있는 바쿠의 유전개발에 성공하여 노벨가는 유럽 최대의 부호가 되었다.

은퇴 중에도 노벨은 평소 일과인 연구와 실험을 결코 중단하지 않았다. 그는 평생 355개의 특허를 취득했으며 화약 말고도 만년필, 축음기, 전화기, 축전지, 백열등, 로켓, 인조 보석, 비행기, 수혈 등을 연구했다.

"나는 중간중간 휴식을 취하며 작업했다. 한동안 일을 놓아두었다가 다시 매달리곤 했다. 나는 자주 이런 방식으로 작업한다. 하지만 결국 해내고 말 것이란 느낌이 드는 일로 돌아가곤 했다."

◈ 공감과 성찰: 죽음의 상인에서 인류의 희망으로

노벨은 술과 담배는 물론이고 사교 모임도 멀리한 그 시대의 가장 소박한 갑부로 통했다. "나는 두 가지 관점에서 경쟁자들보다 유리한 입장에 있습니다. 돈 긁어 모으기와 아첨은 나의 흥미를 전혀 끌지 못하지요." 그는 사람을 만나거나 행사에 참석하는 것도 마다했으며, 심지어 자기 사진이나 초상화가 신문이나 잡지에 실리는 것도 싫어했다.

알프레드 노벨은 다양한 발명과 기술적 혁신을 통해 재산을 축적했지만, 평화와 인류의 이익을 중시하고 세계적인 갈등 해결을 위한 노력을 기울였다. 산업혁명과 기술 발전의 중요성을 이해하고, 이를 통해 인류의 삶을 개선하고자 했다. 노벨의 유산인 노벨상은 계속해서 지식과 문화의 발전을 촉진하고 인류의 진보를 위해 기여할 것이다.

71. 장승업, 조선의 마지막 천재 화가

"사람이 죽고 사는 것은 뜬구름과 같으니 경치좋은 곳을 찾아 숨어버림이 좋을 것이요. 앓는다, 죽는다, 장사지낸다 하여 요란스럽게 떠들 필요가 없다."

◆ 술과 방랑의 예술

장승업(1843~1897)은 어려서 부모를 여의어 고아가 되었다. 그는 수표교 부근에 살고 있던 역관 이응헌의 집에 기식하면서 어깨너머로 그림을 배웠다. 그가 할 줄 알았던 것은 그림을 그리는 것뿐이고, 재능도 있어 40대 이후 그림이 원숙한 경지에 도달하여 대화가의 명성을 얻었다.

그는 부와 명성을 얻었지만, 결혼은 하지 않고 평생 독신으로 살았다. 술과 여자를 몹시 좋아하여 미인이 옆에서 술을 따라야 좋은 그림이 나왔다고 하며, 아무것에도 얽매이기를 싫어하는 방만한 성격의 소유자였다.

장승업은 1897년 55세로 세상을 떠났다고 알려져 있다. 그러나 어디에서 어떻게 죽었는지는 알 수 없다. 장승업의 친구이자 청일전쟁 때 종군기자였던 일본인 우미우라 도쿠야(海浦篤彌)가 "신선이 되어 갔다."라고 하지만 술로 인해 죽은 것으로 보인다. 장승업의 주요작품은 〈풍림산수도(楓林山水圖)〉〈호취도〉〈세산수도〉〈송하노승도〉 등이다.

◆ 자연과 주체가 만난 순간적 흥취

장승업의 자는 경유(景猷), 호는 오원(吾園) "직업을 계승한다."라는 의미의 '승업(承業)'이라는 이름으로 보아 중인 집안 출신이었던 것으로 보인다. 〈일성록〉에 의하면 장승업은 38세 때인 1880년 도화서 화원 자격으로 별궁

영건에 참여하여 화원 조중묵·김시영·이경록 등과 함께 포상을 받았다. 따라서 30대 중반 이전에 장승업은 도화서에 들어가 유숙·백은배 등 당시 화원들과 교류하며 공동작업에 종사하고 있었음을 알 수 있다. 장승업은 40세 때인 1882년 이후 오경연의 집을 드나들기 시작하여 이곳에서 중국화를 많이 보게 되고 참고했다.

장승업은 누구에게 매이기 싫어하는 성품을 가졌다. 장지연의 〈일사유사〉에 전하는 궁중일화에 의하면, 장승업의 명성을 들은 고종이 그림을 맡겼다. 그러나 자유분방한 장승업은 술 생각을 못 참고 궁중에서 여러 차례 도망쳤다고 한다. 그래서 결국 고종의 노여움을 사서 처벌을 받게 되기도 했다.

장승업은 술을 무척 좋아했으며, 취했을 때 좋은 그림이 나왔다고 한다. 그래서 술대접을 잘 받고, 또 옆에서 미인이 시중을 들면 기분이 좋아 좋은 그림을 그렸다고 한다. 그림의 대가로 받은 금전에 대해서는 큰 관심을 두지 않았으며, 단골 술집에 맡겨두고 다 떨어질 때까지 오가며 마셨다고 한다.

장승업은 한때 기생과 살림을 차린 적도 있었으나, 오래 살지 못했다. 장승업의 후반기 생애는 술과 예술, 그리고 방랑으로 일관했다. 임금의 명을 받드는 궁중화사로서의 명성도, 그림의 대가로 받은 금전도, 가정생활도 모두 그에게는 구속일 뿐이었다.

◆ 공감과 성찰: 꽃의 아름다움과 침묵

장승업은 기인이다. 호방한 성품에 달필의 붓으로 다양한 그림을 잘 그렸지만, 정식으로 그림 공부를 하지 않았기에 중국풍이라는 평가도 있다. 게다가 족보도 알 수 없는 까막눈이어서 작품 속 글씨는 다른 사람이 대신 썼다는 이야기도 있다.

그는 산수화, 도석·고사인물화(道釋·故事人物畵), 화조영모화(花鳥翎毛畵), 기명절지도(器皿折枝圖), 사군자(四君子) 등 여러 분야의 소재를 폭넓게 다루었다.

72. 에디슨, 세상을 바꾼 발명왕

"세상에 규칙이란 없다. 우리는 무언가 이루려 노력하고 있을 뿐이다."

◆ 호기심의 왕자, 달걀을 가슴에 품다

토머스 에디슨(1847~1931)은 오하이오 주 밀란에서 태어났다. 특허 수가 1,000종을 넘어 '발명왕'이라 불리고 있다. 제재소를 경영하던 아버지 새뮤엘의 막내아들로 태어나, 1854년 미시간주 포트휴런으로 이사를 가 그곳 초등학교에 들어갔으나, 산만한 아이라는 이야기를 듣고 3개월 뒤부터 그의 어머니가 집에서 그를 가르쳤다.

집안이 가난했기 때문에 12세 때 철도에서 신문·과자 등을 팔면서도, 시간을 절약하기 위하여 화물차 안으로 실험실을 옮겨 실험에 열중했다. 신문을 팔던 어느 해 기차 실험실 안에서 화재를 일으켜 차장에게 얻어맞은 것이 귀에 청각장애를 일으키게 되었고, 그 후로 사람들과의 교제도 끊고 연구에만 몰두하기 시작했다.

15세 때 역장집 아이의 생명을 구해준 답례로 전신술(電信術)을 배우게 되어 1869년까지 미국·캐나다의 여러 곳에서 전신수로서 일했다. 1868년에 전기 투표기록기를 발명하여 최초의 특허를 받았다.

이어서 다음 해에는 주식상장표시기, 인자전신기, 1877년에 축음기, 1879년에 백열전구, 1891년에 영화 촬영기·영사기, 1891~1900년에 자기 선광법, 1900~1910년에 에디슨 축전기 등을 계속 발명했다축전기 등을 계속 발명했다.

그는 세계에서 가장 많은 발명을 남긴 사람으로 1,093개의 미국 특허가

에디슨의 이름으로 등록되어 있다. 참고로, 비공식적으로는 2,332개를 발명했다고 전해진다.

💎 세계 최초의 이동 화학 실험실을 만들다

에디슨은 학자적인 이론을 갖고 있지는 못했지만, 실험과 호기심을 통한 발명으로 미국을 응용기술 면에서 유럽을 압도하는 국가로 만들었다.

특히 백열전구를 개선·발전시키고 그것의 생산법을 발명했는데, 탄소 필라멘트의 채용으로 40시간 이상이나 계속해서 빛을 내는 전구를 만들었다. 더 나아가 전구를 보급하기 위하여 소켓·스위치·안전퓨즈·적산전력계·배전방식 등을 고안하고, 효율이 높은 발전기와 배전반의 설계 등을 만들었다.

1882년에는 세계 최초의 중앙발전소와 에디슨 전기회사를 창립했다. 월가의 재벌들이 그의 특허를 손에 넣고자 서로들 경쟁을 벌였다. 하지만 그의 회사는 전구의 특허권을 둘러싼 소송으로 많은 경제적인 손실을 보고 그 결과 그는 회사에서 물러나게 되었다. 그때 "나는 전구를 발명했으나 전혀 이익을 보지 못했다."라고 말했다.

그는 대학의 강의를 경멸했다. 보통 교육에 대해서도 "현재의 시스템은, 두뇌를 하나의 틀에 맞추어 가고 있다. 독창적인 사고를 길러내지는 못한다. 중요한 것은 무엇이 만들어지고 있는 과정을 지켜보는 일이다."라고 날카롭게 비판했다.

"천재란 99%가 땀이며, 나머지 1%가 영감이다."라는 유명한 말을 남겼으며, 만년까지 "나는 발명을 계속하기 위한 돈을 얻기 위하여 언제나 발명을 한다."라는 말과 더불어 끊임없이 연구와 창조를 계속하는 발명가 정신을 유지했다.

♦ 성찰과 공감: 노력을 대신 할 수 있는 것은 없다

에디슨은 어린 시절 무척 가난하여 늘 기차에서 사탕과 신문을 팔곤 했는데, 어느 날 기차 관리인이 에디슨의 뺨을 후려쳐 그만 청력을 잃게 되었다. 위인이 된 후에 그는 이렇게 말했다.

"나는 언제나 그에게 감사한다. 시끄러운 세상에서 날 조용하게 살 수 있게
했으니, 실험실에서도 귀 막을 필요가 없다."

뭔가를 성취할 때 인생에서 유일한 진짜 기쁨을 맛볼 수 있다. 천재란 자신에게 주어진 일을 하는 재능이 있는 사람일 뿐이다. 실패를 두려워할 필요도 없다. 수천 번의 실패는 성공의 과정일 뿐으로, 실패를 통해 더 나은 방법을 발견하는 것이다.

에디슨의 발명은 혁신과 기술 발전에 큰 영향을 미쳤으며, 그의 발명은 오늘날에도 기술 발전의 기초로 남아 있다.

73. 가우디, 건축에 자연을 입히다

"신은 서두르지 않는다."

❖ 곡선의 미와 자연을 닮은 경이로운 만남

안토니오 가우디(1852~1926)는 스페인 카탈루냐 지방 마을에서 5남매 중 막내로 태어났다. 그는 어렸을 때부터 애늙은이라는 소리를 들었는데, 류마티스를 앓아 지팡이를 짚고 다녔다. 서 있기도 힘들 정도로 몸이 약했고, 학교 성적도 좋지 못했지만, 어느 날 한 친구에게 그림 실력을 인정받은 것을 계기로 건축가를 지망하게 되었다.

바르셀로나 건축전문학교에 입학한 가우디는 25세에 건축사 자격을 딴 후 시청 산하의 여러 프로젝트를 수주받으면서 건축가의 길을 걷게 된다. 혈기 왕성한 청춘의 시기에는 밤마다 거리를 누비며 놀러 다녔는데 본인이 좋아서 가는 것도 있었겠지만 인맥을 넓히기 위한 의도도 있었다.

그는 1878년 카사 비센스를 건축하기 시작하면서 본격적으로 유명해지기 시작한다. 그 후 카탈루냐의 명문가 코미야스 후작가의 별장을 건축하면서 평생의 후원자 에우세비오 구엘 백작을 만나게 된다. 그리고 1883년에는 구엘 가의 가문 건축가가 되었다.

1883년부터는 평생 설계한 '성가정 대성당(사그라다 파밀리아 대성당)' 건설에 매진했지만, 이런저런 재정 문제 등으로 완공되는 모습을 보지 못했다. 가우디 본인도 성당이 자신이 살아 있는 동안 완성되리라곤 장담하지 못했다. 그리하여 그는, "나에게 죽음의 그림자가 드리우고 있다. 슬프게도 나는 내 손으로 이 성당을 완성하지 못할 것이다. 그래서 나의 후손들이, 다음 건축가가 이 건축물을 완성하고 이곳에 빛을 내려주리라."라는 말을 남긴 적이 있다고 한다.

1926년 6월 7일 성당에서 미사를 마치고 돌아오던 길에 카탈루냐 법원 인근의 대로를 건너다 노면 전차에 치여 치명상을 당했다. 전차의 운전사는 가우디를 지저분한 노숙자로 여겨 그냥 길가에 끌어다 놓았다. 치료 시기를 놓친 것이다. 그는 "옷차림을 보고 판단하는 이들에게, 그래서 이 거지 같은 가우디가 이런 곳에서 죽는다는 걸 보여주게 해라. 그리고 난 가난한 사람들 곁에 있다가 죽는 게 낫다."라는 말과 함께 73세를 일기로 생애를 마쳤다. 그의 장례식은 사실상 반(半) 국장으로 치러졌고 시신은 그가 마지막까지 열정을 쏟았던 성가정 대성당의 지하묘지에 안장되었다.

💎 예술적인 감성과 치밀한 공학을 조화시킨 천재

잘츠부르크에 모차르트가 있다면 바르셀로나에는 가우디가 있다. 그만큼 가우디는 '국민 아이콘'이다. 그의 손길로 탄생한 건축물이 바르셀로나 곳곳에 숨 쉬고 있다. 그가 남긴 7개의 건축물이 유네스코 세계문화유산으로 등재될 만큼 가우디는 바르셀로나의 보고이자 랜드 마크다.

가우디의 건축은 시대를 앞서간 포스트모던 건축으로 추앙받고 있다. 당대의 주류였던 모더니즘에서 벗어난 독자적인 외딴 섬 같은 건축이었다. 가우디만의 고유한 양식을 자기식으로 해석하여 만들었다. 구조는 독특하지만 합리적이며 기능 역시 가지고 있다. 일견 멋으로만 보이는 둥근 천장과 나무 같은 기둥들은 무게, 즉 힘의 흐름에 따라 정교하게 설계되었다.

그의 대표작으로 사그라다 파밀리아 교회를 들 수 있다. 거대한 옥수수 4개가 하늘로 치솟고 있는 듯한 작품으로 1882년 3월 19일 성 요셉의 날에 시작되어 지금도 계속 건축 중에 있다.

유네스코 세계문화유산으로 지정된 개인 주택인 카사 밀라는 거대한 조각 돌덩어리로 직선을 배제하고 일그러진 곡선을 강조했다. 동굴처럼 솟아난 발코니와 창문이 만들어내는 물결무늬로 이루어져 있다.

"세상의 모든 것은 색을 가지고 있으며, 또한, 색을 가져야 한다."

가우디는 대부분 건축가들처럼 책상에 앉아 설계하고 공사는 인부에게 맡기는 방식을 택하지 않았다. 작업장에서 진행 상황을 보면서 설계하고, 인부들의 일을 일일이 직접 감독했다. 생각대로 결과가 나오지 않으면 공사 기일, 공사비에 관계 없이 부수는 일을 반복했다.

가우디는 젊었을 적에는 종교에 대해 회의적이었으나 교회 관련 건축 일을 하면서 독실한 가톨릭 신자가 되었다. 그는 술을 잘 못 마시는 대신 줄담배를 피운 골초였다. 41살에 단식으로 생명이 위태롭던 시기에도 담배만은 포기하지 않았다.

◆ 성찰과 공감: 미완성의 완성, 한계 없는 감동

섬유사업으로 거부를 축적한 에우세비오 구엘 백작이 없었다면 가우디도, 건축의 도시 바르셀로나도 없었을지 모른다. 구엘은 1878년 파리 박람회에서 가우디가 만든, 스페인의 명품 브랜드 '곤잘로 코메야'의 장갑 진열대를 보고 가슴이 뛰었다. 그는 가우디가 천재성을 발휘하도록 재정적으로 돕는 데 일생을 바치고, 가우디는 구엘 공원과 저택, 별장, 콜로니아 구엘 공원 등 인류의 유산을 건축하며 이에 보은했다. 가우디는 1918년 구엘이 세상을 떠나자 한때 삶의 좌표를 잃고 방황했지만, 성가족 성당의 건설에 몰입하는 것으로 슬픔을 극복했다.

우리 사회에도 누군가의 가능성을 알아보고 그 가능성이 꽃피도록 돕는다면 멋진 세상살이가 되지 않을까? 동시에 누군가의 드러나지 않은 장점을 발견할 수 있는 혜안을 가졌으면 한다.

74. 아인슈타인, 세상을 뒤바꾼 세기의 과학자

"나는 간소하면서 아무 허세가 없는 생활이야말로 최상의 것이라 생각한다. 사람이 경험할 수 있는 가장 아름다운 것은 신비함으로, 신비함은 모든 참된 예술과 과학의 근원이다."

◈ 부모의 지극정성으로 지진아에서 세계적 인물로 탈바꿈

알베르트 아인슈타인(1879~1955)은 독일에서 내성적인 아이로 태어나 말을 배우는 데 남보다 늦었다. 5살 때까지 병으로 인해 누워 있었고 약간의 자폐증 증세도 있었다. 책 읽기를 좋아했고, 자연의 움직임에 호기심을 갖고 스스로 답을 찾기 위해 노력했다.

학습 성적이 좋지 않아 지진아로 분류되었으며 담임선생님이 학생기록부에 "이 아이는 나중에 무엇을 해도 성공할 가능성이 없음."이라고 기록할 정도였다고 한다. 김나지움도 너무 낮은 점수를 받아 졸업장도 받지 못하고 퇴학을 당했고 대신 '유클리드 기하학'을 혼자 공부하면서 독파, 열여섯 살 무렵부터 미분 적분을 혼자 힘으로 공부했다.

"나는 평생 술 대신 인문학에 취하겠다." 아인슈타인이 17세 때 한 말이다. 그는 성장해서 상대성이론을 확립했고 양자역학의 발전에도 기여한 위대한 과학자가 되었다.

그가 1905년에 발표한 특수상대성이론은 시간과 공간은 절대적인 것이 아니며, 속도에 따라 상대적이라는 이론이다. 서로 등속 운동을 하는 관성계에 대한 상대성 원리와 광속도 불변의 원리를 기초로 구성된 체계이다.

1915년 발표한 일반상대성이론으로 중력의 본질을 이해할 수 있게 했다.

일반 상대성 이론에서는 중력을 시간과 공간이 얽힌 시공간의 기하학적 왜곡이 일으키는 현상으로 설명한다. 이것은 뉴턴 이래 일반화된 힘과 전혀 다른 개념이다.

아인슈타인은 이스라엘 건국 7주년 기념식 연설 초고를 쓰다가 복부대동맥류가 터져 천국으로 떠났다. 그의 유언은 단순하며 올곧다. "가고 싶을 때 가고 싶소. 인위적으로 삶을 연장하는 것은 무미건조해요. 나는 내 몫을 다 했고 이제 가야 할 때요. 우아하게 떠나고 싶소."

◆ 에너지는 질량과 빛의 속도의 곱에 비례 'E=mc²'

특수상대성이론에서 도출된 질량 에너지 동등성 'E=mc²'는 아인슈타인을 상징하는 가장 유명한 등식이다. 이를 쉽게 표현해 "모든 것은 상대적으로 어여쁜 여자와 함께 한 1시간은 1초처럼, 뜨거운 난로 위에 앉아 있을 때는 1초가 1시간처럼 흐른다."라고 비유했다.

그는 1921년 이론물리학에 대한 기여와 특히 어떤 금속이나 반도체 따위에 빛을 쪼이면 전자가 방출하는 동시에 그 물질은 전기를 띠는 '광전현상'을 발견한 공로로 노벨물리학상을 받았다.

그가 1933년 미국을 방문한 것은 '신의 한 수'였다. 이때 아돌프 히틀러가 권좌에 올랐고 유대인인 아인슈타인은 망명해서 미국 시민이 되었다. 그리고 제2차 세계대전 직전에 프랭클린 루스벨트 대통령에게 독일의 핵 개발 프로그램을 알려주고, 미국이 우선 개발해야 한다고 권고해서 세계 역사를 바꾸었다. 비록 그는 핵무기를 반대했지만, 고육책으로 핵 개발을 선택한 것을 평생 짐으로 여겼다고 한다.

아인슈타인은 과학자이기 전에 지식인, 교양인이었다. 스스로 물리학자가 아니면 음악가가 됐을 것이라고 말할 정도로 음악을 사랑했다. 1963년 12월 유네스코 본부에서 열린 그의 추모식에서 미국의 물리학자 로버트 오펜하이머는 "아인슈타인은 전적으로 세련됨과 동떨어져 있었고, 전적으로 세속적이지 않았다. 늘 경이로운 순수함이 어린이 같은 마음과 같았고, 심오하게 완고했지요."라고 술회했다. 늘 시류와 이익, 유행에 흔들리는 세속적인 사람이 거울로 삼아야 할 현자였다.

💎 성찰과 공감: Best보다 자신만의 장점을 가진 Unique가 돼라

지식보다 상상력이 더 중요하다. 지식은 한계가 있지만, 상상력은 온 세상을 품을 수 있다. 우리 모두는 상상력을 자유롭게 이용하는 데 부족함이 없는 예술가다. 모든 위대한 발견은 지식을 뛰어넘은 마음에서 비롯된다.

75. 피카소, 현대 미술의 혁신가

"나는 보는 것을 그리는 것이 아니라 생각하는 것을 그린다. 작품은 그것을 보는 사람에 의해서만 살아 있다. 나에게 미술관을 달라. 나는 그 속을 꽉 채울 것이다. 나는 어린아이처럼 그리는 법을 알기 위해 평생을 바쳤다. 나는 찾지 않았다. 발견할 뿐이다. 예술은 우리의 영혼을 일상의 먼지로부터 씻어준다."

◆ 3만여 점의 작품을 남긴 미술계의 천재이자 노력파

파블로 피카소(1881~1973)는 에스파냐 말라가에서 태어났다. 그의 아버지는 미술 교사였다. 그는 말을 배울 무렵부터 그림을 그리기 시작했다. 초급학교에서는 읽기와 쓰기를 어려워했고 졸업이 어려울 정도로 학습능력이 저조했지만 그림을 그리는 데에는 뛰어난 재능이 있었다.

14세 때 바르셀로나로 이주하여, 이때부터 미술학교에 입학하여 미술공부를 시작했다. 하지만 출석을 거의 하지 않았고 학교 규칙과 생활에 적응하지 못해 학교를 그만두었다. 다시 마드리드에 있는 왕립미술학교에 다녔지만, 결과는 마찬가지였다.

17세 때 그는 다시 바르셀로나로 돌아왔고, 이 무렵부터 프랑스와 북유럽의 미술운동에서 많은 자극을 받았다. 특히 A.르누아르, H.툴루즈 로트레크, E.뭉크 등의 화법에 매료되어 이를 습득하려고 노력했다.

1900년 19세 때 처음으로 파리를 방문하여 몽마르트 주변에서 제작 활동을 하고 있던 젊은 보헤미안 무리와 합류한다. 피카소는 인상파들의 작품을 접했고, 고갱의 원시주의, 고흐의 표현주의 등에 영향도 받았다. 당시 피카소는 프랑스어를 구사할 줄 몰라 도시 파리의 모습에 혼란을 겪기도 했다.

화려함의 이면에 가려진 빈곤과 비참함을 목격하고, 질병과 성병이 가득한 도시의 가난을 두려워했다. 한때 자살을 결심하기도 했으며, 파리의 구석진 다락방에서 추위와 가난을 인내해야만 했다.

하지만 당시 요절한 화가들에 비하면 피카소는 운이 좋아 단기간에 명성을 얻었고, 20세에 첫 전시회를 열었다. 당시 피카소의 그림 주제는 파리의 비참한 거지와 가난한 가족 등이다. 청색이 주조를 이루는 그림을 그렸는데 이때를 피카소의 '청색시대(靑色時代)'라고 부른다. 특히 1903년에 제작된 〈인생〉은 하층계급에 속하는 사람들의 생활 참상과 고독감이 두드러진 작품으로 손꼽힌다.

1904년 그림의 색조가 청색에서 장밋빛 시대로 바뀌면서 색상이 밝아지기 시작했다. 과거의 에스파냐 예술, 카탈루냐 지방 예술의 독특함과 엄격성이 가미된 것이다. 당시 테마 작품은 〈공 위에서 묘기를 부리는 소녀〉〈광대〉〈곡예사 가족〉 등 어릿광대나 곡예사 생활의 이면을 파헤쳤다.

1907년의 그의 대표작인 〈아비뇽의 처녀들〉 이후 종합적 입체파 시대의 최대 거장이 되었다. 1936년의 에스파냐 내란 때는 인민전선을 지지하고, 다음 해 프랑코 장군에 대한 적의와 증오를 시와 판화로 나타낸 연작 〈프랑코의 꿈과 허언(虛言)〉을 그렸다. 전쟁의 비극과 잔학성을 예리한 독자적 시각으로 그린 대벽화 〈게르니카〉와 〈통곡하는 여인〉은 피카소 특유의 표현주의로 불린다.

제2차 세계대전이 발발하던 해는 에스파냐에서 지냈으나, 다음 해 독일군의 파리 침입 직후 파리로 돌아와 레지스탕스 지하운동 투사들과 교유하고, 1944년 종전 후는 프랑스공산당에 입당했다. 한편, 도기(陶器) 제작과 조각에도 정열을 쏟고 석판화의 제작도 창조했다. 6·25전쟁을 주제로 한 〈한국에서의 학살〉(1951), 〈전쟁과 평화〉(1952) 등을 남기기도 했다.

💎 입체파를 대표하는 천재 화가

입체파를 대표하는 천재 화가 피카소는 20세기 예술 전반에 혁명을 일으키며 미술사의 흐름을 바꾸어 놓았다.

우울하고 고독한 느낌의 화풍인 청색 시대와 감상적이고 로맨틱한 장밋빛 시대를 거쳐 1907년 입체주의의 시작인 〈아비뇽의 아가씨들〉을 발표했다. 회화뿐만 아니라 도기나 조각 등의 다양한 분야에서도 새로운 기법을 시도했다.

1936년 스페인 내란 이후 프랑코 체제에 반대하며 스페인을 떠났지만, 1963년 바르셀로나의 피카소 미술관 개관을 승낙하며 자신의 많은 작품을 기증했다.

💎 성찰과 공감: 그를 만든 환경과 시간

"무엇을 그려야 할지 모르겠다면 일단 그리기 시작하면 된다."

아무리 좋은 능력도 노력이 뒷받침되지 않으면 발휘할 수 없고, 충분한 연습 시간이 요구된다. 〈아웃라이어〉의 저자 맬컴 글래드웰은 어느 분야의 최고가 되기 위해서는 최소 1만 시간의 연습과 훈련이 필요하다고 말한다. 피카소는 이미 14살 정도에 화가로서 그림을 그리기 위한 기술적 측면은 다 습득했다.

삶의 성공은 환경에 많은 영향을 받는다. 피카소는 스페인에서 청소년기를 보낼 때 학교생활에 잘 적응하지 못했으며 그의 천재성을 알아보는 사람도 없었다. 그의 능력이 발현되고 인정된 곳은 미술의 본고장 프랑스 파리였다. 만약 피카소가 스페인에서 계속 생활했다면 그의 능력이 발현될 수 없었을 것이다.

피카소는 기존의 틀을 벗어난 초현실적 예술 장르인 큐비즘을 만들어내었다. 그의 자유분방한 성격과 큐비즘 같은 높은 예술적 감각을 이해하고 받아줄 수 있는 도시는 많지 않았다. 유일하게 파리의 도시 문화와 환경이 그의 능력이 발현될 수 있는 최적의 공간이었다. 피카소가 스페인을 떠나 파리를 향한 것은 현명한 진로 선택이었던 것이다.

76. 고흐, 그림만큼 열정적인 삶

"자신의 그림은 가장 위대한 예술작품인 자녀들을 돌보면서
가정생활을 하는 노동자와 농부의 소명보다 못하다."

◆ 인상주의 거장, 불꽃같이 살다 사라지다

빈센트 반 고흐(1853~1890)는 네덜란드 북쪽에 있는 작은 마을에서 목사의 아들로 태어났다. 생계를 위해 15살부터 점원으로 일하다가 런던에서 일터를 구해 일했다. 그러나 잦은 불화로 결국 직장을 그만둔 고흐는 아버지를 따라 목회자의 길을 걷고자 전도사 훈련을 떠났지만, 그마저도 해고당한다. 그러다가 동생 테오의 권유에 따라 27살의 나이에 미술을 시작하게 된다.

고흐는 서민들의 삶을 어두운 색감으로 그리다가 파리에서 인상파 화가들의 그림을 접하면서 그림이 차츰 밝아지기 시작했다. 그 후 도시 생활에 지쳐 남쪽 지방으로 간 고흐는 시골의 풍경에 반해서 자연의 색깔을 담은 그림을 그렸다. 이때 고흐의 강렬하고 거친 붓 느낌과 색채의 대비가 조화롭게 이루어지는 그림 스타일이 드러났다.

그곳에서 고흐는 고갱과 함께 지냈는데 두 사람은 예술에 대한 서로의 견해 차이에서 비롯된 갈등을 좁히지 못했고 고흐는 결국 친구였던 고갱을 죽이려다가 자기 귀를 자른다.

그로 인해 사람들은 고흐를 미치광이라며 피하고 고흐는 정신병동에 들어가게 된다. 고흐는 작품에 대한 강한 의욕으로 병원에 입원해 있을 때도 여러 작품을 그렸다. 그 후 고흐는 37살의 젊은 나이에 자살로 생을 마감하

고 만다.

💎 비극적인 짧은 생을 마치고서야 인정받다

복잡하고 어려운 도시 생활에 지친 고흐는 남쪽 지방인 아를로 이사했다. 새로 이사한 집이 마음에 들었던 고흐는 방의 모습과 시골 풍경이 주는 자연의 색깔에 매료되어 밤새도록 그림을 그렸다. 고흐는 그가 머물렀던 노란 집에 예술가들과 함께 작업하는 공동체를 만들길 꿈꿔서 고갱과 함께 약 60일을 함께 보냈다.

그러나 둘은 예술에 대한 생각이 많이 달랐다. 어느 날 고흐와 고갱이 서로의 그림에 대해서 품평하게 되었다. 그 당시 극도의 스트레스로 인해 신경이 쇠약했던 고흐가 고갱의 충고를 듣고 난 후 자신의 그림을 모독했다고 생각했고 그 분노를 이기지 못하여 귀까지 잘랐다. 이 사건으로 고갱은 떠나버리고 동네 사람들은 그를 '빨강머리 미치광이'리며 피했다.

병 때문인지 자화상이 많았고, 그것도 불가능한 때에는 자주 밀레나 들라크루아의 모사를 했다. 동생 테오 및 기타 사람에게 보낸 방대한 양의 편지는 서간문학으로서 중요하게 평가받는다. 고흐는 세상을 떠난 뒤에 유명한 화가가 되었다. 1901년에 파리에서 열린 전시회에서 고흐의 그림이 큰 인기를 끌었고, 1914년, 테오의 부인이 고흐와 테오가 15년간 주고받은 편지를 책으로 내면서 세상에 더욱 알려지게 되었다.

♦ 성찰과 공감: 나의 재능은 신에게 선물 받은 것이에요

고흐는 37년이라는 짧은 생을 마감했고, 늦은 나이에 그림을 시작했지만, 열정적인 화가였다. 안타깝게도 살아 있는 동안에는 단 한 점의 그림만 팔렸다.

그럼에도 고흐는 자연 그대로, 신이 인간에게 내린 가장 아름다운 창조물을 바라보았다. 그리고 그는 그것을 그대로 전하는 것이 자신의 소명이라고 생각하고, 그것이 신이 내린 그의 재능이라고 믿었다. 나뭇잎 하나, 태양의 빛, 그림자, 어둠, 구름 한 점 자체까지 집중했기에 위대한 작품이 탄생한 것이다. 자연의 아름다움과 그 속에 있는 신비를 깊이 관찰하고, 그것을 작품에 반영했다. 그의 풍경화와 꽃 그림은 자연의 생명력과 순환을 담아내었으며, 그의 심오한 자연 관찰은 그의 작품에 깊은 감동을 부여했다.

예술과 생명이 긴밀하게 연결되어 있음을 믿고, 당장 자연으로 나가서 큰 호흡을 할 때 감정적인 갈등과 내적 불안이 사라지지 않을까?

77. 채플린, 날카로운 코미디언

"삶은 가까이서 보면 비극이요, 멀리서 보면 희극이다."

💎 방랑자로 이름을 날리다

찰리 채플린(1889~1977)은 영국 런던의 빈민촌에서 태어났다. 할머니는 집시 출신이었지만 이를 부끄러워하기는커녕 자랑스럽게 생각했다. 부모 역시 모두 무대 연예인이었는데, 아버지는 약간 이름난 가수였고, 어머니는 연극에서 하녀나 잡역 등 단역을 도맡아 하는 직급 낮은 배우였다.

불우한 환경에서 성장하다가 10세에 극단에 들어가, 점차 재능을 인정받아 17세에 당시 영국 최고 희극단의 단원이 되었다. 채플린은 춤, 노래, 어릿광대 흉내, 팬터마임 등의 자질을 키워, 미국 순회공연을 하면서 인생 일대 전환을 맞이한다.

1914년 채플린의 첫 영화에 데뷔한다. 〈생활비 벌기〉에 출연하여 고전적인 사기꾼 분장으로 인기를 끌었다. 이후 채플린은 제대로 웃겨보기 위한 떠돌이(The tramp) 캐릭터를 만드는 신의 한 수를 둔다. 영화 〈어깨총〉에서도 떠돌이 캐릭터로 통 크고 헐렁한 바지, 짧고 꽉 끼는 웃도리, 대나무 지팡이, 너무 작은 모자, 칫솔 모양 콧수염이라는 괴상한 조합으로 만들었다. 아이디어가 넘쳤던 채플린이 전부 자기 주변 및 동료들에게서 빌린 도구들로 완성한 것이다.

유성영화 시대가 도래한 후에도 〈모던 타임즈〉 등 걸작 무성 영화을 잇달아 발표하면서 무성 영화 시대를 선도했다. 〈시티 라이트〉의 첫 시사회에는 알베르트 아인슈타인 박사까지 참석했고 찰리 채플린은 프랑스 정부로부터 레지옹 도뇌르 훈장을 수여 받았다.

그는 기계 만능주의와 인간소외를 날카롭게 풍자했고, 1940년에는 〈독재자〉를 발표하여 히틀러와 파시즘을 풍자하기도 한다. 1947년에 발표한 〈살인광 시대〉에서 전쟁이란 명목의 대량살인을 고무 찬양하는 자본주의 제국 질서를 거칠게 비난했다. 당시 미국 사회의 주류였던 메카시즘 속에서 공산주의자로 몰려 박해를 받기도 했다.

미국 사회에 환멸을 느낀 채플린은 1952년 미국을 떠나 스위스에 정착한다. 1972년 그의 예술적 공적을 인정하고 아카데미 특별상을 수여한다. 약 20년 만에 미국을 다시 방문하여 아카데미 시상식 참석자 전원의 기립 박수를 받으며, 명예상을 수상하기도 했다.

채플린은 말년에 뇌졸중을 앓고 건강이 악화되어 자택에서 타계했다. 생전 그의 소원에 따라 성공회식으로 장례가 치러졌고 유해는 자택 근처의 묘지에 안장되었다.

그런데 사후에 영화 같은 사건이 있었다. 장례 후 약 두 달 뒤 돈을 노린 두 명의 엔지니어가 무덤을 도굴하고는 채플린의 가족들에게 유해를 되찾고 싶으면 돈을 내놓으라고 협박 전화를 걸었다. 하지만 이 어설픈 시도는

결국 실패로 끝났다. 이후 같은 묘지에 재매장되었는데, 이번에는 도굴 시도를 막기 위해 관 위에 방공호 수준의 두꺼운 콘크리트가 씌워졌다.

💎 성찰과 공감: 억지로 성공이 아닌 웃음과 감동의 결단력

"우리는 너무 많이 생각하고 너무 적게 느낀다." "진정으로 웃으려면 고통을 참아야 하며, 나아가 고통을 즐길 줄 알아야 한다."

채플린은 인생에서 고통과 어려움을 피할 수 없기에 고통을 즐기라고 주문한다. 그는 가난한 가정에서 태어나 어려운 시기를 겪었지만, 그의 꿈과 재능은 그를 앞으로 나아가게 만들었다. 그의 진정한 힘은 그의 내면의 노력과 열정이다. 억지로 만든 성공이 아니라 사람에게 웃음과 감동을 주기로 결심한 특별한 결과이다.

78. 오펜하이머, 원자폭탄의 아버지

"나는 이제 죽음이요, 세상의 파괴자가 되었다."

◈ 넋 빠진 놈, 물리학자가 되다

줄리어스 로버트 오펜하이머(1904~1967)는 뉴욕의 한 부유한 유대인 가정에서 태어났다. 아버지 줄리어스 오펜하이머는 독일에서 미국으로 혈혈단신 이민하여 양복 사업으로 부를 쌓았고, 어머니는 화가였다.

청소년기 그의 관심은 광물 표본의 수집, 물리학, 화학 그리고 문학이었다. 학교에서 언제나 1등을 놓치지 않았지만 다른 아이들과는 거의 함께 놀지 않고 혼자 있기를 즐겼다. 친구들 사이에서는 '넋 빠진 놈'이라는 별명을 가지고 있을 정도였다.

1925년에 하버드 대학교 화학과를 최우등으로 졸업하고, 영국의 케임브리지 대학교 캐벤디시 연구소 J.J. 톰슨 밑으로 유학하러 갔다. 다시 독일 괴팅겐 대학교의 막스 보른 밑으로 옮겨서 이론물리학, 특히 양자역학의 화학에의 응용 분야인 스펙트럼의 양자론을 공부한다. 여기에는 닐스 보어의 결정적인 조언이 있었다고 전한다. 괴팅겐에서 연속 스펙트럼의 양자론이라는 학위 논문 외에 16편의 논문을 썼다.

담배를 좋아했던 오펜하이머는 1965년 말에 두경부암 진단을 받았다. 방사선 치료와 화학요법을 받았지만, 그의 집에서 62세의 나이로 자다가 사망했다. 추모식에는 과학, 정치, 군사 동료 600명이 참석했다. 오펜하이머의 시신은 화장되었고 그의 재는 세인트 존 비치 하우스가 보이는 곳의 바다로 떨어뜨렸다.

◈ 전쟁을 승리로 이끈 영웅, 고뇌를 겪어야 했던 천재

그는 25세 젊은 나이에 버클리 분교와 캘리포니아 공과대학 양쪽 교수였다. 그의 처음 수업은 별로 평판이 좋지 않았다. 학생을 가르치기보다는 스스로가 배우고 사랑하는 이론물리학의 포교자가 되려고 하는 심정이었기 때문이다. 그러나 몇 년이 지나자 그의 자질은 급속하게 향상되어 많은 학생이 그의 수업을 듣기를 원했다.

버클리에서 사이클로트론을 개발한 어니스트 로런스를 사귄 것이 오펜하이머의 인생을 결정하게 된다. 맨해튼 계획에의 참여도 로런스의 추천에서 시작되었다.

오펜하이머는 정치에 무지했었다. 그러나 은사인 막스 보른의 추방으로 크게 충격을 받아 추방된 유대인 물리학자들을 위해 모금 운동을 하고 스페인 내전에 참전한 사람들을 적극적으로 도와주게 된다. 하지만 약혼녀였던 진 테트록의 공산당원 경력, 1940년 공산당원의 처였던 캐서린 해리슨(애칭 키티)과의 결혼은 2차 대전 후 미국을 휩쓴 매카시 선풍에서 오펜하이머를 궁지에 몰아넣은 주요 사건들이 된다.

1943년 3월에서 1945년 10월까지의 2년 7개월 동안 원자폭탄을 설계·제작한 로스앨러모스 연구소 소장으로 재직했다. 이 시기에 대한 평가는 그의 천재성 없이는 원자폭탄의 개발은 불가능했을 것이란 극찬에서부터 그가 한 일은 실제로 별것이 아니었다는 비하론까지 다양하다.

그는 연구한 기술의 쓰임새에 대해서 이미 알고 있었지만 외면하고 나치의 손에 들어가기 전에 우리가 먼저 성공해야 한다는 이유로 밀어붙여 성공했고 일본에 원자탄을 투여하여 항복을 받아냈다. 하지만 폭탄으로 사상자를 발생시킨 죄책감으로 혼란스러워한다. 인간에게 불을 전해줬던 프로메테우스처럼.

첫 핵실험을 지켜본 후 "내가 지구 종말 무기를 만들었다."라며 비탄에 빠졌지만, 일본의 대도시에 투하해 일본군의 결사 항전을 종식하는 것이 더 많은 생명을 구하는 길이라는 트루먼의 결정을 지지했다.

전쟁 후 오펜하이머는 30개 이상의 원자력 관련 기구 및 정부 기관의 책임을 맡았다. 방송국과 신문사의 인터뷰 요청이 쇄도했다. 1948년에는 〈타임스〉지의 표지 인물이 되어 세계적인 명사가 되었다.

하지만 1949년 소련이 첫 핵실험에 성공하여 두 번째 핵보유국이 되자 그는 핵무기는 미국 스스로를 포함한 모두를 죽일 수 있는 무기라고 외쳤고, 핵 군비통제를 위해 소련과 협상해야 한다고 주장했다. 이에 오펜하이머가 공산주의 동조자라는 수군거림이 있었고, 급기야 원자력위원회(AEC)와 의회의 조사를 받았고, 안보 업무에 종사하는 인가증을 정지당했다.

◈ 공감과 성찰: 사람은 그의 삶과 운명의 방향에 책임을 져야 한다

첫 원자폭탄이 터지는 것을 목격한 과학자들은 그 섬광이 "천 개의 태양보다도 밝다."고 느낌을 전했다. 오펜하이머는 이 순간을 다음과 같이 회고했다.

"우린 이 세상이 예전과 같지 않을 것임을 알고 있었다. 소수는 울고 또 웃었지만, 대다수는 침묵했다. 힌두 경전인 〈바가바드기타〉의 한 구절이 생각났다. '이제 나는 세상의 파괴자, 죽음의 신이 되었다.'"

5장

**철학,
모든 학문의 근본이자
이성의 한계를 극복한다**

철학은 무엇이 옳고 무엇이 그른지 판별하는 의사결정의 근거를 제시하는 학문으로, 존재, 지식, 가치, 이성, 인식 윤리 등에 질문하여 탐구하고 답을 찾는 과정이다. 철학(Philosophy)이라는 용어는 고대 그리스어의 필로소피아(지혜에 대한 사랑)에서 유래했는데, 여기서 지혜는 일상생활에서의 실용하는 지식이 아닌 세계를 관조하는 세계관, 인생관, 가치관 등을 의미한다. 즉 철학은 배움과 깨달음을 두려워하지 않고 사랑하는 사고방식으로 모든 학문의 출발점이자 근본이다.

서양철학의 시작은 약 2,500여 년 전 신화로부터의 독립에서 출발했다. '모든 학문의 여왕'인 철학은 그리스 철학자 탈레스가 '세상의 근본 물질은 물이다.'라고 규정했을 때 시작되었다. 자연철학 시대를 거쳐 소크라테스, 플라톤, 아리스토텔레스는 철학의 관심을 인간으로 보았고, 헬레니즘을 거치면서 에피쿠로스, 견유학파, 회의주의, 스토아학파 등 다양한 모습으로 나타났다.

중세에는 신 중심의 세계관으로 철학이 신학의 시녀 역할을 했다. 아우구스티누스와 아퀴나스 등은 신의 존재와 인간의 원죄, 믿음과 진리의 사유를 펼쳤다. 이후 과학 발전과 이성의 신뢰를 바탕으로 근대철학의 데카르트 스피노자 등의 합리론자와 로크 흄 같은 영국의 경험론 철학자가 생겼다. 이 두 흐름은 칸트에 의해서 종합되고 헤겔이 이성을 바탕으로 한 인간의 자유의지를 설명했다.

근대가 붕괴하는 시점에 마르크스의 유물론, 니체의 계보학, 프로이트의 무의식이 나와 현대적 사유로 안내하는 초석이 되었다. 산업혁명과 제국주의를 거치면서 인간의 지식과 인식의 한계, 존재와 의미, 자유의지와 책임 등을 탐구하는 분석철학, 포스트모더니즘, 구조주의, 후설의 현상학, 하이데거, 사르트르의 실존주의 등이 대두되었다.

인간은 세상에 홀로 존재하지 않기에 철학적 사고는 더욱더 소중하다. 철학의 원천인 소크라테스는 어떤 문제에 대해 안다고 자만하기보다는 성찰하고 질문해야 한다고 말했다. 플라톤은 이성과 진리를 갈망하면서 대화를 중요하게 생각했다. 에피쿠로스는 고통과 마음의 괴로움에서 벗어난 자유로운 상태를 쾌락이라 칭하고 그것이 축복받은 삶의 시작이자 끝이라고 말했다. 스피노자는 다른 사람의 행동을 그의 입장과 맥락에 따라 이성적으로 생각해보고, 진정한 행복은 신이나 자연을 이해하고 우리의 영원성을 인식하는 것이라고 주장했다.

염세주의자 쇼펜하우어는 욕망은 괴롭고 욕망이 없는 것은 고통이니 이것의 탈출구는 의지의 표상인 자신을 잊고 예술에 몰입하는 것이라고 했다. 근대 서양철학의 아버지 데카르트는 우주를 하나의 신, 자연으로 보고 인간을 신 또는 자연이라는 실체 변용에 불과한 존재로 보았다.

포스트모더니즘의 선구자 니체의 '아모르 파티(Amor Fati)'는 스스로 초인을 추구하거나 자신의 운명을 사랑하는 것이다. 칸트는 도덕의 본질을 탐구하며 결과에 상관없이 행위가 선이기에 무조건 수행하는 도덕적 정언명령을 주장했다. 흄은 이성에, 밀은 평등과 자유에 몰두했다. 마르크스는 경제적 변화, 노동 환경 등을 고찰했다.

인간이란 존재의 근본 원리, 사랑과 실연, 도덕과 대화, 감정과 이성, 자유와 관습 등 추상적인 본질에 질문하여 탐구하고 답을 찾아야 한다. 비록 그 과정이 힘들고 지루할지라도 더 나은 삶을 살기 위함이다. 사유를 키우고 나라는 개체를 넘고 순간이라는 시간의 벽을 건널 때 유효한 도구가 철학이다. 인생은 결국 우리 모두를 철학자로 만든다.

79. 플라톤, 이원론적 세계관

"남을 행복하게 할 수 있는 사람만이 행복을 얻는다."

◆ 엘리트에 의한 철인정치

플라톤(기원전 424~348)은 아테네의 명문 가정에서 태어났다. 젊었을 때 소크라테스에게 배우고 소크라테스를 주인공으로 변증론에 관한 〈대화편〉을 지었다.

그는 정치가로서의 꿈을 버리고 정의를 가르쳤다. 이탈리아를 여행하면서 키레네 학파로부터 이데아와 변증법의 기초를 얻었고, 피타고라스 학파와 접하며 실천적 정신과 실생활의 흥미를 얻었다.

그의 대표적인 저서 〈국가〉에서 주요 철학적 관점으로 첫째, 국가의 이상적인 모델을 제시한다. 정의와 공평, 지혜를 중시하며, 지도자는 지혜롭고 공정한 사람들이 지배해야 한다고 주장한다. 둘째, 이상형과 본질의 탐구로 '이데아(Ideas)'라는 개념을 제시한다. 이데아는 현실 세계를 인식하는 대상으로 모든 아름다운 것들은 본질적인 형태를 나타낸다. 셋째, 철학과 교육의 목표는 진리에 대한 지식을 추구하면서 관념적 탈피를 통해 진리의 향기를 느껴야 한다. 넷째, 영혼의 이중성, 플라톤은 인간 영혼이 물리적인 몸과 별개로 존재하며 불멸성을 지닌다고 믿었다. 그는 이 영혼의 이중성을 통해 죽음 후의 존재와 재탄생에 대한 논의를 펼쳤다.

이처럼 플라톤의 철학은 정치, 윤리, 지식의 근원에 대한 깊은 탐구와 함께, 이상적인 세계와 현실 사이의 관계를 탐구하는 데 중점을 두었다. 〈향연〉〈파이돈〉〈파이드로스〉 등을 저술했고, 플라톤은 스승의 억울한 죽음에 슬픔과 분노를 느꼈다. 민주 정치에 강한 환멸을 느끼고 소수의 엘리트들의 '철인정치'를 주장한다. 그는 81세 나이에 어느 결혼식에 참석했다가 피로연에서 죽었다고 한다.

◆ 철학자가 왕이 되거나, 왕이 철학을 해야 한다

플라톤은 인간의 영혼이 육체와 결합한 충동적이며 감각적 욕망을 추구하는 정욕과 육체와 결합하지 않으며 순수한 이성으로 되어 있다고 주장한다. 이성은 매우 순수한 것이지만 이 세계의 배후에 있는 완전 지성 실체계인 이데아를 직관할 수 없으며 세상에 탄생하여 육체 속에 듦으로써 이데아를 잊고 있다. 이 잊었던 이데아를 동경하는 마음이 에로스이며, 현상을 보고 그 원형인 이데아를 인식하는 것이 진리이다.

그리고 인간의 이성적 부분의 덕이 지혜이며, 정욕적 부분의 덕을 절제, 이성의 명령에 복종하여 정욕을 억압하는 기개의 덕을 용기라고 한다. 올바름(정의)이란 여러 덕이 알맞게 그 기능을 발휘할 때의 상태를 말한다. 그는 이러한 덕론을 통하여 인간 개인의 윤리학을 논했다. 사회 전체의 윤리설이 〈국가〉이다.

플라톤은 교육을 5단계로 나누었다. 첫째 단계는 출생부터 17세까지로서, 이 시기는 기초적인 도야(陶冶)의 단계로 보아, 문예·음악·조형미술 등 비교적 수준이 낮은 지적 도야 및 일반적으로 정서적 방면에 해당하는 학예와 체육을 주로 했다. 자유로운 학습활동을 통해 각자의 개성을 발견한다. 둘째 단계는 17세부터 20세까지로, 이 시기의 교육은 군사훈련의 기초로 어떤 곤경에도 참아낼 수 있는 강인한 심신을 기르기 위하여 체육만을 전수했다. 셋째 단계는 20세에서 30세까지로, 철학의 예비 교과로써 수학·기하·천문·음악 이론을 체계적으로 배운다. 이 시기에 성적이 불량한 자는 군인으로 남는다. 넷째 단계는 30세에서 36세까지로서, 전적으로 협의(狹義)의 변증법을 배워 감각적인 것을 떠나 순수하게 관념적으로 사물의 본질을 취급해야 한다. 다섯째 단계는 35세에서 50세까지로서, 이 시기를 플라톤은 '동굴에 들어가는 시기'로 비유했다. 이때가 되면 인간은 속세에 나와 군사와 정치를 실습·연구하고, 풍부한 경험과 견문을 쌓는다. 50세 이후에는 평생토록 변증법의 초보적인 대상인 선(善)의 이데아를 연구하고, 교대로 정치를 맡으며 후진을 교육한다.

그의 교육 방법은 소피스트들의 논쟁술·궤변술에 빠지는 대화법이 아닌, 자기성찰과 진리 탐구를 위한 방법으로 살아 있는 말을 존중하는 대화법이다.

❖ 성찰과 공감 : 참된 진리는 현실 너머 이데아의 세계에 있다

"여태껏 사상가들에 의해 쓰이고 논의되는 모든 것들이 플라톤에게서 나왔다."
– 랠프 월도 에머슨

플라톤은 고정불변이고 진리의 세계인 이데아의 존재를 믿었고, 경험적인 현실 세계는 이데아의 그림자에 불과하다고 생각했다.

그는 진리에 대한 끝없는 사랑과 실천을 믿었다. '플라토닉 러브'란 말은 정신적이고 순수한 사랑을 일컫는다. 책 〈향연〉에서 사랑을 지혜에 이르는 수단이라고 하며 무언가를 사랑하게 되면 그것을 향해 열정적으로 탐구하게 된다고 말했다.

살아가면서 얻어야 할 최상의 모습을 탁월성이 최고로 발현된 상태, 아레테(arete)로 최고의 좋은 삶이라고 한다. 우리 삶도 아레테를 추구하면서 각자의 능력과 재능에 맞는 역할을 제대로 수행했으면 한다.

80. 아리스토텔레스, 학문의 아버지

"국가는 자연의 피조물이며, 인간은 본성적으로 사회적 동물이다" - 〈정치학〉

💎 플라톤의 제자, 알렉산드로스의 스승

아리스토텔레스(기원전 384~322)는 그리스 북쪽 스타게이로스라는 마을에서 태어났다. 그의 아버지 니코마코스는 마케도니아의 왕의 친구이자 주치의였다.

매우 유복한 어린 시절을 보냈고, 당시 지중해 연안의 귀족 자제들처럼 17세의 나이에 아테네로 유학을 왔다. 거의 20년 동안 그곳에 머물면서 플라톤의 아카데미아에서 토론과 강의로 세월을 보냈다. 이방인 아리스토텔레스에 대한 아테네인들의 시선은 그리 따뜻하지 못했다. 처음부터 아테네인들은 자기들과는 다른 옷차림과 요란한 치장에 눈살을

찌푸렸고, 마케도니아와 아테네의 긴장이 고조될 때마다 그에 대한 대중의 존경심도 순식간에 적대감으로 바뀌는 등 아테네인들에게는 영원한 이방인

이었다.

플라톤이 죽자 아리스토텔레스는 아테네를 떠난다. 그 이유는 알렉산드로스 대왕 사후에 불어 닥친 아테네인들의 마케도니아에 대한 적개심 때문이었다.

◆ 만학의 시조, 모든 인간은 천성적으로 지식을 추구한다

다방면에 걸친 자연 연구로 '만학의 시조'라고 불린다. 이슬람철학과 중세 스콜라학, 근대철학과 논리학 등에 지대한 영향을 미쳤다. 아리스토텔레스의 연구는 존재와 그 구성·원인·기원을 대상으로 하는 이론학, 인간의 활동을 대상으로 하는 실천학, 윤리학, 경제학, 정치학이 포함되며, 창조성을 대상으로 하는 시(詩) 등 예술 활동이 포함된다.

아리스토텔레스는 플라톤이 아끼던 제자임에는 틀림이 없지만, 그의 정치철학은 플라톤의 것과 차이가 있는 '실천 철학'으로 불린다. 소크라테스와 플라톤이 추구하던 '철학적 지혜(sophia)'와 다른 개별적이고 특수한 실천적 지혜로 정치를 다루기 때문이다. 그는 모든 인간에게 가장 좋은 삶을 다루는 '윤리학'을 '정치(politikē)'에 포함시켰다. 그의 정치철학은 '더불어 살아가는 것(diagogai)'이다.

아리스토텔레스는 〈수사학〉에서 사람을 납득시켜 움직이게 하기 위한 로고스, 에토스, 파토스가 필요하다고 주장하면서, 수사는 설득의 기술이라고 주장했다. 첫째는 에토스로 윤리, 신뢰가 가는 인품. 즉 인성, 태도, 윤리성, 이미지 등과 관련된 것이다. 아무리 이치에 맞는 말이라고 해도 그 말을 하는 화자가 도덕성을 의심받으면 사람들의 힘을 끌어낼 수 없다. 둘째는 파토스(격정, 열정)로써 화자의 공감 능력과 호감도로 청중의 심리 상태를 헤아리고 상대방에 대한 이해와 공감, 배려 등을 말한다. 셋째는 로고스로 논리력을 말하는데 설득하고 주장하고자 하는 것을 증명하기 위해 이성으로 논리나 근거를 제시하는 것을 말한다.

💎 성찰과 공감: 행복해지고 싶다면 이성과 중용의 옷을 입어라

"한 마리 제비가 왔다고 해서 봄이 온 것은 아니다." - 〈니코마코스 윤리학〉
"자연은 불필요한 것을 만들지 않는다."

아리스토텔레스는 스승인 플라톤을 존경했지만, 스승의 생각을 그대로 추종하지는 않았다. 플라톤은 이데아 세계가 우리의 감각으로 알 수 없는 현실 너머에 존재한다고 믿었지만, 아리스토텔레스는 육체와 영혼이 분리될 수 없기에 현실 내에 이데아의 세계가 존재한다고 보고, 모든 사물에 이데아가 내재된 것을 '형상'이라 한다. 즉, 형상은 각각의 사물이 가진 본질을 뜻한다.

아리스토텔레스는 육체가 죽으면 영혼도 소멸한다고 생각했기에 흔히 플라톤을 이상주의자, 아리스토텔레스를 현실주의자라고 부른다. 아리스토텔레스의 철학은 목적론으로 모든 사물에는 고유한 목적이 있다. 인간 역시 고유한 존재 이유는 행복이며 이를 위해서 사는 것이다.

81. 몽테뉴, 무지몽매함을 깨우치다

"신앙심은 증오심, 잔혹함, 야심, 탐욕, 중상모략을 조장할 때 참으로 놀라운 힘을 발휘한다. 종교는 악덕을 근절하기 위해 만들어졌는데, 오히려 악덕을 부추기고 있다." – 〈수상록〉 중에서

◈ 신·구파의 종교전쟁 가운데에서도 자립을 지키다

미셸 드 몽테뉴(1533~1592)는 프랑스 몽테뉴 성 출생으로 프랑스의 르네상스기를 대표하는 철학자·문학자이며 〈수상록〉의 저자이다. 대대로 보르도에서 살았던 부유한 상인 가문 출신으로, 아버지는 이탈리아 원정에 종군한 군인이면서 문예 애호가였다.

몽테뉴는 어려서 라틴어 교육을 받았다. 페리그 재판소에 근무했고 보르도 고등법원 참사관이 되었다. 1565년 결혼과 함께 아버지의 뒤를 이어 몽테뉴 영주가 되었다. 아버지의 명으로 번역한 15세기 에스파냐 신학자 레이몽 스봉의 〈자연신학〉을 1569년에 간행했다.

1571년 37세로 법관 생활에서 물러나 독서와 저작 생활로 들어갈 결심을 했으나, 신·구

파의 종교전쟁에 휩쓸려 가만히 앉아 있을 수 없었다. 1580년 써 모은 수필을 간추려 〈수상록〉을 간행했다. 이 해 신장결석 치료를 겸하여 여행하면서 쓴 글이 〈여행기〉이다. 여행 중에 보르도 시장에 선출된 것을 알고 1581년 말 귀국했다.

　1583년 보르도 시장에 재선되었으나 종교적 내란과 페스트의 유행 등 많은 난국을 맞았다. 1586년에 몽테뉴 성으로 돌아가 〈수상록〉에 증보와 수정을 가하고, 다시 제3권의 수필을 새로 집필하여 1588년 파리에서 〈수상록 3권〉을 출판했다. 몽테뉴는 마지막까지 〈수상록〉을 다듬었고, 건강이 점점 나빠져 후두염을 앓다가 자택에서 숨을 거뒀다.

◈ 인생은 그 자체가 목적이고 목표다

　몽테뉴가 살았던 16세기는 유럽 역사상 손꼽히는 암흑기였다. 종교개혁 후폭풍으로 가톨릭과 신교의 대립이 극단으로 치닫고 있었고, 신교는 다시 칼뱅파와 루터파로 갈려 싸우고 있었다. 당시 지식인들은 이 중 하나에 가담해 자신을 증명해야 하는 지경에 몰려 있었다. 이때 몽테뉴는 어떤 분파도 선택하지 않고 '자립'을 선언한다.

　그는 처음에 금욕적 인생관에 호의를 가진 듯이 보였으나, 중도에는 온건한 회의론에 기울어 '나는 무엇을 아는가?(Que Sais Je?)'를 좌우명으로 삼았다. 그와 동시에 루크레티우스를 통하여 에피쿠로스의 자연주의에도 공명했다. 그러나 후기에는 자기의 체험과 독서 생활을 근거로, 있는 그대로의 인간, 변천하는 대로의 인간을 그려, 자연에 몸을 맡기는 데에 인생의 지혜를 추구했다. 그는 신의 전지전능함에 매몰된 학자가 아니었다.

　수상록의 원제는 '에세(Les Essais)'다. 여기서 '에세이'라는 말이 파생됐다. '에세'는 실험이나 시도를 뜻하는 단어다. 몽테뉴는 자신의 저술이 이전에는 없었던 새로운 '실험'이라고 생각했던 것으로 보인다.

어쨌든 몽테뉴의 '실험'은 근현대 철학사에 큰 희망을 드리운다. 오죽했으면 허무주의 대변자 니체가 "몽테뉴의 글 덕분에 사는 재미가 커졌다. 기회가 주어진다면 그와 함께 느긋하게 인생을 즐기고 싶다."라고까지 했다.

몽테뉴의 〈수상록〉에는 현실에 대한 촌철살인의 성찰이 가득하다. 몽테뉴는 스스로에게 '나는 무엇을 아는가?'라는 명제를 던지고 하나씩 빈칸을 채워나간다. 평소 성경 구절을 좀처럼 인용하지 않는 그가 유일하게 서재에 써 붙여놓았던 전도서 구절이 있다.

"헛되고 헛되도다. 모든 것이 헛되도다. …내가 장차 들어갈 무덤 속에는 일도 없고, 계획도 없고, 지식도 없고, 지혜도 없다."

지혜는 내세가 아닌 현실을 위해 있어야 한다는 게 그의 생각으로, 최초의 근대적 지식인이라고 부를 만하다. 그는 시종일관 "우리는 가장 잘 모르는 것을 가장 잘 믿는다."라며 인간의 무지몽매함을 비판했다.

💎 성찰과 공감: 순박함과 진실한 태도는 시대를 초월해 통용된다

몽테뉴는 〈수상록〉에서 자신의 개인적 경험과 생각을 정직하게 표현했다. 그는 자아의 복잡성과 인간의 다양성을 깊이 탐구하며, 개인의 경험을 통해 보다 깊이 있는 진리를 발견하려 했다. 모든 것이 상대적이며, 인간은 본성적으로 모순과 불완전함을 가지고 있기에 타인의 시각을 이해하고 그들의 다양성을 수용하는 중요성을 강조했다.

82. 이이, 성리학의 대가

"옥은 갈지 않으면 그릇을 만들 수 없고, 사람은 배우지 않으면 도를 모른다."

💎 5,000원 지폐 속 초상화

율곡 이이(1536~1584)는 강릉 오죽헌에서, 사헌부감찰 이원수와 신사임당의 셋째 아들로 태어났다. 신사임당이 태기를 느끼게 된 계기가 흑룡이 바다에서 하늘로 오르는 꿈이었기 때문에, 나중에 그가 태어난 방은 몽룡실이라 일렀고, 아이 때의 이름은 '현룡'(見龍)이라 지었다가 뒤에 이(珥)로 바꾸었다. 이후 경기도 파주에 자리한 본가로 와서 생활했다.

이이는 어려서 신동이라 불렸다. 그는 생후 1년도 안 돼 말과 글을 깨우쳐서 주변을 놀라게 했는데, 3세 때에 이미 글을 깨우쳤을 뿐만 아니라, 어머니 신사임당의 글과 그림을 흉내 낼 정도로 놀라운 천재였다. 그는 4세 때 중국의 역사책인 〈사략〉의 첫 권을 배웠는데 가르치는 스승보다도 더 토를 잘 달았다고 한다. 이이는 13세 때 어른들도 따내기 힘든, 진사 초시에 장원급제를 따내어 시험관뿐만 아니라 부모하고 주위 사람들까지 놀라게 했다.

15세 때 어머니 신사임당이 죽자 3년간 여묘살이를 한 후, 아버지가 계모 권씨와 재혼하자 금강산에 들어가 승려가 되었다. 이 때문에 훗날 그가 죽은 후까지도 '머리를 깎고 승려가 되려다가 환속한 사람'이라고 동인과 남인이 공격하는 빌미가 되었다.

공납(貢納)의 폐단 시정책인 대공수미법(代貢收米法) 실시를 주장하고, 병조판서로서 여진족 이탕개의 침입을 격퇴한 후, 10만 양병설을 주장해 임진왜란을 예언하기도 했다. 또한, 그는 향약의 보급에 참여하는 한편, 안정기에 접어들면서 혼란해진 사회를 개혁할 방법으로 다시 건국 초기와 같은 초심으로 돌아가자는 경장론을 제시했다.

당쟁을 조절하려다가 동인의 미움을 샀고, 동인의 집중 탄핵을 받아 지친 이이는 모든 관직에서 물러나 경장(更張)하고 싶어하던 구국의 뜻을 풀지 못한 채 병을 얻어 사퇴하고 와병했다. 향년 49세를 일기로 사망한 그가 남긴 재산은 서재에 가득한 책들과 부싯돌 몇 개였다.

◆ 서로를 존경했던 이이와 이황

이이는 이황을 선학으로 모시고 존경하기도 했다. 1558년 23살의 이이는 당시 대학자인 58세의 퇴계 이황을 찾아가서 만났다. 이이는 그곳에서 이틀간 머물며 이황과 학문의 여러 가지 문제와 사상을 논하고 시를 짓고 토론했고, 이황은 그의 재능에 크게 감탄했다. 비록 견해를 일치시키지 못했지만, 그 후 이들은 가끔 편지를 서로 주고받으며 학문에 관한 질의응답을 나누곤 했다. 그의 학식과 달변을 높이 산 이황은 자신의 문인은 아니지만, 후생가외라 했다. 이황과 퇴계는 조선 성리학의 두 줄기를 형성했다. 이이는 식년문과에 급제한 후 곧 호조좌랑, 예조좌랑으로 국가를 위해 일하기 시작했다. 이때 이이는 왕실의 외척 윤원형이 승려 보우를 궁중에 끌어들여 비행을 서슴지 않자, 상소를 올려 보우를 제주도로 귀양을 보내고 윤원형을 관직에서 몰아냈다.

◆ 변법경장론의 개혁 주장

이이는 평생 대사간에만 9번이나 임명되었고, 선조의 신임은 계속되었다. 조선이 건국하고 2백 년이 지났기에 다시 사회의 기강을 바로 세워 관민에게 개국 초기의 자세로 돌아가야 한다고 주장했다. 율곡 이이가 말하는 변법경장(變法更張)은 국가의 나아갈 방향을 제시한다.

1. 문벌이나 출신보다는 능력 있는 사람을 기용하자.
2. 신분을 가리지 말고 평민을 포함하여 폭넓게 인재를 양성하자.
3. 중앙에서는 외척의 권력 집중화를 막고, 지방에서는 수령의 자질을 높이며 이서(吏胥)들에게도 녹봉을 주어 민폐를 막아야 한다.
4. 붕당을 막기 위해서는 사림의 공론을 존중하고 사기를 높여야 한다.
5. 민생을 괴롭히는 방납을 시정해야 한다.
6. 왕실 사유재산을 억제하고 왕실의 경비를 줄여야 한다.
7. 군포에 대한 족징과 인징을 금지해야 한다.
8. 공노비의 선상(選上)을 개선하여 부담을 줄여야 한다.
9. 사창제를 실시하여 빈민을 구제해야 한다.
10. 국방력 강화를 위해 시무육조 계진해야 한다.

율곡 이이가 당시 개혁적인 성격을 지녔고, 조세 제도에 대한 철저한 관리 및 대장 기록의 중요성도 설파했다. 탐관오리가 공납이나 진상물을 빙자하여 갈취한 물품을 사적인 축재에 쓰지 못하도록 개혁을 주장했다.

◆ 성찰과 공감: 지성과 도덕, 그리고 효가 으뜸

성격과 기상이 호탕하고 도량이 넓어 학문에 있어서도 분석적인 해석보다는 근본 원리를 자유롭게 종합적으로 통찰하는 것이 특징이었다. 기호학파(畿湖學派)를 형성해 훗날 개화사상의 사상적 배경이 되게 했다.

이이는 성리학을 한 단계 발전시키고 확장하는데 기여했다. 그는 지성과 도덕을 통일시키는 것이 인간의 최고의 미덕이며, 지식을 통해 인간이 도덕적으로 행동할 수 있도록 해야 한다고 주장했다. 그리고 효(孝)는 중요한 도덕적 가치로 이를 통해 사회적 안정과 질서를 유지할 수 있다고 믿었다. 또한, 인간의 존재와 사회 질서는 천명에 따라 결정된다고 봤다.

83. 베이컨, 과학혁명의 시조

"오래된 것이 좋은 경우가 네 가지 있다. 오래된 나무는 태우기 좋고, 오래된 와인은 마시기 좋고, 오래된 친구는 신뢰하기 좋고, 오래된 작가의 작품은 읽기 좋은 것이다."

◆ 어린 국새관, 조숙한 천재

프랜시스 베이컨(1561~1626)은 런던 국새관 니컬러스 베이컨 경의 아들로 태어났다. 베이컨 가문은 영국 어떤 가문보다도 천재들이 많이 쏟아진 전형적인 수재 집안이었다. 베이컨은 일생 내내 몸이 약해 어린 시절은 집에서 가정교사에게 교육을 받았다. 그는 케임브리지에서 엘리자베스 1세를 처음 만났는데, 그녀는 그의 조숙한 지능에 감명을 받아 그를 습관처럼 '어린 국새관'이라 불렀다고 한다.

15살에는 고위 법률가를 양성하는 그레이스 인(Gray's Inn)에 들어갔다. 그곳에 있으면서 프랑스, 이탈리아, 스페인을 방문하며 경험을 쌓았다. 그는 여행하는 동안 일상적인 외교 업무를 수행하면서 언어, 국정 및 민법을 공부했다. 그러면서도 영국 정부 및 여왕을 위해 영국에 외교 서한을 전달하기도 했다.

18살에 아버지의 갑작스러운 죽음으로 베이컨은 영국으로 돌아온다. 그는 유산을 제대로 상속받지 못했고, 어릴 때부터 씀씀이가 컸기 때문에 항상 빚에 시달렸다.

베이컨은 정치에 관심을 가졌고, 20살에는 콘월 주의 하원의원으로 선출되었고, 21살에는 그레이스 인의 외부 변호사로 임명되었으며, 23살에 멜컴과 톤턴의 의원으로 선출되었다. 25살에 그레이스 인의 의장이 되었다.

나아가 27살에는 리버풀의 의원이 되었다. 그는 의원에 있으면서 법을 개정하고 단순화하기를 열망하는 자유주의 개혁가로 사람들에게 알려졌다. 그는 비록 왕실의 친구였으나 봉건적 특권과 독재에는 반대했다. 또한, 잉글랜드와 스코틀랜드, 아일랜드의 통합을 옹호하여 영국 통합에 중요한 영향을 미쳤다.

베이컨은 32살, 미들섹스의 의원 자리에 있을 때, 세금을 올리자는 법안에 대해 반대하여 여왕을 화나게 했다. 하지만 베이컨이 36살이 되었을 때, 엘리자베스 여왕은 그를 법률 고문으로 지정했다. 베이컨은 항상 통찰력 있는 조언을 여왕에게 아끼지 않았기 때문이었다. 베이컨은 42살에 기사 작위를 받았다. 1613년, 52살의 나이에 법무장관으로 임명되었다. 57살에는 대법관(총리)으로 임명되었다.

하지만 베이컨의 공직 경력은 1621년(60세)에 불명예를 얻고 끝나게 된다. 의회의 법 집행 위원회가 그를 23건의 부패 혐의로 기소한 것이다. 베이컨이 소송 당사자로부터 선물을 받았다는 것이 주된 이유였다. 베이컨은 40,000파운드의 벌금형을 선고받고 런던탑에 수감되었고, 귀족 칭호를 박탈당했다. 이후 베이컨은 공부와 글쓰기에만 전념했다.

1626년 3월, 베이컨은 자신의 귀납적 방법으로 눈이 부패 과정을 얼마나 늦추는지 알기 위해 실험을 하다 독감에 걸려 한 달 후 사망한다. 묘지는 세인트 알 반스에 있는 성 미카엘 성당에 있다. 이를 두고 '근대 과학의 순교자' 같은 별칭이 붙기도 한다.

◈ 귀납법으로 앎에 도달하다

베이컨은 과학혁명의 시조라 불린다. '아는 것이 힘'이라는 말을 했듯이 그는 경험주의자로서 학문에 대한 굉장한 열정을 지닌 사람이었다. 데카르트는 대륙(합리론)을, 베이컨은 영국(경험론)을 대표하는 근대 철학의 개척자들이었다.

베이컨은 자연을 관찰하고 그 법칙을 이해하는 데에, 끊임없는 실험 사례들을 모으고 그 사례들을 분석하여 자연의 법칙을 찾아야 한다고 제안한다. 그리고 이러한 과정에서 무엇보다도 중요한 것은 어떤 현상의 결과를 미리 판단해선 안 된다. 정당한 순서에 따른 일반화가 되기 전에 섣불리 단정을 내려서는 안 된다. 인간의 감각은 자연의 미묘함에 미치지 못한다. 따라서 우리는 끊임없이 새롭게 관찰되는 사실들을 단지 해석(interpretation)할 뿐이다.

베이컨은 아리스토텔레스의 3단 논법처럼, 처음부터 참인 지식을 전제로 논리적인 해답을 찾는 연역법을 비판한다. 그 대신 자연에서 발견되는 수많은 사례를 나열하고 거기에서 지식을 얻어내는 귀납법은 새로운 경험과 지식을 도출해낼 수 있다.

베이컨은 '실험을 통해 증명되거나 검증되지 않은' 기존 지식들을 우상으로 보고 이들 우상을 타파해야 한다고 한다. 인간이 이성적 진리에 접근하는 것을 방해하는 4개의 우상으로 종족의 우상, 동굴의 우상, 시장의 우상, 극장의 우상을 든다. 앞의 둘은 개인의 내적 문제이고, 뒤의 두 개는 사회적 조건과 관련이 있다.

'종족의 우상'(The idols of the tribe)은 자연현상들이 마치 거짓된 거울에 비친다. 어떤 것을 한번 믿으면 어긋나는 사실이 나와도 무시해버린다. 이 같은 믿음에는 인간 개인이 가진 생물학적 특징이나 사회적 정서 및 편견들이 포함된다.

'동굴의 우상'(The idols of the cave)은 인간 개개인은 어두운 동굴(개인의 동굴)에 갇혀 있어 넓은 세계를 보지 못하고 새로운 것을 받아들이지 못하는 성향이다. 어떤 지식을 받아들일 때 자신이 원하는 것만 선택한다.

'시장의 우상'(The idols of the marketplace)은 인간의 의사소통, 즉 언어가 가지고 있는 오류다. 시장에는 불완전하고 부적당한 의사소통만이 존재하고 운명이나 실체 등에 대한 쓸데없는 논쟁만 있다.

'극장의 우상'(The idols of the theater)은 무대 위의 마술·허구에 미혹되듯이 자신 스스로 옳고 그름을 판단하지 못하고 기존 학문의 권위만 따라서 생겨나는 편견을 말한다.

♦ 성찰과 공감: 감춰진 진리를 발견하라

베이컨은 "위대한 발견을 하는 것이 인간의 행위 가운데 가장 탁월한 행동이다."라고 자연의 현상에서 감춰진 진리를 찾으라고 주장한다. 그는 '실험적 방법'을 강조하여, 현상을 관찰하고 실험을 통해 규칙과 법칙을 발견하려는 과학적 접근을 제안했다.

그는 인간 지식의 원천을 경험과 관찰에 두었다. 그는 인간이 세계를 이해하고 지식을 확장하기 위해 철저한 관찰과 실험적 방법을 통해 증거를 모으고 해석해야 한다고 주장했다.

84. 데카르트, 근대 철학의 아버지

"나는 생각한다, 고로 존재한다는 명제의 진리는 너무나 확실해서 회의주의자들이 제시한 가장 엄청난 가정조차도 그런 진리를 흔들 수 없다는 사실을 인정하면서 나는 이것을 철학의 제1 원리로 받아들인다." – 〈방법서설〉 중에서

◈ 나는 생각한다. 고로 나는 존재한다

르네 데카르트(1596~1650)는 프랑스 투렌의 소도시 라에에서 부유한 귀족 집안의 아들로 태어났다. 한 살 때 어머니가 세상을 떠났고, 열 살 무렵 예수회가 운영하는 학교에 입학하여 8년간 고전어, 수사학, 철학, 역사, 물리 등을 공부했다. 학교 기숙사의 규칙이 매우 엄격했지만, 데카르트는 건강상의 이유로 늦잠을 잘 수 있도록 허락받았다. 졸업 후 법률가가 되기를 바라는 아버지의 뜻에 따라 프와티에 대학에 입학했지만, 1616년 '세상이라는 큰 책'을 배우기 위해 대학을 떠났다.

"나는 글로 하는 공부를 완전히 그만두었다. 내 자신 안에서 찾을 수 있는 지식이나, 세상이라는 큰 책에서 찾을 수 있는 지식 외에는 추구하지 않기로 했다. 나는 나의 청춘을 여러 곳을 여행하고, 궁정을 방문하고, 군대에 참가하며, 각양각색의 사람들과 어울리며 다양한 경험을 쌓으며 보냈다. 운명이 나에게 허락하는 모든 상황에서 나 자신을 시험했다."

데카르트는 군대 근무 시 병영의 막사에서도 철학적 사색에 잠기곤 했다. 한밤중, 독일 노이부르크의 병영에서 데카르트는 훗날 자신의 삶에 깊은 영향을 미쳤다고 회고한 꿈을 꾸었다. 첫 번째 꿈은 학교 근처를 지나다가 강한 회오리바람에 휩쓸리는 꿈이었다. 두 번째 꿈에서는 엄청나게 큰 소리와 함께 천둥이 치는 것을 보았다. 세 번째는, 탁자에 놓인 커다란 사전과 고대 라틴어 시집 가운데 시집을 펼쳐 이런 시구를 읽는 꿈이었다. "인생에서 나는 어떤 길을 따라가야 하는가?" 데카르트는 세 가지 꿈을 통해 학문과 지혜를 추구하는 것이야말로 자기 삶의 중심이라 결론지었다.

1628년 데카르트는 종교적, 사상적 자유가 다른 곳에 비해 상대적으로 폭넓게 보장되는 네덜란드에서 살았다. 1637년 데카르트는 프랑스어로 쓴 사실상 최초의 철학서인 〈방법서설〉을 내놓았다. 데카르트는 철학 저술 외에도 우주론, 광학, 기상학, 기하학, 생리학 논저를 남겼고, 기하학에 대수적 해법을 적용한 해석기하학의 창시자로서 근대 이후 수학 발전에 크게 기여한다. 데카르트가 보여준 철학적 성찰은 전통적인 형이상학과 신학의 기반을 뒤흔들 만한 혁신성을 지닌 것으로 평가받았지만, 네덜란드의 신학자와 철학자들은 공공연하게 데카르트를 비난했다.

스웨덴의 크리스티나 여왕이 1649년 데카르트를 교사로 초빙했는데 1650년 2월 11일 폐렴으로 사망했다. 그의 유해는 스톡홀름의 묘지에 묻혔다가 1666년 프랑스로 옮겨져 파리 생제르맹 데 프레 성당에 묻혔다. 1792년 유해를 팡테옹으로 이장하기 위해 묘지를 발굴한 결과 시신에는 두개골이 없었다. 두개골은 시신을 수습한 스웨덴 근위대장이 따로 보관해오다가 19세기 말 경매에 붙여져 처음 세상에 알려졌다.

♦ 모든 것을 의심하여, 참으로 신뢰할 수 있는 지식에 도달하라

데카르트는 "철학 체계란 한 그루의 나무와 같다. 그 뿌리는 형이상학이며 그 줄기는 자연과학이고, 나무의 열매가 가지 끝에 달린 것처럼 철학의 효용은 열매를 달고 있는 부분 곧 의학, 도덕을 통해 파악이 가능하다."라고 말한다.

그의 중심 사상인 양식이란 '올바르게 판단해 진위를 구별하는 능력' 곧 이성을 뜻하며 이 세상에서 가장 공평하게 분배된 것이라고 주장한다. 그의 지식 연구의 목적은 인간이 자연을 지배하고 기술을 개발하며, 원인·결과의 연관을 취하여 인간 본질을 개선하는 데 있다.

데카르트는 논증적 지식인 수학에 근거하여 형이상학, 의학, 역학, 도덕 등을 포함하는 학문 전체를 '보편학'으로 정립하고자 했다. 진리를 확실하게 인식하기 위한 명제를 공리로부터 연역하는 기하학적인 방법을 도입했다.

신의 존재나 세계의 존재는 오직 정신 속의 순수사유에 의해서만 증명될 수 있다고 믿었고, 도덕적 이상을 육체와 정념의 자유로운 지배에서 찾았다. 그는 인간의 참된 행복을 찾기 위해서는 정념을 완전하게 지배해야 한다고 주장한다.

💎 성찰과 공감: 합리적 의심과 자의식의 중요성

데카르트에게 있어 결단을 내리지 않는 것은 최대의 해악이다. 철학적 논쟁을 "무엇이 참된가."에서 "내가 무엇을 확신할 수 있는가."로 전환했고, 이를 통해 진리의 권위를 보장하는 역할을 신에서 인간으로 바꾸었다.

데카르트에 따르면 철저한 논리적 추론, 기하학적 접근과 메커니즘적 사고를 통해 자연현상을 이해할 필요가 있다. 이성과 논리적 사고로 종교적 신념과 신앙을 중요하게 여긴다.

오늘날 데카르트는 해석기하학의 창시자로도 대접받고 "화이트헤드가 말한 것처럼 유럽 철학이 플라톤에 대한 각주라면, 근대 유럽 철학은 데카르트에 대한 각주다."라는 존경심을 받는다.

85. 파스칼, 인간은 생각하는 갈대

"이 무한한 우주의 영원한 침묵이 나를 두려움으로 몰아놓는다."

💎 요절한 천재

블레즈 파스칼(1623~1662)은 프랑스 클레르몽페랑 지방 세무공무원의 아들로 태어났다. 어려서부터 수학과 기하학에 심취해 만 12세에 삼각형 내각이 180도라는 사실을 독학으로 깨우쳤다. 그는 10대에 이미 프랑스 일류 수학자들과 정기적으로 회동했고, 13세에 파스칼의 삼각형을 발견하고 16세 때는 사영기하학의 기초가 되는 블레즈 파스칼의 정리를 증명했다. 최초의 계산기라 불리는 '파스칼 라인'을 발명했고, 20대엔 도박의 점수·상금 배분 원리를 정립함으로써 확률론의 기초를 다졌다.

평생 병약해 누군가의 보살핌을 받았다는 그는 1654년 말 심각한 마차 사고로 몸져눕게 됐지만, 점점 더 신학에 집착하게 되었다. 이 와중에 그는 〈팡세〉〈시골 친구에게 보내는 편지〉 등을 저술했고, "인간은 생각하는 갈대이다."라는 유명한 말을 남기기도 했다. 4년 뒤 두통과 경련, 정신착란 증세를 겪다 숨졌다.

파스칼의 묘비에는 "나는 인생을 사랑했고 인생은 나에게 100배로 갚아 주었다."라고 새겨졌다. 수학사에서 가장 위대한 인물이 될 뻔한 사람이라고 불린다.

♦ 파스칼의 삼각형

파스칼은 수학, 물리학, 철학, 종교에 관심을 많이 가진 다재다능한 학자였다. 특히 확률론 및 유체 역학의 발전에 기여했다.

유명한 파스칼의 삼각형이란 일련의 숫자들이 줄마다 다른 숫자의 합으로 이루어진 삼각형 형태의 구조이다. 파스칼의 삼각형은 조합론 및 확률 계산에 사용된다.

파스칼은 삶을 정교한 사색과 종교적 탐구로 보냈다. 파스칼은 일기와 성서 해석 그리고 신앙 경험 등 다양한 주제에 관한 글을 남겼다. 그에 따르면 인간은 자연 가운데서 가장 약한 하나의 갈대에 불과하다. 그러나 생각하는 갈대이다.

♦ 성찰과 공감: 인생 최고의 불행은 인간이면서 인간을 모르는 것이다

"이치뿐만 아니라 가슴으로도 진리를 안다." "우리는 삶을 사는 것이 아니라 삶을 희망하는 경향이 있다."

인간은 생각하기 위해서 살고 있으며 한 시도 생각하지 않고는 있을 수 없다. 죽음보다 확실한 것은 없고, 죽음의 시기만큼 불확실한 것은 없다. 그러나 죽음의 고통일지라도 고통은 인간을 생각하게 만든다. 사고는 인간을 현명하게 만든다. 지혜는 인간을 견딜 만하게 만든다.

86. 로크, 경험론의 창시자

"인간의 마음은 백지상태이지만 개개인의 경험과 교육을 통해 밑그림이 그려진다. 동시에 인간은 실수할 수 있는 불완전한 존재이지만 이성의 힘으로 고쳐갈 수 있는 존재다."

💎 인권과 사상의 자유, 관용의 개척자

존 로크(1632~1704)는 변호사의 아들로 태어났고, 어린 시절은 아버지의 엄격한 교육과 도서관에서의 책 읽기로 지냈다. 이후 웨스트민스터 학교에서 라틴어와 그리스어, 히브리어와 아랍어를 배웠다. 그 후 진학한 옥스퍼드 크라이스트처치 칼리지의 생활이 그다지 즐겁지는 않았지만, 공부는 잘 해서 그는 법률가의 길을 포기하고 옥스퍼드 크라이스트처치 칼리지의 교수가 되었다.

1666년 35세의 로크는 유력한 정치가이자 고위 귀족인 앤소니 애슐리 쿠퍼 경(샤프츠베리 백작 1세)를 만나 정치에도 관심을 가졌다. 로크가 39살이 되는 1681년에 샤프츠베리는 국가반역죄로 체포되었고, 이에 신변의 위험을 느낀 샤프츠베리와 로크는 1683년 9월 네덜란드 암스테르담으로 망명했다.

휘그당이 1688년 군대를 이끌고 영국을 공격했고 제임스 왕은 싸움 한 번 해보지도 못하고 항복을 외친 채 프랑스로 도망갔는데, 이를 명예혁명이라고 부른다. 명예혁명이 성공하자, 1689년 로크는 휘그당원들과 5년 반의 망명 생활을 끝내고 영국에 도착했다. 그리고 영국에 도착하자마자 로크는 새로운 정부의 여러 관직을 제의받았다. 그러나 학문에 더 열중하고 싶었던 로크는 큰 자리를 사양했고, 학문에만 마음을 쏟게 된다.

당시 런던은 매연 공해가 심해 로크의 건강을 악화시켜 시골에 정착했다. 이 무렵 〈통치론〉도 익명으로 출판한다. 이후로는 건강이 더 악화되어 간간이 성경에 주해를 다는 작업을 하다가, 1704년 10월 28일 오츠에서 사망했다.

♦ 어떤 사람의 지식도 경험에 비교될 수 없다

로크의 통치이론은 첫째, 자연 상태를 지배하는 자연법이 모든 사람을 구속한다. 둘째, 법의 이성은 조언을 구하는 모든 인류에게 인간은 평등하고 독립적인 존재이므로 어느 누구도 다른 사람의 생명, 건강, 자유 또는 소유물에 대해 위해를 가해서는 안 된다고 가르친다.

홉스는 자연 상태에서 인간이 '만인에 대한 만인의 투쟁'을 할 것이라 예측했지만, 로크는 자연 상태에서 인간은 단지 '정치권력'만 부재할 뿐 서로 이성을 사용하여 생각할 수 있는 존재라고 가정한다. 그리고 인간이 '이성'을 사용한다면, 굳이 서로에게 손해가 되는 싸움은 삼갈 것이고 그들은 서로가 평등하고 독립적인 존재라는 것을 인식하게 될 것이라고 생각했다.

♦ 인간은 백지다

"인간의 마음은 백지상태이지만 개개인의 경험과 교육을 통해 밑그림이 그려진다."

인간은 자연 상태에서 적어도 '자기 보존'에 필요한 생명, 자유, 소유물을 어떤 다른 누구한테도 침해받지 않을 권리를 자연적으로 가진다. 정치사상을 요약한다.

1. 모든 인간은 본래 자유롭고 평등하며 동등한 정치적 지위를 지닌다.
2. 모든 인간은 자신의 자유와 생명 그리고 재산을 누릴 권리가 있다.
3. 인간은 공동체를 구성하고 그 공동체는 그들의 정부를 규정한다.
4. 국가의 권력은 입법부와 행정부로 나눠지며, 입법부는 마지막 심급에 있고, 그 권력은 항상 국민에게 주어진다.
5. 정치토론은 공개적이고 누구나 토론에 참여하고 사상의 자유가 있어야 한다.
6. 국가와 교회는 분리되고, 시민들은 정부의 권력 남용에 반대할 권리가 있다.
7. 각자는 자기 자신의 인신(人身)에 대한 소유권을 지닌다.
8. 노동 덕분에 재산으로서의 가치가 생긴다.
9. 본래 자연에 있는 모든 것은 인간의 공동 자산이다.
10. 정치 권력의 가장 중요한 것은한 사람의 뛰어난 무력이나 지혜가 아니라 분쟁이 생겼을 때 자신이 속한 정치 공동체의 판단에 따르겠다는 구성원들의 동의이다.

💎 성찰과 공감: 인간 경험과 이해를 기초를 두고, 자유와 권리 보호를 중시하라

로크에 따르면 모든 사람은 태어날 때 '백지상태'에서 시작하며, 모든 지식과 개념은 경험을 통해 유래되고 이는 인간을 이해하는 기초가 된다. 또한 인간은 자유롭고 평등하게 보호받아야 하며 국가의 합법성도 국민의 동의와 사회 계약에 기초해야 한다.

87. 스피노자, 범신론을 추구하다

"우리가 사랑하지 않는 것에 대해서는 논란이 있을 수 없다. 그것을 잃었다 해도 슬픔이 생기지도 않을 것이고 다른 사람이 소유한다 해도 시기하는 마음이 없을 것이며, 두려움도 미움도 없을 것이다. 요컨대, 영혼의 동요가 전혀 없을 것이다. 이것들은 모두 없어질 것들에 대한 사랑 때문에 생기는 것들이다. 그러나 영원하고 무한한 것에 대한 사랑은 순수한 기쁨으로 영혼을 먹이며 어떤 슬픔도 여기에 끼어들지 않는다. 이것은 매우 바람직하고 온갖 힘을 다해 추구해야 할 것이다."

– 〈지성개선론〉 중에서

❖ 다락방의 합리론자

바뤼흐 스피노자(1632~1677)는 네덜란드의 철학자이다. 스피노자 집안은 스페인에서 박해를 피해 네덜란드 암스테르담으로 이주한 유대인으로 유대 공동체 교육을 받았다. 그는 자유주의 사상을 유지했는데, 그가 생존했던 시기는 네덜란드가 스페인 왕국으로부터 독립하여 자본주의 사회 형성의 선두를 달리던 시대로 자연 지배와 인간 개조가 그의 사상의 중심이었던 것이 비판의 대상이었다.

그의 철학은 한편으로는 범신론, 다른 한편으로는 유물론적 주장이다. 천사는 환상이며 영혼은 생명체 안에만 존재한다는 견해를 발설하여 유대교 교리에서 벗어났다는 언행으로 암스테르담 유대교회에 의해 파문당했다. 파문을 당한 스피노자는 렌즈 가공 기술을 익혀 어렵게 생계를 유지해야만 했다. 자유사상가 프란시스쿠스 반든엔든의 라틴어 학교에서 조교 역할도 했다. 이 시기 스피노자는 데카르트 철학을 비롯한 다양한 철학과 자연과학에 대한 조예를 길렀다.

그는 풍족하지 않았지만, 가난에 시달리지는 않았으며 수입의 대부분은 책을 사는 데 썼다. 제2차 세계대전이 끝나고 몇 년 뒤 암스테르담에서 열린 랍비 회의에 스피노자에 대한 파문 해제를 건의하는 탄원서가 접수됐다. 당시 독일 최고의 하이델베르크 대학으로부터 초빙을 받았지만, 처절한 고독과 빈곤 속에서 43세를 일기로 일찍 숨을 거두었다.

◈ 진정한 자유와 해방을 철학적으로 추구하다

스피노자 사상의 밑바탕에는 '신'은 무한한 계속성을 가지고 자기 자신으로 존재한다는 생각이 있으며, 또한 '자연'을 중시했다. 그의 유물론은 형이상학적이고, 동적이지 않고 정적이며, 또 발전에 대한 관점이 보이지 않는다. 인간은 자연의 일부로, 속성은 개체로서 규정된 '양태(樣態, modus)'라고 주장한다. 유한한 지성(知性)은 '연장(물질)'과 '사고(정신)'라는 두 개의 속성으로 구성되었고, 대응 관계와 통일된 모습을 보인다.

스피노자에 따르면 인간이 정신에 감정과 지성을 갖추는 근원적인 이유는, 자기보존의 욕구이다. 진실로 인간답게 실현되려면 감각적 인식을 제거하고, 이성적 및 직관적 인식에 의거해 진실의 존재 방식을 받아들여야 한다. 이때 감각적 인식을 열등하게 보는 합리주의 정신을 갖고 있다.

💎 성찰과 공감: 신 이외에는 어떠한 실체도 존재할 수 없다

스피노자는 신을 자연의 필수적인 존재로 정의했다. 그는 신이 자연의 본질이며, 모든 것을 포함하는 절대적인 존재라고 믿었다. 이는 그의 유일한 신념, 모니즘(monism)의 철학적 기초를 형성한다.

인간의 자유는 자신의 본질적 결정에 의해 제한된다. 모든 사건이 필연적 원인과 결과 사이의 관계에 의해 결정된다고 믿는 결정론적 철학을 가졌다.

도덕적 행동이 인간의 이성적 판단과 자기보존을 향한 욕구에 따라 결정되기에 국가는 개인의 자유를 보호하고, 모든 시민이 균등하게 법과 정의 아래에서 살아갈 수 있도록 하는 것이 중요하다.

88. 루소, 자연으로 돌아가라

"이 고독과 명상의 시간이야말로 하루 중에 내 마음이 흐트러지거나 방해받는 일 없이 온전히 나 자신이 되고 나 자신에게 집중하는 유일한 시간이다. 또 내가 자연이 바랐던 대로 존재하고 진심으로 말할 수 있는 유일한 시간이다."
― 〈고독한 산책자의 몽상〉 중에서

◈ 자연으로 돌아가라

장 자크 루소(1712-1778)는 칼뱅의 개혁 신앙이 지배하던 스위스 제네바에서 태어났다. 그의 아버지는 가난한 시계 제조업자였고 어머니는 루소가 태어난 지 열흘 만에 출산 후유증으로 사망했다. 가정의 불운으로 제대로 된 교육을 받지 못했다. 루소의 아버지는 집안을 돌보지 않았고, 어머니가 세상을 등진 이후에는 자기의 처지를 비관하며 시간을 보냈다. 그래서인지 7살 위의 형은 문제아가 되어 사고만 치다가 가출해버렸다.

그는 외삼촌인 베르나르의 보살핌을 받았고, 공증인이나 조각가가 되려는 생각에 여러 견습생 과정을 전전했다. 제네바를 떠난 후, 루소에게도 행운이 찾아왔다. 바랑 부인을 만나 평소 동경해왔던 귀족적 삶을 경험하기도 했다.

그가 목도한 상류계층의 실체는 가식적 교양과 귀족적 허영에 대한 경멸만을 안겨주었지만 바랑 부인의 보살핌은 루소에게 적지 않은 안식을 가져왔다. 이후 연인으로까지 발전되었고, 그녀의 아낌없는 후원으로 루소는 경제적 안정뿐만 아니라 못다 한 공부도 할 수 있었다.

그는 23살의 하녀, 마리 테레즈 르 바쉬에르와 오랜 동거를 거친 후 결혼했다. 루소는 그녀가 낳은 5명의 아들을 모두 고아원에 보내는 모순도 저질렀다. 루소는 말년을 산책으로 보냈다. 그에게 산책은 자신에게 집중하는 유일한 시간이었다.

💎 인간은 교육으로 사람이 된다

그의 철학적 입장은 물질과 정신은 함께 영원히 존재하는 이원론과 함께 영혼은 불멸하다고 여겼다. 도덕적 관념을 생득적이라고 보고 봉건적 전제 지배를 격렬하게 공격하고 부르주아 민주주의를 지지하고 시민의 자유를 강조했다.

그리고 출신에 관계없이 인간은 평등하다고 보고, 불평등의 원인을 사유재산에서 찾았다. 그는 사회계약론을 주장하면서 우정과 조화가 지배하고 자연 상태 회복을 주장했다. 따라서 근대 교육의 지평을 연 루소의 〈에밀〉(1762)이 기독교의 원리와 원칙을 부정했다고 금서로 지정되기도 했다. 책은 5부로 구성되어 자연인으로서의 인간 성장과 여성 교육의 필요성을 제시했다.

"신이 만물을 창조할 때는 모든 것이 선하지만 인간의 손길이 닿으면 타락하게 된다. 아이를 자신의 기준과 취향에 맞춰 기르려고 애쓰는 바람에 인간이 가진 좋은 본성을 잃게 된다. 이러한 문제를 해결하기 위해 교육이 필요하다. 산다는 것은 숨 쉬는 것이 아니라 행동하는 것이다."

1) **일반의지**: 모든 공동의 힘으로 개인과 각 연합자의 이익을 방어하고 보호하며, 그에 따라 각자는 전체에 결합함에도 오직 자신에게만 복종하여 전처럼 자유롭게 남게 되는 연합 형태를 추구하려는 의지이다.

2) **평등**: 사상 최초로 인간 평등문제를 실천적으로 파고든 철저한 평등주의자.

3) **공공선**: 루소의 일반의지는 진리이지만, 신비적, 초월적 진리가 아니라 현실 속에서 구현되는 정의와 공공선이다. 정의와 선은 당연히 평등이고 평등은 경제적 평등으로 공동체 모두의 이익을 보장하는 공화주의의 근본이념이다. 루소는 사회의 변혁을 도모한 사상가로서, 관념에 그치지 않고 반드시 실천해야 한다고 주장한다.

4) **자연으로 돌아가라**: 인간은 자유롭게 태어났지만 사회 속에서 쇠사슬에 묶여 있다. 루소는 문명을 거부한 것이 아니고 자유롭고 평등하지 못한 문명사회의 부조리와 모순을 비판하고, 평화롭고 자유로운 평등한 사회의 원형을 복원할 것을 세상에 주장했다.

❖ 성찰과 공감: 농부처럼 일하고 철학자처럼 사색하라

"국민은 투표할 때만 주인이고 선거가 끝나면 노예가 된다."

"스스로 배울 생각이 있는 한 천지 만물 중 하나도 스승이 아닌 것이 없다.

사람에게 세 가지 스승이 있다. 하나는 대자연, 둘째는 인연, 셋째는 모든 사물이다."

"가르치려 하지 말고 자연적으로 성장할 수 있도록 하라."

루소는 구질서를 혐오했던 계몽주의 철학자로 자연 상태에서 인간은 자유롭고 순수하며, 사회의 문명이 인간을 타락시킨다고 봤다.
그는 인간의 본성이 사회적 구속 속에서 정치적 자유를 잃는다고 보았고, 자유와 평등을 기반으로 한 정치적 질서를 창출하는 노력과 자율성을 중시하는 교육 철학을 강조했다. 아동교육에서 자율적이고 독립적인 개인을 양성해야 한다고 주장했고 자연과 인간 사이의 조화를 중시했다. 그는 인간이 자연과 조화를 이루며, 자연의 법칙을 따라야 한다고 믿었다.

89. 칸트, 지식을 통한 인간 해방

"직관 없는 개념은 공허하고, 개념 없는 직관은 맹목적이다." – 〈순수이성비판〉 중에서

💎 근현대 철학의 중심 인물, 현대 윤리학에 큰 영향을 미치다

이마누엘 칸트(1724~1804)는 마구 장인인 아버지 요한 게오르그 칸트와 독실한 경건주의 기독교인 어머니 사이의 열한 자녀들 중 넷째로 태어났다. 칸트는 '경건주의자들의 합숙소'라는 별칭이 붙은 콜레기움 프리데리치아눔에 입학하여 라틴어를 비롯한 교양 교육을 철저히 받았다.

13살 때 어머니가 세상을 떠났고, 대학을 다니면서 생계를 위해 가정교사, 강사, 왕립 도서관 사서로 일했다. 1756년에 공석이 된 논리학, 형이상학 원외 교수직에 응모했지만 임용받지 못했다. 그리고 1770년 46살 때 쾨니히스베르크 대학 논리학, 형이상학 강좌 담당 정식 교수로 임용됐다.

1781년 57살 때 〈순수이성비판〉을 내놓았지만 '해괴망측한 나머지 도저히 이해할 수 없는 글'이라는 혹평을 받기도 하고 내용에 대한 오해도 많이 받았다. 칸트는 오해를 불식시키기 위해 〈순수이성비판〉 입문서에 해당하는 〈형이상학 서설〉(1783)을 내놓았다. 그리고 1788년 〈실천이성비판〉, 1790년 〈판단력비판〉을 내놓음으로써 칸트의 이른바 삼대 비판 철학서가 완결되었다.

칸트는 어려서부터 허약체질이었지만 규칙적인 생활과 건강관리를 유지했다. 매일 새벽 5시에 일어나 오전에는 강의를 하거나 연구 및 집필을 하고 오후 1시에는 친구들과 점심을 먹으면서 토론을 즐겼다. 이후에는 산책하고 저녁에는 책을 읽다가 10시쯤 잠자리에 들었다. 평생 독신으로 살면서

정돈된 삶과 약속을 어기는 일을 하지 않았다. 철학과 생활이 일치하는 순수이성과 실천이성, 판단력이 조화를 이룬 성숙한 인간이었다.

쾨니히스베르크 시민들의 산책하는 칸트를 보고 시계의 시각을 맞췄다고 할 정도인데, 장 자크 루소의 〈에밀〉을 읽느라 단 한 번 산책 시간을 어겼다는 전설은 유명하다. 1799년부터 크게 쇠약해진 칸트는 1804년 2월 12일 늙은 하인 람페에게 포도주 한 잔을 청해 마시고 "좋다!"는 말을 마지막으로 남긴 뒤 세상을 떠났다. 장례식 날 쾨니히스베르크 시 전체가 휴무에 들어갔고 운구 행렬에 수천 명이 뒤따랐으며 시내 모든 교회가 같은 시간에 조종을 울렸다. 철학자 칼 포퍼는 이에 관해 〈추측과 반박〉에서 다음과 같이 언급했다.

"1804년 프리드리히 빌헬름의 절대왕정 치하에서 칸트의 죽음을 애도한 그 많은 교회의 종소리는 미국 혁명과 프랑스 혁명의 이념이 남긴 메아리였다. 칸트는 고향 사람들에게 그 이념의 화신이었다. 인간의 권리와 법 앞의 평등, 세계 시민권과 지상의 평화, 그리고 무엇보다도 지식을 통한 인간 해방을 가르친 스승에게 고향 사람들은 고마움을 전하기 위해 몰려왔다."

💎 합리론과 경험론을 종합한 비판철학자

칸트의 핵심사상은 '순수이성'과 '실천이성', 그리고 '정언명령'과 '가언명령'이다. '순수이성'은 우리 모두가 가진 선한 것과 악한 것을 구분할 수 있는 능력이다. 칸트는 경험론이 아닌 합리론에 의해 상대적 진리가 아닌 절대적 보편적 진리가 있다고 주장한다. 선과 악을 구분하는 능력은 인간 개개인에 따라 상대적인 것이 아닌, 보편적으로 인정하는 절대적인 기준이 있다는 것이다.

순수이성에 의해 선을 판단하고 그 선을 실천하기 위해 '실천이성'이 존재한다. 또한, 실천이성에 이르기 위한 명령을 '정언명령'이라고 주장했다. 즉 정언명령은 아무런 목적과 대가를 바라지 않고 오로지 내면의 순수이성에 의해 선하다고 판단한 보편적 진리를 실천하는 것이다.

반면 '가언명령'은 윤리 자체가 목적이 아닌 그 외의 목적을 지닌 채로 바라고 실천하는 행위다. 그러므로 칸트에게 있어 인간을 어떤 목적을 달성하기 위한 수단으로 바라보는 것은 가언명령에 따른 행위이고, 인간 자체를 목적으로 대할 때 비로소 정언명령에 따른 선한 행동이 되는 것이다. 따라서 그는 "인간을 항상 수단이 아닌 목적으로 대하라."라고 주장한다.

칸트의 사상 체계는 흔히 크게 세 갈래로 나뉜다.
인식론: "나는 무엇을 알 수 있는가?"
윤리학: "나는 무엇을 해야 하는가?"
종교철학: "나는 무엇을 희망해도 좋은가?"

근대 서양철학의 합리론은 인간의 이성이 태어날 때부터 지식을 갖고 있기에 경험을 크게 강조하지 않는다. 반면 경험론은 모든 지식은 경험을 통해 얻는 것으로 간주해서 합리론을 배척한다.

칸트는 합리론과 경험론 모두를 비판하고 종합한 철학자다. 인식의 형식은 본래부터 갖고 있지만, 인식의 내용은 경험으로 얻을 수밖에 없다고 본다. 인간은 경험을 재료로 삼되, 경험과는 상관없이 타고난 인식 능력을 통해 보편적 진리를 알 수 있다. 인간은 인식에서나 행위에서나 처음부터 끝까지 능동적 존재이어야 한다. 인식의 능력이란 시간과 공간 그리고 지성의 능동적인 작용에 바탕을 둔 범주다.

시간과 공간은 경험을 통해 인식 대상을 담는 틀이고, 범주는 개념을 통해 지성이 사고할 수 있게 해주는 틀이다. 직관은 수동적, 수용적이고 개념은 능동적, 자발적, 구성적이다. "직관 없는 사유는 공허하고 개념 없는 직관은 맹목적"이라는 말에서 그의 사고 배경을 알 수 있다.

💎 성찰과 공감: 의미와 책임을 다할 의지가 없다면 자유도 없다

칸트는 행복의 원칙으로 첫째 어떤 일을 할 것, 둘째 사람을 사랑할 것, 셋째 어떤 일에 희망을 가지는 것을 말했다.

지식을 얻으려면 경험이 필요하고 이성을 통해 이 경험을 정리해야 필연적인 지식이 된다.

칸트의 정언명령은 자신이 옳다고 믿는 것을 착실하게 수행하는 것이다. 하나님은 인간을 자유롭게 창조했기에, 인간은 자신의 힘을 자유롭고 현명하게 사용해야 한다.

90. 헤겔, 칸트 철학을 계승하다

"미네르바의 올빼미는 황혼이 깃들 무렵에야 날기 시작한다."

◆ 나는 절대정신을 보았다

게오르크 헤겔(1770~1831)은 뷔르템베르크 공국 수도의 고위 공무원 가정에서 태어나 별 고생 없이 유년 시절을 보냈고, 여러 분야에서 상을 타는 모범생이었다. 그는 영리하고 지적이었지만 운동신경이 둔해 체조, 무술은 아주 못했다. 또 발표 실력도 형편없어 발표 태도나 음성 때문에 지적받곤 했다. 그의 말솜씨는 나중 교수가 되어도 전혀 나아지지 않았다.

1793년 헤겔은 신학교를 졸업했지만, 목사가 되지 않았다. 신학보다는 철학에 더 관심이 많았고, 조국 독일의 낙후된 현실을 철학 정신으로 개선하고 싶은 욕망이 있었기 때문이다. 그가 쓴 책 〈민족 종교와 기독교〉에서 민족정신을 아들에 비유했다. 그리고 민족정신의 아버지는 시대·역사이며, 어머니는 정치이다. 유모, 곧 아들의 교육자는 종교이고 예술은 유모의 보조 역할을 한다며 민족과 국가의 발전을 위해서는 이 모든 것이 하나가 되는 철학 체계가 필요하다고 강조했다.

그 당시 독일 학자들이 교수로 자리 잡기가 무척 힘들었다. 칸트가 9년 동안 가정교사 생활을 했던 것처럼 헤겔도 7년을 프랑크푸르트와 스위스에서 가정교사 생활을 하며 '학자로서의 혹독한 겨울'을 보냈다. 그러다 1793년 셸링의 초청으로 예나 대학의 강사로 초빙되었다. 신문 편집 일도 했으며, 한 김나지움에서 교장직을 맡기도 했다. 그는 콜레라로 사망했으며, 자신의 희망대로 피히테 옆에 안장되었다.

💎 절대정신의 본질 자유

헤겔 철학의 기본 원리는 한마디로 '역사란 절대정신의 자기실현 과정'이다. 모든 사건에는 본질적인 면이 숨겨져 있다. 그 본질적인 면이란 절대정신이고, 인간의 역사는 이 절대정신이 점차 분명하게 드러나는 과정이다. 절대정신은 자유이고, 역사는 이성적인 자유를 점차 실현해가는 과정이다. 예를 들어, 고대 국가에서는 군주 한 사람만 자유롭고 모두가 노예 상태에 놓여 있었다. 그러나 서양 중세에는 군주뿐만 아니라 봉건 제후들도 자유로워졌고 더 많은 사람들이 자유로워진다. 이런 역사의 발전은 절대정신의 영웅이 실현시킨다.

사고와 존재의 완전한 동일성도 주장했다. 이성적인 것만이 진실로 현실적이고 현실적인 것은 반드시 이성적이어야 한다는 근본적 전제 밑에서, 자립적인, 절대 이념의 철학을 확립했다. 철학은 이성 개념(절대자)의 체계와 정립·반정립·종합의 3단계를 거치는 과정이다. 이 3단계의 변증법이 철학 체계의 전체를 이룬다. '현실'이 곧 '이성'이 되는 로고스(logos)가 논리학이고, 그 절대자가 외적 존재의 형태로 자기를 외화(外化)했을 때 이것은 자연이고 그 자연 인식이 자연철학이 된다. 다시 이 절대자가 그 외화에서 자기로 돌아온 존재 양식을 전개한 것은 그의 정신철학이다.

헤겔은 자연적 존재 또는 역사적 사실이 아니라 인간 스스로의 자율적 의지로부터 지식의 근본적 원리를 도출했다. 초인간적인 신이나 자연, 객관적 지식의 철학적 전통에서 벗어나 인간의 주관성에 바탕을 둔 보편적 지식을 역설했던 칸트의 관념론을 받아들였다. 헤겔 자신은 "지식이 사물의 본질과 일치하는" 진정 객관적인 지식을 파악할 수 있다고 주장한다.

💎 자유의 성장 과정

헤겔은 전통적 철학의 문제를 반성적으로 접근하여 인식론적 사고에서부터 시작하여, 사상의 발전과 역사적 발전의 관계를 탐구했다. 정신의 역사적 발전을 중시했고, 국가를 인류 정신의 최고적 표현이라고 여겼다. 그는 개인의 자유가 국가 안에서 실현될 수 있으며, 이는 법과 제도를 통해 보장된다고 봤다. 역사 발전은 인간 자유의 증진과정으로 세 단계로 요약한다. 첫 번째 단계는 한 사람만이 자유로운 사회이다. 고대 이집트의 파라오나 중국 춘추전국시대 진시황은 철권통치로 무소불위의 권력을 행사했다. 두 번째 단계는 구성원의 일부만 자유로운 사회다. 고대 그리스와 로마 문명에서 자유민이 누린 자유가 그 예다. 세 번째 단계는 기독교 탄생에서 프랑스 혁명에 이르는 동안의 사회다. 시민이 주인이 되어 국가를 형성하고 모든 사람이 자유로울 수 있는 사회로 변한다. 모든 사람이 자유로운 사회로 나아가는 것이 역사의 발전과정으로 역사를 절대정신의 자기실현 과정으로 이해했다.

◈ 성찰과 공감: 모순은 모든 운동과 생명의 뿌리이다

헤겔은 대표작인 〈논리학〉에서 모든 현실과 역사 전개 과정을 변증법의 독자적인 이론을 펼쳤다. "역사는 이성화의 과정이고 자유의 증대 과정이다."라는 말은 변화의 중요성을 고찰하게 한다.

헤겔은 독일로 군대를 몰고 온 나폴레옹을 보고 "나는 절대정신을 보았다."라고 외쳤다. 당시 독일은 작은 영주들로 나뉜 후진 국가로 로마는 독일을 "말이 통하지 않는 야만인들"이라 치부할 정도였다. 헤겔은 역사란 이성의 성장과 함께 발전하는, 절대정신의 자기실현 과정이라고 생각했다. 영웅은 역사의 발전이라는 임무를 떠안은 걸어 다니는 이성으로 보았기에 나폴레옹을 절대정신 그 자체로 본 것이다.

91. 쇼펜하우어, 염세주의 철학자

"산다는 것은 괴로운 것이다. 인간은 무수한 욕망의 덩어리다."

💎 독창적, 자신만만한 염세주의자

아르투어 쇼펜하우어(1788~1860)는 독일 단치히에서 돈이 많은 상인 아버지와 소설가 어머니의 장남으로 태어났다. 그러나 부모들의 부부관계가 좋지 않았다. 소년 쇼펜하우어는 책을 읽고 글을 쓰는 것을 좋아했고, 유럽 여행을 다녀온 이후엔 돈 버는 일에 치중하기보다는 비참한 생활을 하는 사람들에게 희망을 주는 위인이 되는 길을 선택한다.

쇼펜하우어는 1809년 괴팅겐 대학교 의학부에서 한 학기 동안 의학을 공부했지만, 철학에 더 흥미를 두었다. 과학 기술적 세계관을 반성하는 〈의지와 표상으로서의 세계〉를 저술했지만 100권도 팔리지 않자 증오심이 끓어올랐다. 그는 베를린 대학교 강사가 되었지만, 헤겔을 비판하여 교수사회에서 왕따로 살아야만 했다.

결혼도 하지 않고 점심 식사 후에는 플루트를 불고 애완견과 산책을 즐겼다. 아버지의 죽음 후에 어머니를 상대로 법적인 소송을 걸었고, 유산 중 3분의 1을 받아내어 평생 풍족하게 살 수 있었다. 러셀에 의하면 쇼펜하우어는 자신의 철학적 원칙과 달리 실제 삶에서 매우 탐욕스럽고 위선적인 인물로 금욕을 강조하면서 실제로는 매우 사치스러운 생활을 했다. 습관적으로 값비싼 레스토랑에서 밥을 먹었으며 숱한 여자들과 염문을 뿌렸다. 또한, 자신의 경제적 이익을 매우 중시해서 돈 문제로 사람들과 자주 충돌했다.

1855년부터 라이프치히 대학의 강의 시절의 심정을 시적으로 이렇게 표현했다. "나는 이제 여정의 목적지에 지쳐 서 있다. 지친 머리는 월계관을 쓰고 있기도 힘들구나. 그래도 내가 했던 일을 기쁘게 돌아보는 것은 누가 뭐라 하든 흔들리지 않았기 때문이라."

쇼펜하우어는 괴테에게 자신의 박사학위 논문을 증정했고, 괴테는 그를 높이 평가하여 집에 초대하고 연구 지원을 해주었다. 말년에는 폐렴 증상을 겪은 후 자택에서 사망했다.

◈ 헤겔의 낙관주의와 마르크스주의 형상

쇼펜하우어의 철학적 업적은 염세주의와 부정의 힘을 부각한 것이다. 그는 세상을 향해 독설을 퍼부었고, 세상을 어둡고 비참한 것으로 이해하고 혐오했으며 삶이란 고통스러운 실체라는 염세주의 철학을 주장했다.

의지는 욕망이고 욕망은 충족될 수 없기 때문에 인생은 어린애 속옷과 같다. 그것은 짧고 똥오줌으로 더럽혀져 있다. 인생은 고통이 가득 찬 혐오스러운 고난의 길이며, 인간은 불안과 근심 중에 하나를 선택할 수 있을 뿐이다.

고난의 삶을 벗어나기 위한 두 가지 길이 있다. 첫 번째 길은 예술을 아무런 이해관계 없이 감상하는 것이다. 예술에는 환상의 베일이 벗겨져 있으며, 의지는 개개의 사물들 이면에서 초개인적인 원칙으로 드러난다. 두 번째 길은 의지의 부정과 억제를 통해 고통에서 벗어나는 것이다. 의지가 현실의 본질이기 때문에 그의 구원 목표는 해탈을 통한 열반에 도달이다. 쇼펜하우어의 철학은 불교 나라의 종착이다.

쇼펜하우어는 철학 분야보다도 그 외의 과학 분야, 예술 분야에 더욱 큰 영향을 끼쳤다. 찰스 다윈은 쇼펜하우어의 글들을 자신의 저서 〈인간의 유래와 성선택〉에 인용하기도 했다. 프로이트는 정신분석학의 기초에 해당하는 '억압'에 대해서 자신보다 먼저 쇼펜하우어가 잘 설명했다는 것을 인정했다.
 쇼펜하우어는 문학계에도 커다란 영향을 주었다. 헤르만 헤세의 작품에 불교적 색채가 강한 것은 쇼펜하우어의 사상이 반영되었기 때문이다. 노벨 문학상을 받은 앙드레 지드는 자서전에 이런 말을 남겼다.

"나는 쇼펜하우어로부터 위로를 받았다. 표현할 수 없는 기분으로 〈의지와 표상으로서의 세계〉를 자세히 읽어나갔고 자주 읽었다. 다른 모든 것들이 나의 주의를 뺏지 못할 정도로 집중해서 읽었다. 스피노자나 니체 같은 철학자들의 책도 읽었다. 내가 철학에 빠진 계기는 오로지 쇼펜하우어 덕분이었다. 쇼펜하우어보다 헤겔을 더 좋아하는 인간이 있다는 것은 황당한 일이다."

💎 성찰과 공감: 지극히 인간적인 삶

 세계는 온갖 고통으로 가득 채워졌고, 인생은 고통 자체이다. 경계해야 할 것은 인생 자체로, 염세주의 철학으로 삶을 훈련해야 한다. 일반적으로 사람들은 긍정적인 것을 선호하지만, 이것은 경계대상이자 위험이다. 따라서 부적절한 욕망에서 벗어나 인식으로 나아가고, 금욕고행의 삶으로 살아야 한다.

"현명한 사람은 적절한 거리를 두고 불을 쬐지만, 어리석은 자는 불에 손을 집어넣어 화상을 입고는 고독이라는 차가운 곳으로 도망쳐 불타고 있다고 탄식한다."

92. 밀, 현대 자유주의 담론의 확산

"신념이 있는 단 한 사람은 관심만 있는 아흔아홉 명의 힘과 맞먹는다."

💎 지식의 깊이보다 생각의 깊이를 중요시하다

존 스튜어트 밀(1806~1873)은 런던 출생으로 공리주의 철학자이자 당대 일류경제학자였던 아버지 제임스 밀에게 혹독한 조기교육을 받았다. 3세부터 그리스어를 배우기 시작했고, 7세에는 이미 플라톤의 〈대화편〉을 읽을 수 있게 되었다. 8세부터 라틴어를 배우기 시작한 밀은 많은 문학적 저작들과 역사서를 섭렵했고, 12세부터는 논리학과 경제학도 학습해나갔다. 밀의 이러한 성장은 천재적이었지만 아버지의 강요된 교육으로 그 결과 교우 관계가 부족했고, 나이에 걸맞은 놀이 문화를 경험하지 못했다.

이렇게 놀라운 학문적 역량을 선보인 밀도 20세에 이르면서 심각한 정신적 위기를 겪게 된다. 프랑스 여행에서 알게 된 벤담주의에 대한 반감들, 주지주의적(主知主義的) 이성과 반드시 일치하는 것만은 아닌 자신의 감정 등이 원인이 된 이러한 위기는 밀이 24세가 되던 1830년까지 계속된다.

물론 그동안 밀이 아무런 일도 하지 않은 것은 아니다. 그는 1823년에 아버지가 몸담고 있던 동인도 회사의 서기로 취직했고, 논리학과 경제학을 연구했다. 이후 테일러 부인과 20년 동안 순수한 교제를 지속하다가 남편 테일러 씨가 사망한 후에 결혼한다. 밀은 테일러 부인과 〈자유론〉을 공저하여 명성을 획득하고 밀의 대표작이 되었다.

밀은 결혼으로 행복한 나날을 보내지만, 그로부터 불과 7년 반 만에 테일러 부인이 결핵으로 사망함으로써 비탄에 빠진다. 그러나 그는 곧 기적적으로 건강을 회복하여 웨스트민스터 지역구 의원으로 활동한다. 테일러 부인의 딸인 헬렌의 보살핌을 받던 밀은 "나는 내 일을 다 끝마쳤다."라는 유언을 남기고 부인의 묘 옆에 안장되었다.

💎 최대 다수의 최대 행복

밀은 사회와 정치의 분야에서 중요한 이론가로 현대 자유주의의 창시자 중 한 명이다. 대표작인 〈자유론〉에서는 개인의 자유와 권리를 지키는 것이 사회와 정부의 주요한 역할이라는 중요한 개념을 제시했다. 이 책은 현대 자유주의의 핵심 원칙을 정립했고, 인권과 자유를 보장하는 현대 사회의 기본 원칙을 설정하는 데 결정적인 역할을 했다.

또한, 밀은 〈이성론〉에서는 인과관계와 논리적 추론에 대해 깊이 이론화했다. 그리고 〈여성의 지위〉에서 여성의 평등한 권리와 기회에 대해 강력히 주장했는데, 그는 여성들이 사회, 경제, 정치의 모든 분야에서 동일한 기회를 갖고, 그들 자신의 삶을 결정할 권리가 있다고 주장했다. 〈경제학 원론〉에서는 공개된 사회, 자유롭고 평등한 정치를 중시했다.

그가 남긴 '최대 다수의 최대 행복' 이론은 행동이 사회 전체의 행복을 극대화하도록 하는 것을 목표로 하며 윤리학의 핵심 개념이 되었다.

💎 성찰과 공감: 행복 그 자체가 아닌 자신의 삶에 집중하라

우리를 성장하게 하는 것은 지식이 아니란 생각의 깊이다. 기억하라, 한 사람의 자산은 그 사람이 넘어진 횟수의 합이다.

"행복이 모든 행동의 시금석이요, 인생의 목적이라는 확신이 흔들린 적은 정말로 없었다. 그러나 이제 나는 이 목적이 이것을 직접적인 목적으로 삼지 않아야만 달성될 수 있다고 생각하게 되었다. 자기 자신의 행복 이외의 다른 어떤 목적, 다른 사람들의 행복에서, 인류의 진보에서, 심지어 어떤 예술이나 취미에서, 수단이 아니라 오히려 그 자체 이상적인 목적으로서 뒤따라오는 것에 정신을 집중하는 사람만이 행복하다. 행복 아닌 다른 어떤 것을 목표로 할 때 부차적으로 행복이 온다."

"인간은 특정 모델을 따라 생산되는 기계가 아니라, 내부적인 힘으로부터 자라나는 나무이다."

93. 키르케고르, 죽음에 이르는 병

"절망은 자기 자신의 병으로 세 가지 형태를 보인다. 절망하여 자기 자신을 소유하는 것을 알지 못하는 형태, 절망하여 자기 자신이길 원하지 않는 형태, 절망하여 자기 자신이길 원하는 형태이다." – 〈죽음에 이르는 병〉 중에서

◆ 주체적 자기 발견

쇠렌 키르케고르(1813~1855)는 7형제의 막내로 코펜하겐에서 태어났다. 아버지는 비천한 신분에서 입신한 모직물 상인으로 경건한 크리스트 교인이었고, 어머니는 그의 하녀에서 후처가 된 여인이었다.

그는 태어날 때부터 허약한 체질이었으나, 비범한 정신적 재능은 특출하여 풍부한 상상력과 날카로운 변증의 바탕이 되었다. 소년 시절부터 아버지에게 크리스트교의 엄한 수련을 받았고, 청년 시절에는 코펜하겐 대학에서 신학과 철학을 연구하여 1841년에 논문 〈이로니의 개념에 대하여〉로 학위를 받았다. 1827년에 당시 14세의 소녀 레기네 올센을 알게 되자, 곧 사랑의 포로가 되어 약혼까지 했으나, 애정의 상극과 내면의 죄의식 때문에 1841년 가을에 약혼을 파기했다.

〈이것이냐, 저것이냐〉 〈반복〉(1843) 〈불안의 개념〉(1844) 〈인생 행로의 여러 단계〉(1845) 등을 익명으로 출판했다. 그는 시골 목사가 되어 조용한 생활을 보내고 싶어했다. 절망의 구렁텅이에서 단독자로서의 신을 탐구하는 종교적 실존의 존재 방식을 〈죽음에 이르는 병〉으로 쓰면서 기성 크리스트교와 교회까지도 비판했다. 그런 와중인 1855년 10월 갑자기 노상에서 졸도한 후 다음 달 병원에서 죽었다.

💎 육체의 생사를 초월하는 가치

사람은 병이 아니라 절망하기에 죽는다. 절망하는 이유는 동물과 달리 인간에게 '정신'이 있기에 '관계'의 문제가 생겼기 때문이다. 인간은 본질이 없다. 오로지 정신이 있을 뿐이다. 그러나 절망에 빠질 때 자신에 대해서 생각하기에, 절망이 기회가 된다. 절망은 우리가 진정한 자기인 실존을 아는 데 도움을 준다.

키르케고르는 이론보다는 삶을 중시했다. 삶의 현장에서 스스로 결단을 내리는 주관이 중요하다는 것이다. "내가 무엇을 알아야 할 것인가."가 아니라, "내가 무엇을 해야 할 것인가."가 중요하다.

키르케고르는 헤겔이 주장한 진리의 보편성에 대해 반기를 든다. 진리란 객관적인 것이 아니라, 일회적이고 내면적이어야 한다. 많은 사람에게 해당하는 진리가 아니라, 나 자신에게 해당하는 진리가 중요하다. '나'야말로 모든 빛이 모여들고, 또 모든 빛이 퍼져나가는 중심이다. 체계를 세우는 일보다 중요한 것은 현재 내가 숨 쉬고 있는 시간이며, 머릿속 개념보다 중요한 것은 실제적인 행동이다. 그리고 보편적인 것보다 중요한 것은 개별적인 것, 즉 단독자다.

키르케고르는 인간의 발전을 세 단계로 구분했다. 첫째는 스스로 그 실존의 의의를 분명하게 의식하지 못하는 직접적인 생존의 단계인, 미적 실존이다. 여기에서는 그저 "인생은 즐겨야 한다."를 모토로 삼는다. 둘째는 인간이 자기 실존의 의의를 잘 알고 윤리적인 사명에 충실하려는 윤리적 실존이다. 여기에서는 스스로 자유로운 선택이 가능하지만, 인간은 이미 자기가 혼자라는 사실을 알고 불안해지기 시작한다.

셋째는 그러한 불안과 절망을 극복하고 종교적 실존으로 다가가는 것이다. 자기 자신을 이겨낸 사람만이 '신 앞에 홀로 선 단독자'가 된다. 이것이 바로 종교적 실존이다.

💎 **성찰과 공감: 비극적인 삶에서 종교적 삶으로**

모든 것은 나로부터 출발한다. 모두 아는 진리라도, 실제로 그것을 어떻게 실천하는지는 '나'의 고유한 결단에 달려 있다.

건강한 불안은 삶을 움직이는 인생의 에너지다. 문제는 불안이 과도한 경우로, 그럴 때는 기분을 전환하라.

94. 니체, 망치를 든 철학자

"신은 죽었다. 신은 죽어 있다. 그리고 우리가 그를 죽여버렸다. 살인자 중의 살인자인 우리는 어떻게 스스로를 위로할 것인가?" - 〈즐거운 학문〉 중에서

♦ 사랑, 고통과 도전에 직면한 삶을 수용하라

프리드리히 니체(1844~1900)는 유럽 전통의 도덕과 종교와 철학을 비판했다. 니체는 특히 사람들이 가진 전통적 사고를 비판했다. 니체는 기존 유럽 사회가 갖고 있던 전통의 가치를 전복하고자 했으며 그런 면에서 포스트모더니즘에 영향을 끼친 현대적 철학자로 평가받는다. 니체는 기존의 철학자들과는 달리 심리학적 분석에 기반한 철학을 전개한다.

니체는 루터교 목사의 아들로 태어났다. 니체는 그의 선생님으로부터 "그는 원하면 뭐든지 할 수 있는 학생입니다."라는 얘기를 들을 정도로 유능한 학생이었다. 그는 고전문학을 전공했지만, 점차 철학에 관심을 두게 된다. 특히 쇼펜하우어나 프리드리히 알베르트 랑게에 관심이 있었다.

니체는 자신의 학창 시절에 리하르트 바그너와 친해져서 우정을 이어간다. 니체의 첫 책인 〈비극의 탄생〉은 바그너에게 헌정하는 책이다. 니체가 보기에 당대 독일은 고대 그리스의 비극이란 감수성을 잃고 있었다. 니체는

바그너의 음악이 그런 고대 그리스의 비극 정신을 되새기고 있다고 봤다. 그러나 니체는 그 후에 바그너와 점차 멀어지게 된다.

니체는 유럽의 전통적 도덕인 기독교를 비판하고 아포리즘 형태의 〈인간적인 너무나 인간적인〉(1878)을 발간한다. 이 책은 아포리즘의 형태로 쓰였다. 니체는 교수를 할 수 없을 정도로 건강이 나빠졌지만, 저술 활동을 왕성하게 한다.

니체는 1889년, 토리노에서 토리노에서 마부에게 채찍질 당하는 늙은 말을 붙잡고 울다가 쓰러진다. 결국 점차 정신이 오락가락하고 치매 증상을 보이며 천천히 사망한다. 니체가 아플 때 여동생인 엘리자베스가 니체의 공책을 뒤져서 자기 마음대로 편집해서 낸 책이 〈안티크리스트〉와 〈이 사람을 보라〉이다.

◆ 가치란 자기 내면의 성장

니체는 이타적 행동, 도덕적 책임감, 평등성을 강조하는 기독교 교리에 반감을 갖고 새로운 도덕이 만들어질 것으로 기대했다. 니체는 "신은 죽었다."라고 말하며 기독교적 도덕이 절대적인 게 아니며 언제든 무너질 수 있다고 봤다.

니체는 가치란 발견하는 게 아니고 만드는 것이라 본다. 가치는 인간이 만드는 것이지 본래적인 가치라는 건 없으며, 철학이 인생의 정답을 제시하지 못한다고 봤다.

니체는 첫째, 힘, 건강, 삶을 강조한다. 니체는 힘에의 의지라는 개념을 제시한다. 그렇다고 힘으로 타자를 짓밟으라는 게 아니고 자기 내면의 성장이나 문화적 우수함으로 발전하는 의지로 해석한다. 삶이라 한계 상황을 이겨내는 의지나 저항을 극복하는 정신이다.

둘째, 대긍정의 아모르 파티(amor fati, 운명애)이다, 삶을 그대로 긍정하고 삶의 가장 힘들고 고통스러운 것까지 받아들이는 것이 운명애다. 니체는 영원회귀의 질문도 던진다.

셋째, 진실함, 정직성으로 아모르 파티를 하려면 있는 그대로의 현실을 받아들여야 하고 그러기 위해선 현실에 정직해야 한다. 현실을 자기 맘대로 바라보면서 긍정하는 건 왜곡이다. 니체는 현실에 정직하고 진실한 것이 힘이자 덕이라고 본다. 정직함은 용기이자 결단이자 영적인 힘이다. 니체는 기독교의 맹목적 믿음에 반대한다. 과도한 진실성은 우리가 믿는 가치를 의심에 빠뜨릴 수도 있지만, 니체는 그래도 진실함에 기반해서 살아가며 우리가 믿는 가치를 시험해야 한다고 본다.

넷째, 예술은 삶의 고통을 잊게 해준다. 어떤 걸 아름답고 매혹적으로 만든다는 점에서 예술은 가치 창조의 측면이 있다.

다섯째, 개인성, 자주성, 자유의 정신으로 기존 전통, 종교, 사회, 도덕에서 벗어난 자유로운 정신을 추구해야 한다. 인간은 원래부터 약속을 하고 지키는 동물로 존재했던 것이 아니고, '이러한 동물로 길러졌다'는 것이 니체의 인식이다. 또한, 기독교의 죄의식은 가장 무서운 병으로 후회도 자학이 되면 병이 된다.

"지나간 일을 후회하는 것보다 더 바보짓은 없다. 사실 그대로를 받아들이고 거기서 교훈을 얻어 계속해서 의연하게 살아가야 한다."

❖ 성찰과 공감: 언제나 강한 적은 나 자신이다

성장할 수 있는 교제만을 추구하라. 나의 성장을 위해, 성공을 진심으로 축하하는, 나를 위해 도움을 주려고 하는 친구를 찾아야 한다. 시기 질투의 대상으로 삼는 교제는 최대한 멀리하는 것이 중요하다. 이런 사람들만 있을 때는 차라리 혼자가 낫다.

　니체의 유명한 말 "신은 죽었다"의 의미는 인간을 더 인간답게 만들기 위해 신을 도구적으로 부정할 필요가 있었던 것이다. 신에게서 빼앗은 속성을 인간에게 다시 되돌려주려는 목적이었다. 따라서 신이 도구적으로 부정되는 것으로 이해해야 한다. 오히려 니체는 예수를 진정한 그리스도교성을 제시한 최초이자 최후의 그리스도교인으로 지목한다.

95. 프로이트, 정신분석학을 열다

"욕망과 성의 충동이 인간 행동의 두 가지 동기이다."

♦ 인간의 정신을 분석하다

지그문트 프로이트(1856~1939)는 오스트리아–헝가리 제국 프라이베르크 출생이다. 그의 아버지는 유대계 사업가로 40세 때 20세의 여성과 재혼해 7명의 자녀를 두었고 프로이트는 그중 맏이다. 유년 시절 비교적 인종차별이 적은 빈으로 이주했다.

1885년, 프랑스 파리로 유학을 떠나고, 저명한 의사 장 마르탱 샤르코(1825~1893)로부터 최면술을 이용한 여성의 히스테리 치료를 배워서 신경질환 전문의로 개업한다.

프로이트는 1896년에 자신의 방법을 '정신분석'이라 명명한다. 〈꿈의 해석〉(1899) 〈일상생활의 정신병리학〉(1901) 〈성욕에 관한 세 편의 에세이〉(1905) 등의 저서로 정신질환자가 아닌 일반인의 심리 분석을 통한 인간 무의식의 근본 구조를 규명한다.

1902년에 수요 심리학회를 창설하고, 알프레트 아들러(1870~1937), 카를 융(1875~1961)과 같은 촉망받는 정신의학자들과 교류한다. 1910~20년대에는 세계 각지에 정신분석학회가 설립되면서 프로이트의 명성도 높아졌지만, 아들러와 융을 비롯한 차세대 정신의학자들은 프로이트의 의견에 반대해 연이어 결별을 선언했다.

1933년, 독일에서 히틀러가 유대계인 프로이트의 저서를 공개 화형했고, 1938년에 오스트리아가 독일에 합병되자 그는 망명길에 오른다. 결국 구강암이 재발하여 통증으로 고생하다가 1939년 망명지인 런던에서 눈을 감았다.

💎 무의식의 발견과 그 작동 방식에 관한 연구

프로이트의 가장 큰 업적은 무의식의 발견이다. 히스테리의 원인은 보통 어린 시절의 충격적 경험(트라우마)과 성(性)과 연관된 것으로 머릿속에 각인되었다가 억압을 통해 무의식으로 가라앉는다. 히스테리 환자는 최면술, 압박술, 자유연상 등의 치료를 사용하고, 정신상태를 에고(자아)-이드(그것)-슈퍼에고(초자아)로 나눈다.

특히 그는 성적 충동(리비도)를 모든 인간의 중요한 본능 가운데 하나라고 주장한다. 그는 인간의 발달 단계를 구강기(입으로부터 성적 쾌감을 얻는 시기), 항문기(항문으로부터 성적 쾌감을 얻는 시기), 남근기(남성의 성기에 관심을 갖는 시기) 등으로 구분했다.

프로이트는 자신의 내면을 보다 솔직하게 들여다볼 수 있는 계기를 제공했다. 우리의 내면에는 '자아'라는 단단하고 확고한 깊이를 알 수 없는 심연이 있다는 사실을 밝혔다.

그러나 남성의 성만을 주장하고 성의 역할에 대한 지나친 강조로 인해 프로이트의 사상이 초기에 냉대를 받았다. 일각에서는 정신분석이 사이비 과학에 불과하다는 비판도 나왔다. 자신의 이론을 향한 수많은 사람들의 시선과 비난을 의식한 듯, 프로이트는 말년에 아인슈타인에게 이런 내용의 편지를 쓴 적이 있다. "물리학을 모르는 사람이라면 감히 선생님의 주장에 대해

가타부타 말을 할 수가 없습니다. 반면 심리학을 모르는 사람조차도 제 주장에 관해서는 가타부타 말이 많은 것이 현실입니다. 그러니 아인슈타인 선생님께서는 정말 복 받으신 분입니다."

💎 성찰과 공감: 꿈 해석과 자유연상을 통한 무의식

"나는 힘과 자신감을 찾아 항상 바깥으로 눈을 돌렸다. 그러나 자신감은 내면에서 나온다. 항상 그곳에 있다."

프로이트는 다음과 같이 말했다. "인간의 마음은 빙산과 같다. 마음은 물 위에 그것 자신의 크기의 7분의 1만 모습을 드러내고 떠 있다." 따라서 사랑하고 일하라, 일하고 사랑하는 삶을 정진해야 한다.

96. 지멜, 생의 철학 그리고 돈의 철학

"시간이 언제까지든 당신을 기다리지 않는다."

💎 독일 사회학협회 창설한 유대인

게오르크 지멜(1858~1918)은 베를린에서 유대인 상인의 아들로 태어났다. 베를린 대학에서 역사와 철학을 공부했으며 〈칸트의 물리적 단자론에서 본 물질의 본성〉이라는 논문으로 박사학위를 받았다.

왕성한 집필활동으로 신문과 잡지 등에 200여 편의 글을 발표했고 〈사회분화론〉〈돈의 철학〉〈사회학의 근본 물음〉을 포함하여 철학, 윤리학, 사회학 등 다양한 분야에 관한 많은 저서들을 남겼다.

1910년 베버와 독일 사회학협회를 창설했다.

💎 돈의 철학

지멜은 사회학의 독특한 연구 분야를 그대로 그려내고자 했다. 하나의 포괄적인 자연과학은 없고, 개별적이고 전문적인 과학자들만이 있듯이 사회과학자에게도 고유 영역을 가져야만 한다고 주장했다.

지멜의 사회적 상호작용의 분석은 4가지 원칙에 근거하고 있다. 형식, 상대성, 이원론, 거리가 그것이다. '형식'은 관찰자의 정신에 의해 사회적 세계에 부가된 구조를 말한다. '상대성'은 여타의 현상과 비교하여 모든 현상이 그 의미와 존재를 갖게 되는 것을 의미한다. '이원론'은 대조적인 요소 간의 견제를 통한 사회적 상황의 결정을 의미한다. '거리'는 한 개인의 사적인 공간과 다른 사람의 공간 간의 분리의 정도를 말한다.

지멜은 자본주의를 거역할 수 없는 하나의 시대적 질서이자 정체성으로 봤다. 그는 자본주의와 그 토대 위에 자리 잡은 화폐는 단순한 '돈'이 아니라 하나의 '현상'임을 직시한다. 그는 돈과 영혼의 결합에 관심을 가졌다. 자본주의도 하나의 문화이며 그것이 한 시대 정신문화의 뿌리를 형성한다고 봤다.

돈은 현대인을 탈개성, 탈인격으로 몰고 가기에 인간의 풍요로운 영혼을 멀어지게 하는 것을 경계해야 한다. 돈은 모든 것의 가치를 외면적으로 평가해 보여주는 상징물이다. 그러면서 동시에 돈은 내면에 감추어진 개인의 고유한 개성을 지켜주는 역할도 한다.

지멜의 돈에 대한 정의는 지금도 유효하다. "간단히 말해 돈은 사람들 사이의 관계와 상호 의존성, 즉 상관성의 표현이자 수단인 바, 이 상관성은 한 사람의 욕구 충족을, 언제나 다른 사람과 서로 주고받는 행위에 의존하도록 만든다. 그러므로 상관성이 전혀 존재하지 않는 곳에서는 돈이 존재할 여지가 조금도 없다. 사람들과 전혀 관계를 맺지 않으면서 반대급부 없이도 모든 욕망을 충족시킬 수 있다면, 상관성이 발생하지 않을 것이며 따라서 돈이 존재하지 않을 것."이라고 했다.

지멜은 인간 삶이 분화하고 객관화하면서, 주체와 객체가 멀어지면서 인간 활동의 본질적인 의미와 가치에 직접 도달하는 길이 폐쇄되고 말았다고 파악했다. 그는 돈을 매개로 해서 인간 경제활동의 궁극적인 가치와 의미에 도달하려고 노력했다.

💎 성찰과 공감: 돈은 개인의 고유하고 내면적인 것을 지켜주는 수문장이어야 한다

공간은 단순히 인간과 사물을 담고 있는 컨테이너가 아니며, 인간의 사회적 관계가 공간을 규정한다.

자연현상은 끊임없는 변화와 변천 속에 있으나, 사상 즉, 그 개념적인 모습은 움직이지 않는다. 자연은 영원히 동일하고 동요하지 않는 것이며 하나인 것이다. 그러나 사상은 다양하고 변화하는 것이며, 대립과 단순한 상대성 속에 있으며 자연의 주위를 떠도는 것이다.

인간의 가능성은 무한하다. 그러나 이것과 모순되는 듯이 보이지만 인간의 불가능성 역시 무한하다. 이 둘 사이, 할 수 있는 무한과 할 수 없는 무한 사이에 인간의 교양이 있다.

97. 베르그송, 시간과 자유의지

> "존재하는 것은 변화하는 것이고, 변화하는 것은 성숙한 것이고, 성숙한 것은 끝임없이 변화하는 것이다."

◆ 세계적 인기를 구가한 유대인 철학자

앙리 베르그송(1859~1941)은 파리 출생으로 폴란드계 유대인인 아버지와 아일랜드계 유대인인 어머니 사이에서 4남 3녀 중 장남으로 태어났다. 어렸을 때부터 조용하고 예의 바른 성격이었다. 이 성격은 평생을 가서 죽기 전까지도 계속 예의 바르고 차분한 삶을 살았다. 성적이 양호하여 항상 학력경시대회에 나가기만 하면 입상했으며, 고등학교 때 쓴 글이 수학 전문지에 게재될 정도였다.

그러나 그는 수학이 아니라 철학과를 선택했다. 수학은 집에서도 언제든지 할 수 있다는 생각이었다. 고등학교에서 철학을 가르쳤고, 인기 있는 대중적 철학자로서 일반 청중을 대상으로 강의했다. 콜레즈 드 프랑스에서 교수를 역임하고, 나중엔 아카데미 프랑세즈의 회원이 된다. 역사상 첫 유대인 아카데미 회원이었다.

베르그송은 국제적인 학술 활동을 활발하게 진행했고, 강의록을 모아놓은 〈잡문집〉에는 영국, 미국 등지에서 행한 그의 강연이 프랑스어로 번역되어 있다.

현실정치에도 뛰어들어서 미국의 제1차 세계대전 참전을 촉구하는 프랑스의 사절단으로 우드로 윌슨을 만나 미국의 참전을 이끄는 데 큰 기여를 했다. 당시 윌슨은 베르그송의 팬이었으며, 윌슨의 보좌관은 베르그송에게

"당신이 각하의 선택에 미친 영향력은 당신이 생각하는 것보다 훨씬 컸습니다."라고 말한 바 있다. 전후 윌슨이 꿈꾸던 국제연맹의 학술분과 기구에서 의장직을 맡으며 마리 퀴리, 알베르트 아인슈타인 같은 사람들과 같이 활동하기도 했다.

♦ 인간의 지성은 정적이며 생명의 비약

베르그송은 시간을 3가지로 나눈다. 시계에 의존하는 물리적 시간, 마음이 급하고 초조한 것은 심리적 시간, 즐거운 일을 하거나 사랑하는 사람과 행복함을 느끼는 것은 체험적 시간이다. 이처럼 시간을 분할하는 것은 합당하지 않고, 부단한 흐름일 뿐이다. 지속의 의미를 배제한 시간은 공간화한 인위적인 조작에 의한 시간에 불과하다고 보았다.

그는 파스칼이 말한 것처럼 인간은 연약한 갈대이지만, 정신적 존재로서 창조적 기억을 소유한다고 보았다. 인간은 체험하고 공감하면서 자신의 삶을 창조할 수 있다. 즉, 내적 충동력으로 생명의 비약에 의하여 행하여지는 창조적 진화이다. 인간의 지성은 정적이며 고정화된 것을 다루는 능력이다.

베르그송은 물질만능주의가 인간을 지배하고, 현대사회에는 인간성 소외, 인간성 상실 등의 문제가 생겼다고 지적하면서 다음의 말을 남겼다. "생명이 진화해가는 앞쪽에는 미래의 문이 크게 열려 있다."

💎 성찰과 공감: 시간과 자유의지

"행동하는 사람처럼 생각하고, 생각하는 사람처럼 행동하라!"

　베르그송은 직관적 지식이 더 근본적이고 중요하며, 현상의 실제 본질을 이해하는 데 있어 핵심적인 역할을 한다고 주장했다.
　그는 시간을 순간순간의 연속체로 이해하며, 시간의 흐름은 감각적 경험을 통해 인식된다고 보았다. 그의 시간 철학은 단순히 시간의 경과를 측정하는 것을 넘어, 시간의 실제적 경험을 확립함으로써 행위와 의식의 자유를 강조한다.

98. 융, 인간을 분석하다

"나 자신을 있는 그대로 받아들이는 것이야말로 세상에서 가장 두려운 일이다."

💎 리비도는 성적이 아닌, 일반적인 에너지

카를 구스타프 융(1875~1961)은 스위스 바젤에서 출생했다. 그의 집안은 의사와 종교인이 많았으며 바젤에서 명망 있는 집안에 속했다. 아버지는 목사, 할아버지는 의사였다. 어머니는 융이 태어나기 전 계속된 사산으로 우울증을 앓았고 건강이 좋지 않았다. 어머니가 요양원에 자주 머물면서 융은 어려서부터 혼자 시간을 보내는 일이 많았다.

1895년 아버지가 사망한 이후 가정형편이 어려워 자신이 돈벌이와 학업을 병행해야만 했다. 청년기에는 바젤 후마니스티셰스 김나지움에서 그리스어와 라틴어를 공부했다. 1895년 바젤대학 자연과학부에 입학하여 해부학, 생물학 등 의학 공부에 필요한 과정을 배웠으며 정신의학을 연구했다. 1903년 IWC 상속녀인 에마 라우셴바흐와 결혼했으며 에마는 그의 비서이자 연구를 돕는 내조자로 충실하게 역할했다.

1904년경 정신병 환자를 치료하기 위해서 정신분석의 유효성을 인식하고 단어를 통한 연상실험을 창시했다. 그는 단어연상법으로 프로이트가 〈꿈의 해석〉을 통해서 제기한 억압된 것, 즉 억압이론을 입증하고, 그것을 '콤플렉스'라고 이름 붙였다. 1906년 조현병(정신분열병)의 증상을 이해하는 데에 정신분석이 유효하다는 것을 증명했다.

1907년 융은 오스트리아 빈에 살고 있는 프로이트를 찾아가 교류하면서 서로의 연구에 공감하며 친분을 나누게 되었고 자신의 연구업적들에 의해 프로이트의 두터운 신뢰와 인정을 받게 되었다. 이후 콤플렉스라는 개념은 정신분석학과 심리학에서 사용하게 되었고 융과 부르크휠츨리 병원은 세계적인 명성을 얻기 시작했다.

1909년에는 미국 보스턴 클라크대학의 초청을 받아 프로이트와 함께 미국을 여행했다. 그러나 그 후 그는 '리비도'라고 하는 개념을 성적(性的)이 아닌 일반적인 에너지라고 했기 때문에 프로이트와 의견이 맞지 않았고, 1914년에 정신분석학회를 탈퇴한다. 1961년 색전증으로 사망했다.

◈ 외향형과 내향형

그의 심리학은 신비적인 색채를 지니고 있는 데다 난해했기 때문에 심리학 일반에 대해서는 영향을 끼치지 못했으나, 인간의 유형을 '외향형'과 '내향형'으로 나눈 유형론(Typology)은 그의 큰 공적이다. 그는 모든 사람은 외향적 기질과 내향적 기질을 동시에 갖고 있으며 어느 한쪽이 우세한가에 따라 유형이 결정된다고 했다.

💎 성찰과 공감: 집단무의식, 감각형과 직관형

융은 인도와 북아프리카 등지를 여행하며 원주민의 생활을 관찰해 심층심리에는 단순히 개인적인 것뿐 아니라 오랜 집단생활로 심리에 침전된 '집단 무의식'이 있다는 사실을 밝혀냈다.

융은 개인의 심리적 상태를 중시했으며, 인간의 전통적인 문화적 기호와 신화를 이해하는 데 관심을 가졌고 인간의 개인적 특성을 설명하기 위해 다양한 심리적 유형을 제시했다. 그는 주로 '감각형'과 '직관형', '사고형'과 '감정형'으로 구분된 네 가지 주요 심리적 기능을 강조했다. 이러한 유형론은 개인의 성격과 행동을 이해하는 데 중요한 도구로 사용된다.

자신의 마음속을 들여다 봐야만 비전이 명확해진다. 밖을 보는 사람은 꿈을 꾸고 내면을 보는 사람은 자각한다.

99. 프롬, 사랑은 기술

"누군가를 사랑하는 것은 단순히 강렬한 감정만이 아닌, 결의이자 판단이고 약속이다!" - 〈사랑의 기술〉 중에서

◆ 사랑의 의미를 진지하게 돌아볼 수 있는 계기 제공

에리히 프롬(1900~1980)은 독일 프랑크푸르트의 유대인 가정에서 태어나, 프랑크푸르트대학교에서 사회학·심리학을 전공했다. 나치스의 대두로 1933년 미국으로 망명, 귀화했다. 이후 컬럼비아대학교에서 교편을 잡았다.

그는 프랑크프루트학파에 프로이트의 정신분석 이론을 도입하여 인간과 사회환경, 경제적 조건, 이데올로기 등의 사회적 관계를 중시했다. 인본주의적, 공동체적 사회주의의 실현을 주장하며, 스피노자처럼 '행복은 덕의 증거이다'라고 생각한다. 저서에 〈자유로부터의 도피〉〈선(禪)과 정신분석〉 등이 있다.

〈자유로부터의 도피〉에서 자유와 복종의 갈림길에 선 근현대인을 분석했고, '분석적 사회심리학의 방법과 과제'를 통해 새로운 사회심리학의 문을 열었다.

스위스에 정착해 말년을 보낸 후 1980년 자택에서 타계했다.

◆ 본질 파악과 훈련을 통해서 '사랑의 기술'을 쌓는다

"스스로 완전히 타인이었던 사람만이 타인을 진정으로 이해할 수 있다."

신이 준 능력으로 느끼는 대로 행동하면 사랑을 실천할 수 없다. 인간은 자기 존재에 대해 답을 찾아야 하는 동물이기에 사랑을 자연스럽게 하기 어렵다. 현대 사회와 인간은 너무나 복잡하고 교묘해졌기에 사랑을 회복하는 데에 절실한 기술이 필요하다.

사랑은 우연한 기회에 경험하게 되는, 다시 말하면 행운만 있으면 누구나 '겪게 되는' 즐거운 감정이기보다는 하나의 '기술'이다. 사랑을 잘하기 위해선 사랑의 본질을 파악해야 하고 이에 걸맞은 훈련을 해야 한다. 사랑은 '창조적 기술'로 그런 기술을 익히지 못한 사람의 사랑은 백전백패일 수밖에 없다.

"사랑처럼 엄청난 희망과 기대 속에서 시작되었다가 반드시 실패로 끝나고 마는 활동이나 사업은 찾아보기 어려울 것이다."

💎 **성찰과 공감: 마음이 두뇌보다 더 소중하다**

부자는 많이 갖고 있는 사람이 아니라 많이 주는 사람이다. 하나라도 잃어버릴까 안달하는 사람은 아무리 많이 갖고 있어도 가난한 사람이다. 자기 자신을 줄 수 있는 사람은 누구든지 부자이다.

100. 프랑클, 의미는 고통을 이긴다

"인간에게 실제로 필요한 것은 긴장이 없는 상태가 아니라 가치 있는 목표, 자유의지로 선택한 그 목표를 위해 노력하고 투쟁하는 것이다. 인간에게 필요한 것은 어떻게 해서든지 긴장에서 벗어나는 것이 아니라, 앞으로 자신이 성취해야 할 삶의 잠재적인 의미를 밖으로 불러내는 것이다. 인간에게 필요한 것은 항상성이 아니라 '정신적인 역동성'이다."

◈ 의미없는 인생은 없다

빅토르 프랑클(1905~1997)은 실존주의 치료의 하나인 '의미치료'의 창시자로, 자살 연구를 담당하면서 3,000명 이상의 자살 위험이 있는 여성들을 치료했다.

빈 대학교에서 의학을 전공하고 레지던트를 마친 후 1937년 개인병원을 냈지만, 1938년 나치의 오스트리아 인수가 시작되자 유대인이라는 이유로 '아리아인' 환자들을 치료하는 것을 금지당한다. 1944년 10월 19일 아우슈비츠로 끌려가고, 1945년 4월 27일 미군에 의해 풀려났으나, 안타깝게도 여동생을 제외한 아내, 가족 모두가 사망하고 말았다. 이 포로수용소 경험은 그의 일생을 바꾸었다.

1946년 자신의 경험담인 〈죽음의 수용소에서〉를 출판했다. 이후 빅토르 프랑클은 나치의 수용소 생활을 하면서 심리학자로서 사람들의 대처와 반응을 관찰한 것을 토대로 의미치료(Logotherapy)를 확립한다. 1947년에 엘레노어 카타리나 슈빈트와 재혼해 딸 가브리엘을 두었고 이 딸은 아동 심리학자가 된다.

💎 의미치료

프랑클은 실존주의 치료의 영향을 크게 받았다. 특이하게도 상담기법이나 현장의 노하우보다는 이론적 기여가 상당히 많아서, 긍정심리학의 최신 이론들을 짚어가다 보면 프랑클의 의미치료가 여기저기서 튀어나오는 것을 볼 수 있다.

특히나 행복 연구의 중요한 이론적 조망 중 하나가 소위 '에우다이모니즘(eudaimonism)'이라고 불리는 의미추구적 행복 이론인데, 이 치료기법은 해당 조망을 기초로 해서 끊임없이 보완되고 재정립되고 있다.

이 치료법의 요체는 "고통이 아무리 크더라도 의미를 찾아낸다면 이겨낼 수 있다." 정도이다. 그에 따르면, 수용소에서 생의 의미를 찾지 못한 사람들은 생을 쉽게 포기하거나, 짐승과 다를 바 없이 행동하거나, 완전히 폐인이 되어버리곤 했다.

그런데 흥미롭게도, 생의 의미를 찾으려고 애썼던 사람들은 일말의 생존의 가능성을 놓치지 않았으며, 이것 하나가 그들이 마지막까지 존엄한 인간으로 살아남을 수 있게 만들었다. 실제로 그를 비롯한 일부 수용자들은 하루에 한 잔씩 배급되는 가짜 커피 한 잔 중 반을 마시고, 나머지는 옷깃을 찢어 적셔 고양이 세수 및 목욕을 하고, 유리 조각으로 면도를 했다. SS 대원들은 그런 사람들은 잘 건드리지 않고, 생의 의미를 완전히 잃어버리고 그냥 짐승과 같은 몰골에 본능만 남은 수용자부터 처리했다. 빅토르 프랑클의 의미치료의 방식은 다음과 같다.

① 창조적 가치

어떤 일을 하거나 무언가를 만들어냄으로써 성취할 수 있는 가치이다. 이를 창조적 가치라고 하며, 세상에 어떤 일을 행함으로써 의미를 발견하는 것이다. 책을 쓰거나, 의사로서 환자들을 열심히 치료하는 일, 봉사하는 일과 같이 내가 직접 어떤 일을 행하여 의미를 성취해낼 수 있는 것이다.

② 경험적 가치

어떤 일을 경험하거나 어떤 사람을 만남으로써 얻을 수 있는 의미다. 사랑을 통해 기쁨을 경험하는 일, 지는 노을을 보고 감명을 받는 일 등이 여기에 해당한다. 수동적이지만 우리가 일상생활 속에서 아주 쉽게 얻을 수 있는 가치이자 의미들이다.

③ 태도적 가치

피할 수 없는 시련에 대해서 어떠한 태도를 취하기로 결정함으로써 얻을 수 있는 가치이다. 바로 의미치료에서 중요하게 강조하는 '의지의 자유'와 관련된 가치이며, 피할 수 없는 고통에 대해 태도의 자유를 통해 극복할 수 있다.

◈ 성찰과 공감: 나를 죽이지 못한 것은 나를 더욱 강하게 만든다

성공을 겨냥하고 목표로 삼을수록 더욱 놓치게 될 것이다. 행복과 마찬가지로 성공은 추구의 대상이 될 수 없기 때문이다. 성공은 결과적으로 발생해야 한다. 자신보다 더 큰 행로에 전념함으로써 얻어지는 뜻하지 않은 부작용으로 말이다.

101. 사르트르, 목적보다 앞선 존재

"나는 잡종처럼 나의 철학으로 내 삶을 나중에 옹호하려 하지 않으며, 현학적으로 나의 철학에 내 삶을 맞추려 하지도 않는다. 그러나 삶과 철학은 하나이다."

◆ 무신론적 실존주의 사상을 대표

장폴 사르트르(1905~1980)는 프랑스 파리에서 부르주아 가문의 외동아들로 태어났다. 2세 때 아버지와 사별하여 외조부 슬하에서 자랐다.

1933년 베를린으로 1년간 유학해서, 후설과 하이데거를 연구했다. 1938년에는 소설 〈구토〉가 간행되었는데, 존재론적인 우연성의 체험을 그대로 기술한 듯한 이 작품의 특수성이 세상의 주목을 끌어 신진작가로서의 기반을 확보하게 되었다.

1939년 9월 제2차 세계대전에 참전했다가 이듬해 독일군의 포로가 되었으나, 1941년 수용소를 탈출, 파리에 돌아와서 문필활동을 계속했다. 철학서는 물론 소설, 연극, 영화시나리오, 문학비평, 정치평론 등등 다양한 글을 쓴 작가 사르트르는 1950년대 프랑스 공산당과 매우 가까이 지냈다.

학창 시절부터 연인이었던 보부아르와 동반자적 계약 결혼은 유명하다. 두 철학자의 계약 사항은 첫째, 다른 사람과 사랑에 빠지는 것을 서로 허락한다는 데 동의한다. 둘째, 상대방에게 거짓말을 하지 않으며, 어떤 것도 숨기지 않는다.

요독증에 걸린 사르트르는 75세의 나이로 파리 브루세 병원에서 심한 고통을 겪은 후 폐수종으로 사망했다.

💎 행동하는 지성

"도구와 같은 존재에 있어서는 본질이 존재에 앞서지만, 개별적 단독자인 실존에 있어서는 존재가 본질에 앞선다. 인간은 우선 실존하고 그 후에 스스로 자유로운 선택과 결단의 행동을 통하여 자기 자신을 만들어나간다."

그가 말하는 '문학자의 사회 참여'란 허무주의의 그림자가 짙은 세계관과의 사이에 비약을 느끼게 하는 것으로, 전쟁의 체험에 따른 사르트르 자신의 주체적 변화에 기반한다. 사르트르는 사회참여 사상으로 일관해왔다.

사르트르는 후설의 현상학과 하이데거의 존재론을 자신의 방식으로 재구성한 후 인간의 삶 즉, 실존주의라는 철학적 흐름에 영향력을 미쳤다. 실존이 본질을 앞서기에 인간은 자신이 누구인지를 찾아 미래를 향해 존재를 확보한다. 인간은 의식의 지향성 구조를 채우기 위해 늘 새로운 대상을 찾아 쉼 없는 노력을 기울여야 한다. 그래서 미래를 향한 자신을 던지는 일이 불안한 것이다. 인간은 실존을 통해 자신에게 결여된 본질을 찾아 나가는 운명을 짊어졌다.

존재는 대자와 즉자로 구분된다. 구분 기준은 의식의 유무다. 즉자는 의식이 없는 존재로 사물과 동물이 해당한다. 대자는 의식을 가진 존재인 나와 타자이다. 여기서 타자는 '나를 바라보는 자'로 이해한다. 대자는 의식을 가졌기에 세계 혹은 자신과 대면한다.

인간은 의식을 통해서 세계를 이해하고 생각하고 받아들이며 재구성하여 관계를 맺는 존재다. 내가 상대방을 객체로 파악할 때, 상대방 또한 나를 바라보며 대상으로 삼으려 한다. 소위 헤겔식으로 표현하자면 '인정투쟁'이다. 상대방의 시선을 느끼고 마치 누군가 보고 있는 것처럼 행동한다. 나의 자유를 제약하는 "타인은 지옥이다."

◆ **성찰과 공감: 존재가 본질에 앞선다**

사르트르는 개인이 자유의 주체로서 목적보다 존재가 먼저라고 주장한다. 인간은 정체성이 고정되지 않은 대자의 존재다. 자유와 선택의 존재로 이 세상에 던져진 우리는 '나는 누구인가' '왜 존재하는가' '어떻게 살 것인가'를 고민할 필요가 있다.

✴ 에필로그

성찰할 때 누구나 리더가 될 수 있다

"미래를 예측하는 가장 좋은 방법은 미래를 창조하는 것이다." - 피터 드러커

리더는 소통과 변화를 포용하며 나침반이 사람을 향해 있다. 용기와 희망의 불빛을 비추며 무엇을 얻기보다 줄 수 있는 자다. 태어나는 것이 아니라 만들어가는 과정으로, 포기할 이유를 찾기보다는 두려움을 사랑으로 바꾼다.

AI가 눈부신 성장과 발전을 거듭하고 있는 문명 대변혁 시대에 우리가 할 일은 무엇인가? 첫째, 무엇을 하기보다 얼마나 잘하는지가 중요한 세상이다. 나는 누구이며 남과 무엇이 다르고 어떤 일에 가장 관심이 있는지를 파악해야 한다. 둘째, 호기심으로 고정 관념 부수기, 당연함을 거부하기, 심판자가 아닌 학습자 관점 등의 지속적인 질문하는 능력을 키운다. 셋째, 매 순간 어떻게 해야 행복한지 아는 것이 중요하다. 넷째, 인간과 AI와의 형평성을 증진해야 한다. 당연한 것을 의심하고 익숙한 것을 낯설게 보는 인문학은 우리 시대가 나아갈 방향을 가리킨다.

삶의 꽃을 피우는 방법은 두 가지가 있다. 하나는 스스로 꽃을 피우고 행복하게 사는 일이고 또 하나는 다른 사람의 삶이 꽃피도록 돕는 일이다. 남을 돕는 이도 한꺼번에 구원하는 게 아니다. 손이 닿을 수 있는 부분까지 뻗으면 된다. 한 영혼이 슬퍼하는 다른 영혼을 돕기 위한 작고 조용한 일에 큰 의미를 갖는다.

천민자본주의(賤民資本主義) 성지가 한국이라는 말에 안타깝다. 물질과 이기심에 집착, 불공정한 경제 행위, 과소비. 과정보다 결과만 보고, 나만 잘 살면 되고, 돈이면 모든 것이 다 해결되는 더러운 사회는 오래 지속될 수 없다. 우리의 현실인 '기적을 이룬 나라, 기쁨을 잃은 나라'에서 벗어나야 한다. 교육자의 한 사람으로서 "한국 학생들은 미래에 필요하지 않은 지식과 직업을 위해 하루 10시간씩 허비하고 있다."라는 엘빈 토플러의 말이 죽비처럼 가슴을 내리친다.

더불어 행복하기 위해서는 학벌보다 실력, 돈보다 사랑, 이념보다 가치가 넘쳐야 한다. 걱정 없는 세상을 바라지말고 걱정에 물들지 않는 성찰이 필요하다. 행복을 추구하는 것도 중요하지만 행복을 누릴 자격을 갖추는 것이 더 중요하다. 일론 머스크의 말을 곱씹어보자. "난 돈을 더 많이 벌기 위해 일하는 것이 아니다. 인류의 미래를 위해 정말 중요하다고 생각하기 때문에 하는 것이다."

독서와 교육은 자기 자신을 지키기 위한 수단이며, 세상을 변화시키는 가장 강력한 무기이다. 특히 인문학은 세상을 아름답고, 인류를 행복하고, 세상을 더 나은 곳으로 만드는 삶과 아이디어를 제공한다. 이 시대의 진정한 리더가 되고 싶은가? 한 시대의 리더들의 삶과 태도를 공감하고 성찰하여 내가 먼저 어떤 리더로 되어야 할지 생각의 폭을 확대해야 한다.

리더의 좋은 면, 화려한 면만 보고 부러워하지 말고 리더로서 지불해야 할 비용까지 볼 수 있는 균형 잡힌 시각을 가져야 한다.

6년간의 은퇴 생활을 뒤로 한 채 정치에 복귀하던 프랑스의 샤를 드골 전 대통령은 환영식이 끝난 다음 엘리제궁의 문이 닫히는 걸 보고 이런 말을 남겼다.

"모든 일을 끝내고 엘리제궁으로 들어서자 궁의 모든 문제가 내 뒤로 닫혔다. 이제부터 나는 내 임무의 노예가 되는 것이다."

드골은 시민들의 퇴진 압력을 받자 연금도 거부하고 자신의 집으로 돌아가면서 사사로운 권력욕에 사로잡힌 인물이 아니라는 것을 보여주었다.

"지도자는 행복하지 않다. 그 대신 헌신하고 희생하는 사람임을 역사는 증거한다."